하늘에 새긴 우리역사

천문기록에 담긴 한국사의 수수께끼

하늘에 새긴 우리 역사

1판 1쇄 발행 2002. 11. 13.
1판 21쇄 발행 2024. 2. 12.

지은이 박창범

발행인 박강휘
발행처 김영사
등록 1979년 5월 17일(제406-2003-036호)
주소 경기도 파주시 문발로 197(문발동) 우편번호 10881
전화 마케팅부 031)955-3100, 편집부 031)955-3200 | 팩스 031)955-3111

이 책은 저작권법에 의해 보호를 받는 저작물이므로
저자와 출판사의 허락 없이 내용의 일부를 인용하거나 발췌하는 것을 금합니다.

값은 뒤표지에 있습니다.
ISBN 978-89-349-1116-6 03900

홈페이지 www.gimmyoung.com   블로그 blog.naver.com/gybook
인스타그램 instagram.com/gimmyoung   이메일 bestbook@gimmyoung.com

좋은 독자가 좋은 책을 만듭니다.
김영사는 독자 여러분의 의견에 항상 귀 기울이고 있습니다.

하늘에 새긴 우리역사

천문기록에 담긴 한국사의 수수께끼

박창범 지음

김영사

책머리에

　우리 나라는 중국과 더불어 2000년이 넘는 기간 동안 천문 현상들을 꾸준히 관측하여 기록해 온 특별한 나라이다. 나는 한국 천문학사를 연구해 오면서 우리의 선조가 남겨 놓은 수많은 천문 기록들에 매료되었다. 이 고대 기록들이 체계적이고 정확하다는 사실, 관측된 천문 현상들이 다양하고 방대하다는 사실, 그런데도 우리 나라 학자들이 이 기록들을 연구한 적이 많지 않다는 사실을 알았을 때 나의 전공인 우주론 못지않게 한국 천문학의 역사를 흥미로이 바라보게 되었다.

　우리의 선조가 남긴 천문 유산들을 들춰내 연구하는 과정에서, 나는 이 연구에 세 가지 놀라운 의의가 있음을 깨닫게 되었다. 첫째, 옛 사람들은 천문에 대한 관심이 지대했기 때문에 옛 천문학을 연구하는 일은 곧 우리 문명의 기원과 교류를 더듬어 볼 수 있는 중요한 작업이라는 사실이다. 예를 들면 청동기 시대 고인돌에 새겨진 별자리는 우리 나라 천문과학의 독자적 기원을 가늠하게 해 주는 근거가 될 수 있으며, 조선 초 천문도에 나타난 우리 고유의 별자리가 후대에 일본 최초의 천문도에 나타난다는 사실은 우리의 천문과학이 일본에 전파되었던 역사를 보여 준다.

둘째, 고대에 관측된 천문 현상 기록은 일반 역사를 구성하는 데에 매우 중요하게 사용될 수 있음을 깨달았다. 천문 현상은 정연한 물리법칙에 따라서 일어나기 때문에 수천 년 전의 현상도 정확히 추적하여 재연할 수 있다. 따라서 천문 기록을 이용하면 고대 기록의 사실성 여부를 밝힐 수 있을 뿐만 아니라, 기록의 시점을 절대적 근거에 의해 산출할 수 있으며, 한 걸음 더 나아가 그것이 수록된 사서의 신빙성을 판별해 낼 수 있는 길을 열 수 있다.

셋째, 고대 천문 기록은 수백 수천 년간에 일어나는 장주기 천문 현상이나 아주 드문 천문 현상을 연구하는 데에 매우 중요한 과학 자료가 된다는 점이다. 그것들을 통해 과거 역사 속에서만 존재하며 화석화된 우리의 전통 과학을 현대 과학과 연결시킬 수 있고, 우리가 직면하고 있는 현대와 전통 사이의 단절도 일부 극복할 수 있으리라는 희망을 보았다.

내가 이 책을 펴내게 된 동기는 바로 이러한 천문 자산의 가치와 소중함을 보다 많은 사람들에게 알리고 함께 공감하기 위해서이다. 역사책이 아닌, 하늘을 통해 또한 우리의 역사를 읽을 수 있다는 사실을 천문학을 사랑하는 이들이나 역사에 관심을 가진 이들 모두에게 알리고 싶어서이다.

이 책은 단순히 천문학적 지식이나 역사적 사실과 같은 연구 결과물들을 모아 놓은 교양 지식서만은 아니다. 그와는 매우 다른 생각에서 이 책을 썼다. 지난 10년간 하늘의 역사와 관련된 연구를 하면서 지나온 길들을 독자들과 함께 다시금 걸어가고자 하는 마음으로 이 책을 엮었다.

하나의 새로운 세계가 홀연히 탄생하듯 새로운 연구에 대한 착상이 깃들었던 특별한 순간들, 풀리지 않는 문제를 이해하기 위해 천리길을 수없이 되돌아가며 정성을 쏟았던 시간들, 사랑하는 아이가 성장한 모습을 보듯 기나긴 연구가 매듭지어졌을 때 받았던 흐뭇한 감동들을 기록하고자 했다.

"지식을 낳는 기쁨이란 지식을 아는 기쁨에 비할 수 없이 큰 것이다."
이 책은 하늘에 새겨져 있는 우리 역사를 마음으로 삼고, 자연과 인간을 이해하기 위해 노력하는 사람들의 지식 낳는 이야기를 몸으로 삼았다. 그래서 연구의 결과보다는 과정에 세심한 배려를 했으며, 연구에 얽힌 뒷이야기들이나 그 속에서 만나 인연을 맺게 된 사람들의 이야기도 함께 실었다.

나의 연구 편력이 짧아 천문과 우리 역사의 모든 분야를 섭렵하지는 못했다. 그러나 나의 고천문학 연구들은 우리 선조가 남겨 놓은 천문 유산의 가치를 분명히 인식하는 가운데 전개된 것들로, 나름의 체계성을 지니고 있다. 이 분야를 '천문역사학', '천문학사', '고천문학' 의 세 분야로 나누어 살펴보았다. 일반 독자들에게는 이 책이 우리 전통 문화의 가치와 그 분절되지 않은 흐름을 인식할 수 있는 계기가 되기를, 다른 학자들에게는 이 분야에 대한 관심을 함께 갖게 되는 출발점이 되길 바란다.

2002년 11월

박 창 범

차례

책머리에

1부 _ 천문과 역사의 만남
1. 왜 고천문학 연구를 시작했는가? | 12
2. 우리 역사가 남긴 천문 자산 | 16

2부 _ 천문과 우리역사
3. 천문 기록으로 찾아간 단군조선 | 24
4. 삼국 시대 천문 기록이 밝혀 준 고대 역사 | 35
5. 일본의 고대 일식 기록은 사실인가? | 68

3부 _ 하늘을 사랑한 민족
6. 우리의 옛 별이름 | 81
7. 고인돌 별자리를 찾아서 | 89
8. 2000년 전에 바라본 하늘 _ 천상열차분야지도 | 109

4부_전통 과학과 현대 과학의 연결
9. 고대 문화를 빛낸 우리의 태양 관측
_현대 천문·기상학적 응용 | 124

5부_우리역사 속에 스며 온 천문학
10. 전통 천문학의 발달과 의의 | 140
11. 천문 유적과 유물 | 144
12. 고대 천문 관측 자료 | 183
13. 우주론 | 191
14. 민속과 천문 | 201

맺음말 | 211
부록 1. 삼국 시대의 천문 현상 기록 | 213
부록 2. 천상열차분야지도의 내용 | 223
참고문헌 | 236
찾아보기 | 242

天文歷史學

1부
천문과 역사의 만남

|1| 왜 고천문학 연구를 시작했는가?
|2| 우리 역사가 남긴 천문 자산

1
왜 고천문학 연구를 시작했는가?

> 朝鮮 科學의 연구는 소재와 자료는 풍부하나, 그것은 한갓 古典
> 的 자료에 그치고 이론적인 전개가 없음에서 과학으로는 정체
> 를 보이고 있다. 우리는 자료의 수집, 그 체계화에서 이론적 전
> 개를 究明하여야 할 것이다.
>
> — 홍이섭의 《조선과학사》(1944)에서

라대일 박사와의 인연

1993년 1월, 나에게는 잊을 수 없는 사건이 있었다. 그날 나는 학과 선배이자 함께 우주론을 연구하고 있던 라대일 박사를 봉천동 '藝(예)'라는 술집에서 만났다. 몇 년 만에 만난 선후배간의 편안한 술자리였지만 이날의 만남은, 내가 고천문학 연구에 발을 들여놓는 계기가 되었다.

라 박사에 대해 잠시 소개를 하는 것이 좋겠다. 아마 그를 기억하는 사람들은 그리 많지 않을 것이다. 그는 우주론 분야에서의 왕성한 연구 활동과 성과로 세계 천문학계의 주목을 받았으나 안타깝게도 젊은 나이에 세상을 떠난 천문학자이다. 라 박사와 나는 1980년대 후반 미국 동부의 펜실베이니아 대학과 프린스턴 대학에서 각각 유학을 하고 있었다. 1989년에 라 박사의 지도교수가 프린스턴에서 안식년을 갖게 되면서 라 박사는 프린스턴에 자주 들러 나를 만나곤 했다. 연구 분야가 비슷하다 보니 우리는 학문적으로 의기투합해 우주론

연구를 같이하기로 했다. 당시 독신이었던 라 박사는 내 집에 묵으며 나와 밤새 긴 대화를 나누곤 했는데, 우리의 대화는 늘 우주론 이야기로 시작해 우리 역사 이야기로 흘러가곤 했다.

비록 나의 전공과는 무관하지만, 고대사에 관한 이야기는 늘 나의 흥미를 끌었다. 나는 오래전부터 우리 나라의 고대사가 불확실한 점에 대해 불만을 느껴 왔고, 한국 역사란 참으로 할 일이 많은 분야라 생각하고 있던 차였다. 당시 라 박사와 나눈 대화들은 오늘날 내가 고천문학을 하게 된 깊은 정서적 샘을 파 놓았다. 그는 구한 말 우리 민족의 강제적 이주를 통탄하다가 발해와 일본의 역사적 연관성의 실례들을 드는 등 끊임없이 신선하고 다양한 주제를 변화무쌍하게 넘나들며 나의 관심을 사로잡았다. 그러나 아쉽게도 우리의 즐거운 만남은 1990년에 끝나고 말았다. 그와 나 모두 학업을 마치고 다른 연구소에 취직을 해서 헤어지게 되었기 때문이다.

그 뒤 그와 다시 만난 것이 바로 1993년 1월이었다. 나는 이미 그 전해에 귀국해 강단에 서 있었고, 라 박사는 여전히 미국에서 연구 활동을 계속하고 있었다. 그러다 잠시 한국에 들른 길에 나를 찾은 것이다.

몇 년 만의 재회였지만, 우리의 관심사나 대화는 여전했다. '藝'에서 나눈 이야기도 어김없이 역사에 대한 주제로 흘러갔다. 이번에 들고 온 라 박사의 이야기는 더욱 흥미진진했다. 그는 내게 백제의 초기 역사에 대한 일본학계의 시비를 말하면서 이를 천문학적으로 판가름할 수 있지 않겠느냐는 제안을 꺼내 놓았다. 천문학으로 역사의 맥을 짚는다는 것은 매력적인 발상이었다. 나 역시 좋은 방법이라고 동의했지만, 남이 시비를 걸어 놓은 주제에 뒤늦게 뛰어드는 것은 그다지 마음이 내키지 않았다.

대신 역제안을 했다. 그보다는 차라리 더 중요하고 참신한 주제를 찾아보자. 예를 들면 고조선 시대에 대한 의문을 천문학적으로 해결해 보는 것이 어떻겠냐고 그에게 말했다. 아쉽게도 이번엔 라 박사가 동의하지 않았다. 그는

1989년 가을 프린스턴 대학을 방문한 라대일 박사.

고조선에 대해서 그리 관심이 없었던 모양이다. 결국 역사를 천문학적으로 검증해 보자는 방법적인 화두만 남긴 채 우리의 대화는 합의점을 미루어 두었다. 하지만 그것만으로도 충분했다. 술자리를 끝내고 그와 아쉬운 작별의 인사를 나눈 뒤에도 우리가 나눈 이야기들은 내 가슴속에 내내 메아리쳤다. 마치 하나의 우주가 홀연히 생겨나듯, 이날의 대화는 내게 새로운 탐구 영역이 깃들게 하는 계기가 되었다.

'藝'에서의 만남 후 라 박사는 바로 미국으로 돌아가고 나도 평소와 다름없는 생활 속에서 얼마간 시간을 보냈다. 그리고 한 달쯤 시간이 지났을까. 내 마음속에 그 연구에 대한 매력이 점차 커지기 시작했다. 마침내 내가 제안했던 작업을 실제로 시도해 보기로 결심했다.

단군조선에 대한 자료를 수집하기 시작하면서 해와 달과 행성들의 운동을 계산하고 시각화할 프로그램들도 만들었다. 지금까지 내가 사용하는 모든 컴퓨터 소프트웨어의 대부분이 이때 만들어진 것들이다. 대략 두세 달 만에 거의 모든 준비가 갖춰졌다. 당시 연세대 대학원의 도진경 양이 방대한 행성 자료 입력을 맡아 주었기 때문에 가능한 일이었다. 천문과 우리 역사를 결합하는 본격적인 시도가 시작된 것이다.

_라 박사와의 인연, 그 뒷이야기

라대일 박사의 부음은 주변의 많은 사람들을 안타깝게 했다. 그는 펜실베이니아 대학에서 유학 중이던 1989년 지도교수인 스타인하트와 함께 '확장된 급팽창이론'을 제안하면서 세계 천체물리학계의 주목을 받았다. 초기 우주의 가속적 팽창에 관한 이 가설은 구스의 '최초의 급팽창이론'에 이어 린데·스타인하트·알브레히트 등의 '새 급팽창이론', 린데의 '혼돈 급팽창이론'의 뒤를 잇는 급팽창이론의 새로운 패러다임으로 등장한 영향력 있는 업적이었다.

1993년에 귀국한 그는 대덕천문대를 거쳐 이듬해 세종대에 재직하던 중 암선고를 받았다. 미래에 대한 포부와 의욕이 대단했던 그는 운명을 받아들이기를 거부했고, 반드시 병마가 자신을 비켜 나가리라고 믿었다. 내가 단군조선 시대와 삼국 시대의 천문 기록에 대한 연구와 발표를 하는 동안 라 박사는 수술을 받고 어느 정도 회복되어 가는 듯 했다. 1995년 가을 경주에서 열린 한 워크숍은 내가 그의 웃음을 마지막으로 본 자리였다. 그 해 겨울 암이 재발하여 재수술을 받은 그는 고통스러운 회복기와 투병을 반복하다가 이듬해인 1996년 가을 39세의 나이로 세상을 떠났다. 그렇게도 사랑했던 별과 우주 속으로 돌아가 편안히 잠들었으리라 믿는다.

2
우리 역사가 남긴 천문 자산

천문으로 역사를 읽는다

　연구를 시작하기 전, 나는 역사의 어디쯤에 천문학이 자리할 수 있을 것인지 스스로에게 물어 보았다. 역사란 무엇인가. 옛 사람의 글과 유물·유적을 뼈대 삼아 과거에 일어났을 법한 일들을 가장 그럴듯하게 엮어 설명해 놓은 한 편의 각본과 그 해석, 이것을 우리는 역사라 말한다. 그러므로 자료와 그에 대한 합리적 해석 위에 역사는 서 있다.
　그러나 나 같은 과학자의 입장에서 보면 '합리적인 해석'처럼 모호한 말도 없다. 정도의 차이는 있을지언정, 해석은 언제나 '주관적'일 가능성을 안고 있다. 주관적 해석이란 아무리 합리성을 철저히 갖춘다 해도 객관적인 설득력을 얻기 힘든 경우가 있지 않을까. 객관적으로 검증된 사실과 방법만을 믿고 이용하는 과학자의 입장에선 그렇다.
　또 기록과 유물의 부족을 메우는 역사적 추론에는 수많은 갈림길이 있을 수 있다. 예를 들면 초·중·고 국사 시간에 배운 바와 달리, 우리 나라의 초기 역사에 대해서는 역사학자들의 의견조차도 매우 분분하다. 국내외 역사학자들 중에 정말 단군왕검이 조선을 서기전 2333년에 세웠다고 믿는 사람이 얼마나 될까? 우리는 정말 반만 년 역사를 지닌 민족인가? 신라, 고구려, 백제는 정말《삼국사기》에 나오는 연도에 세워졌을까? 우리는 정말 북방에서 유래한 민족일까? 우리는 찬란한 문화민족이라고 자부하는데 실제로 어떤 문화를 내

세우고 있는가? 의문을 품기 시작하면 처음부터 끝까지 모두 의문투성이다. 이러한 의문들은 실질적인 사료가 크게 부족한 시대의 역사에선 어쩔 수 없이 대두되는 문제이다.

물론 나 역시 위의 질문들에 대한 답이 없다. 우리의 역사에 대해선 역사학자들이 훨씬 더 많은 사실과 방법을 알고 있을 것이며, 실제로 그들의 추론이 사실에 가장 가까울 것이다. 나는 여러분에게 이런 의문에 대한 견해를 밝히려는 것이 아니라, 이러한 역사 문제에 접근하는 또 다른 길이 있음을 보여 주려는 것이다.

내가 과학자로서 할 수 있는 가장 알맞은 역할은 바로 라 박사와 내가 논의한 방법이 아닌가 한다. 그것은 주장과 해석의 기초가 되는 '사실' 그 자체를 과학적으로 검증하는 일이다. 그럼으로써 과거의 사실을 확인하거나 발견하고, 역사가 불명확한 시대에는 역사적 이정표를 세우는 작업이다. 우리의 고대사가 과학적으로 검증된 사료에 바탕을 둘 경우 대외적으로도 더욱 강한 설득력을 발휘하게 될 것이다.

나는 이와 같은 좋은 발상을 살리는 취지에서, 또 우리 역사에 대한 개인적 호기심에서 이 연구를 시작했다. 그리고 나의 관심을 과학적 소재에 국한시키는 한, 연구의 객관성을 잃지 않으리라 생각하며 용기를 내었다. 우리의 역사라고 해서 우리에게 유리한 쪽으로 역사를 과장하거나 왜곡하는 자의적 작업은 실체적 진실을 탐구하는 과학자뿐만 아니라 누구나 피해야 할 함정이다. 물론 우리 민족의 과학적 소질과 업적은 비범한 것이다. 다만 이러한 감탄은 객관적인 입장에서 연구를 진행한 결과 얻게 된, 누구나 수긍할 수 있는 결과에서 나와야 한다.

나는 우선 옛 사람들이 남겨 놓은 자연 현상 관측 기록과 과학적 유물을 통해 단군조선의 실체를 추적해 보기로 했다. 천문학은 하늘의 역사를 밝히는 것만큼이나 땅의 역사를 밝히는 데에도 적지 않은 힘을 발휘한다. 역사적 해석이 분분한 경우에도 부정할 수 없는 과학적 진실을 찾아 나설 수 있기 때문이다.

우리 역사가 남긴 자산

연구를 하다 보니 이러한 방법이 외국에서는 이미 약간 다른 목적으로 쓰이고 있음을 알게 되었다. 이 분야를 '고천문학'이라 부르며, 그중 역사적 연대를 규명하는 경우는 '천문연대학', 고고학적 유물에 적용하는 경우는 '천문고고학' 등으로 구분하고 있었다. 또 '고천문학'은 현대 천문과학에 이용되는 세부 분야의 이름으로 사용되기도 했다.

나는 이 접근법이 특히 우리 역사에 요긴하게 쓰일 수 있겠다는 생각이 들었다. 왜 하필 우리에게만 이런 종류의 접근 방법이 역사 구성에 중요하다는 것일까? 우리 역사는 일반적인 서양식 역사 구성법만으로 온전히 다 해결할 수 없는, 남다른 특수성을 지니고 있기 때문이다. 세계 모든 나라 중에서 한국, 중국, 일본의 선조들은 후손에게 값진 유산을 남겨 주었다. 그것은 각국의 왕조들이 수천 년간 엄격하고 체계적으로 관찰해 온 자연 현상 기록이다. 중국의 경우 과거 약 2800년 동안, 우리 나라는 약 2100년, 일본은 약 1400년간에 걸쳐 다양한 자연 현상을 관찰하여 수많은 기록을 남겼다. 서양이 갖지 못한 이 방대한 자연 현상 관측 사료 속에는 아직 해독이 되지 않은 수많은 역사적 흔적들이 숨어 있을 것이다. 이를 끄집어내기 위해서는 서양식 접근법과 함께 우리만의 색다른 접근법이 필요하다.

특히 우리에게는 11세기 이전의 역사에 대한 기록이 매우 빈약한 실정이다. 당대의 국가가 직접 남긴 1차 사서는 하나도 남아 있지 않고 《삼국사기》나 《고려사》, 또는 중국과 일본 사서의 파편적 기록 같은 2차, 3차 사료가 전부이다. 더구나 서기 500년경 이전에는 그나마 남아 있는 유물·유적마저도 별로 없어 매장유물의 출토나 기다려야 하는 형편이다. 이렇게 기초 자료가 절대적으로 부족하니 우리 나라 초기의 역사가 모호해질 수밖에 없다. 1차 사료와 유물·유적이 풍부하게 남아 있는 중국, 일본과는 대조적인 상황이다.

주목할 점은 그나마 우리에게 남겨진 이 부족한 사료들 중 상당 부분이 역사 구성에 사용되고 있지 않다는 사실이다. 예를 들어 3, 4세기 이전의 기록에 대해 신빙성을 의심받고 있는 《삼국사기》〈신라본기〉에는 혁거세거서간에서 벌휴이사금(B.C. 57~A.D. 196)까지 총 264개 기사 중에 약 4할을 차지하는 101개 기록이 자연 현상에 관한 것이다. 그중에서 34개가 천문 현상 기록이다. 그러나 이 자연 현상 기록은 역사 구성에 활용되고 있지 않다. 서기 200년 이전에 대한 사료가 절대적으로 부족한 상황에서도 전체의 4할이 아깝게 사

우리 나라의 천문 자산

시대	왕조	천문 자산
약 B.C. 30C ~ A.D. 2C	석기·청동기·철기 시대	암각화 그림, 고인돌과 부장품, 선돌 등의 방위와 별자리 그림
약 B.C. 24C ~ B.C. 2C	단군·기자·위만조선 시대	천문 현상 기록 12개 천문대-강화도 마니산 참성단
B.C. 57 ~ A.D. 935	신라	천문 현상 기록 240여 개-《삼국사기》,《삼국유사》
B.C. 37 ~ A.D. 668	고구려	천문도가 그려진 고구려 고분 24기
B.C. 18 ~ A.D. 660	백제	천문대-경주 첨성대 해시계, 사신상, 십이지신상 등의 유물
918~1392	고려	천문 현상 기록 5000여 개-《고려사》 천문대-개성 첨성당 천문도가 그려진 고분 9기
1392~1910	조선	천문 현상 기록 약 2만 개-《조선왕조실록》,《승정원일기》,《일성록》 등 여러 천문대와 혼천의, 혼상 등의 천문 유물 각종 천문서, 천문도 해시계, 물시계, 천문시계 등의 시계 유물 무형의 천문 요소-신화, 민속

장되고 있는 셈이다. 우리가 가진 유물과 사서의 부족함을 극복하는 한 가지 길은 기존 자료나마 최대한 분석하고 이해하여 사료화하는 것이다.

이와 같이 우리 나라에서는 《삼국사기》를 비롯한 역대 사서에 수록된 많은 자연 현상 기록이 국내 사학계와 과학계의 주목을 받지 못하고 있다. 이에 반해 일본에서는 자국의 고대 천문 자료뿐만 아니라 외국의 자료에까지 시야를 넓혀 오랫동안 연구를 진행해 왔다. 심지어 일본 학자들이 《삼국사기》의 천문 현상 기록을 연구하여 오히려 우리 한국사에 영향을 미치기도 했다. 이제 우리 과학자들과 역사학자들도 일본 학자들의 기존 연구 결과를 검토하고, 국내외 고대 자연 현상 관측 자료에 관심을 가져야 할 때이다. 그것이 동북아 삼국의 선조들에게 빚을 지고 살아가는 우리의 의무가 아닐까 한다.

고대 자연 현상 기록은 무엇을 말해 주는가

고대의 자연 현상 기록이 우리에게 무엇을 알려 줄 수 있을까. 고대의 자연 현상 기록은 관찰한 것을 있는 그대로 옮겼기 때문에 당시의 자연 변화를 가감 없이 보여 준다. 천체의 운동, 기상학적·지질학적 현상 등은 매우 규칙적이고 오늘날에도 그 규칙성이 그대로 유지되고 있다. 수천 년이라는 짧은 인류 역사를 놓고 볼 때 자연의 규칙성은 옛날이나 오늘이나 별 차이가 없다. 따라서 옛날에 일어났다는 자연 현상 기록을 컴퓨터 계산의 역추적 결과나 최근의 관측 자료와 비교하면 그것이 진실인지 아닌지를 밝힐 수 있다. 일종의 알리바이 증명과 같다.

원 사서의 자연 현상 기록을 왜곡한다든지 허위 기록을 첨가하는 일이란 원칙적으로 불가능하고, 그럴 경우에는 쉽게 조작 여부가 드러나게 되어 있다. 기록의 진위 여부가 확인되면 나아가서 그 사서 자체의 신빙성까지도 가늠할 수 있다. 특히 천체 현상을 정확히 재연하는 작업은 방대한 컴퓨터 계산이 가능해진, 아주 최근에야 실현된 일이다. 천문 기록을 이용한 고대사 복원 가능성에 대해서는 다음 장에서 실례를 들어 더 자세히 이야기하겠다.

모든 천문 현상에는 반드시 시간 개념이 담겨 있다. 따라서 천문 현상을 활용하면 그 현상이 일어난 과거 역사의 시점을 절대적 산출법으로 정확히 추적해 낼 수 있다. 사서에서 사건의 시점은 '모왕 모년 모월 모일' 등으로 표시된다. 그날이 서력으로 언제인지는 역사가 분명한 후대로부터 여러 왕의 재위년을 거쳐 거꾸로 거슬러 올라가거나, 왕국끼리의 교류를 기록한 날을 비교하는 방법 등을 적용하여 구할 수 있다. 이러한 서지학적 연구 등 상대적 방법이 아닌 더 직접적이고 정확하게 시간을 알아 낼 수 있는 방법이 천문 기록 속에 숨어 있다. 즉, 천문 현상 중에는 천체 역학적 계산을 통해 과거에 일어난 하늘의 상황을 정확히 재연할 수 있는 내용들이 있다. 이를 이용하면 기존의 역사적 지식을 빌지 않고도 과거의 기록 시점을 찾아낼 수 있다. 천문 현상 기록은 이렇듯 고대사에서 시간적 이정표 역할을 하는 중요한 사료가 될 수 있다. 이 책의 2부에서는 천문 현상 기록의 이러한 특성을 이용한 '천문역사학' 연구 과정을 소개하고 있다.

또 한 가지 우리가 알 수 있는 사실은, 자연 현상 기록을 통해 보여지는 고대 문화의 일면이다. 천문 기록에는 단순한 자연 현상뿐 아니라 옛 사람의 자연관이나 사상, 종교, 정치관까지 녹아 있다. 특히 천문학은 인류 역사상 가장 일찍부터 시작된 학문의 하나이다. 천문학적 기록과 유물은 고대 문화가 어디서 어떻게 피어났는지, 그 수준은 어느 정도였는지, 주변에 어떻게 전파되었는지 일러 준다. 즉, 우리가 발 딛고 서 있는 바로 이 땅에 수십 세기 전에 서 있었을 고대인들의 마음을 헤아릴 수 있는 것이다. 이 책의 3부에서는 우리 선조가 수천 년간 소중히 키워 온 천문과학을 유물과 기록을 통해 살펴보는 '천문학사' 연구 과정을 담고 있다.

4부에서는 우리 선조가 남긴 자연 현상 관측 기록을 현대 과학에 활용하는 '고천문학' 연구의 한 예를 소개하고 있다. 책머리에서 말했듯이 자연 현상에 대한 고대인의 기록은 지구와 천체의 장기적인 진화를 관찰한, 학문적으로도 중요한 유산이다. 수천 년에 걸쳐 이들이 기록으로 남긴 가뭄과 큰비, 큰 바람, 때 아닌 눈이나 우박, 흙비, 벼락, 우레, 안개, 서리, 큰 추위, 예년과 다른 개화시기, 흉년 등의 많은 기상 현상과 지진, 바닷물의 색깔과 흐름 등 지질학적·해양학적 현상 등은 우리 나라 자연 환경의 성격과 장기적 변화를 파악하는 데 중요한 자료가 된다. 태양흑점과 오로라 관측 기록은 태양 활동의 장주기 변화뿐만 아니라 나아가 태양 활동과 지구의 장기적 기상 변화와의 연관성을 이해할 수 있게 해 준다. 또 옛 별자리, 혜성, 신성, 초신성, 운석, 유성 관측 기록은 천체들의 장주기 진화와 태양계 환경의 변화를 이해하려는 현대 천문학에 더없이 소중한 자료이다. 옛 사람들은 그야말로 별처럼 빛나는 자료들을 우리에게 남기고 갔다.

2부

천문과 우리역사
_천문 기록과 고대사의 복원

|3| 천문 기록으로 찾아간 단군조선
|4| 삼국 시대 천문 기록이 밝혀 준 고대 역사
|5| 일본의 고대 일식 기록은 사실인가?

|3|
천문 기록으로 찾아간 단군조선

처음에 어느 누가 나라를 열었던고
釋帝 손자 이름은 檀君일세
—이승휴의 《帝王韻紀》(1287)에서

최초의 의문

 1993년 봄으로 다시 돌아간다. 해와 달과 행성, 별들의 운동을 계산하는 프로그램들을 만든 뒤 본격적으로 단군조선 시대에 대한 연구를 시작했다. 우선 많은 노력을 들여 연구를 시작하기 전에 이 연구를 통해 내가 알고자 하는 것이 무엇인가, 정확한 방향 설정이 필요했다.
 우리는 단군조선 또는 고조선이라는 나라를 국사 교육을 통해 배워서 알고 있다. 그러나 우리는 과연 얼마나 단군조선에 대해 구체적으로 알고 있을까? 매년 10월 3일을 개천절로 정하고 서기전 2333년의 개국을 기념하고 있지만 이를 믿는 학자들은 몇이나 될까? 나는 이러한 문제에 조금이나마 과학적 방법으로 접근해 보려는 생각을 가지고 기본적인 의문에서부터 출발하기로 했다. 그리고 우선 풀고 싶은 문제를 두 가지로 압축했다.

 단군조선의 역사적 사실성 문제
 단군조선 영토의 위치 문제

즉, "단군조선이 과연 존재했는지, 그리고 존재했다면 그 위치는 어디인가?" 하는 것이었다.

단군조선 시대의 천문 기록은 어디에?

이 문제들을 과학적으로 풀어 가기 위해서는 단군조선 당시에 남겨진, 그리고 진위 여부를 밝힐 수 있는 기록이 필요했다. 그런데 시작부터 맥이 풀리는 일이 생겼다. 단군조선 시대의 역사를 기록한 사서들 중에 학계에서 인정하고 있는 것은 한 가지도 없었기 때문이다. 이러다가 천문 기록을 하나도 찾지 못하고 처음부터 막을 내리는 것은 아닐까.

할 수 없이 정사서의 기록은 포기한 채 다른 책들을 계속해서 뒤져 보았다. 그러던 중 비록 정사서는 아니지만 단군조선에 대한 역사가 체계적으로 정리되어 있는 사서 몇 권을 발견했다. 바로《단기고사(檀奇古史)》와《한단고기(桓

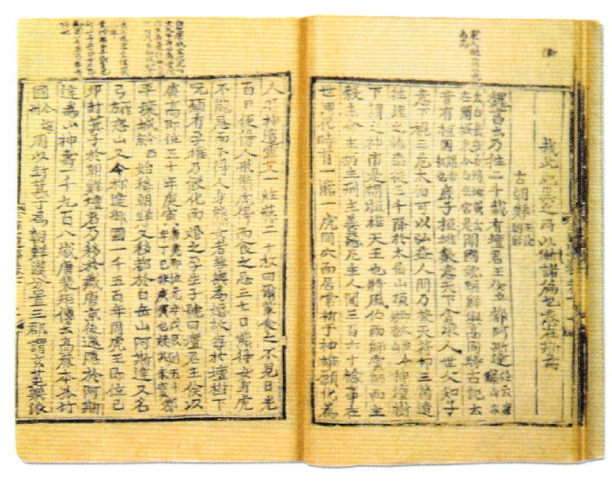

《삼국유사》에서
단군이 소개된 부분.

천문과 우리역사 | 25

檀古記)》의 〈단군세기(檀君世紀)〉편 등이었다.

《단기고사》는 서문과 발문에 따르면 발해 시대 대야발(大野勃, 발해의 시조 대조영의 아우)이 고구려가 멸망한 뒤 13년간의 사료 채집 끝에 727년 발해의 글로 편찬하고, 825년 황조복(皇祚福)이 한문으로 중간한 단군조선에 관한 역사서라고 한다. 이 황조복판을 구한 말 유응두란 사람이 발견한 것을 대한제국 학부 편집국장 이경직이 간행하려 했으나 뜻을 이루지 못하고(1907), 유응두의 문하 이윤규가 필사한 것을 신채호·이관구가 만주에서 간행을 시도했으나 역시 실패했다(1912). 그러다 일제의 강점이 끝난 뒤 이관구·김두화가 1949년에 이를 국한문 번역본으로 편찬함으로써 비로소 세상에 알려지게 되었다 한다. 원본인 황조복의 한문본은 현재 전해지지 않는다.

《한단고기》는 대한 광무 15년(1911)에 계연수가 편찬한 책으로 알려져 있는데 안함로의 〈삼성기상〉, 원동중의 〈삼성기하〉(신시 시대 환웅 18대), 이맥의 〈태백일사〉(상고에서 고려까지), 범세동의 〈북부여기〉 등과 함께 고려 시대 행촌 이암(李嵒)이 쓴 〈단군세기〉가 실려 있다. 〈단군세기〉는 《단기고사》와 내용이 비슷하면서도 다른 점 또한 많다.

이 두 권의 책을 읽으면서 희망이 보이기 시작했다. 그렇게도 기대하며 찾던 자연 현상이나 천문에 관련된 기록이 《단기고사》와 〈단군세기〉에 약 60개가 실려 있었기 때문이다. 일식이 10회, 오행성 결집이 1회, 강한 썰물이 1회, 두 해가 뜸(兩日竝出)이 3회, 지진이 4회, 그리고 태풍, 가뭄, 홍수 등에 관한 기록이었다. 단군조선 시대 안에서도 후대로 갈수록 관측 기록의 수가 증가하고 있었다.

이 책들 외에도 조선 시대 숙종 2년(1675)에 북애(北崖)가 썼다는 《규원사화(揆園史話)》가 있으나 천체에 관한 기록이 전혀 나오지 않아 참조하지 않았다. 또 《한단고기》의 〈삼성기〉편에는 단군조선 이전의 상고사가 기록되어 있으나 천문 현상에 관한 내용이 실려 있지 않아 역시 연구 대상에서 제외했다. 천문학에서도 사료가 부족하다는 한계가 있었다.

천문 현상 기록을 검증하다

문제는 무심코 지나쳐 온 이런 기록들을 가지고 어떻게 단군조선의 실존 여부를 가릴 수 있느냐 하는 것이었다. 요행히 찾아낸 60개의 기록이란 것도 검토해 보니 다 쓸 수 있는 것들이 아니었다. 과학적 계산으로 확인이 가능한 기록은 일식과 오행성 결집, 썰물 현상 등 12개 기록에 불과했다. 더구나 단군 재위 몇 년이라는 시점을 서력으로 바꾸어 놓은 연구가 없어서 그중에서도 가장 횟수가 많은 일식 기록마저도 안타깝게 포기해야만 했다. 기록된 일식에 대응하는 실제로 일어난 일식을 일일이 대조하는 작업이 이 경우엔 적절치 않았다. 실제로 일어난 일식들이 너무나 많아서 기록된 일식이 그중에 어느 것인지를 확정할 수 없었기 때문이다.

기대를 걸어 볼 수 있는 것은 오행성에 관한 기록이었다. 오행성이 하늘의 한곳에 모이는 일은 매우 드문 현상이므로 다른 경우에 비해 실제 현상과 대조, 분석하는 작업이 훨씬 수월할 수 있었다. 그래서 이 기록을 천체 역학적으로 계산한 다섯 행성의 위치 변화와 비교해 보면 기록의 진위를 확인할 수 있을 것이라는 생각이 들었다. 바로 내가 기대했던 연구를 할 수 있는 가장 적절한 기록이었다. 《단기고사》와 〈단군세기〉에 나오는 오행성 관련 기록은 다음과 같다.

> 열세 번째 단군(여기서는 특정 인물이 아닌 임금의 칭호로 쓰임)인 흘달 50년 (B.C. 1733년. 단군왕검 1년을 B.C. 2333년으로 둠)에 다섯 행성이 루 별자리에 모였다(五星聚婁).

나는 이 기록을 확인하기 위해 B.C. 1733년을 전후로 하여 약 550년간의 시간 범위에 걸쳐 맨눈으로 볼 수 있는 수성, 금성, 화성, 목성과 토성 등 다섯 행성의 위치를 계산해 보았다. 그 결과 다섯 행성이 하늘에서 매우 가깝게 모

천체 역학적 계산이 가능한 단군조선 시대의 천문 현상 기록 일람표

시기 기록	내용	문헌
2세 단군 부루 58년(B.C. 2183)	일식(日蝕)	세기, 고사
13세 단군 흘달 50년(B.C. 1733)	다섯 행성이 루 별자리에 모이다(五星聚婁)	세기, 고사
17세 단군 여을 20년 여름(B.C. 1533)	일식(日蝕)	고사
29세 단군 마휴 9년(B.C. 935)	남해에 썰물이 세 척이 물러가다(南海潮水退三尺)	세기, 고사
6세 기자 2년 7월(B.C. 918)	7월 일식(七月 日蝕)	고사(기자)
32세 단군 추밀 13년 3월(B.C. 837)	3월 일식(三月 日蝕)	세기, 고사
35세 단군 사벌 8년 4월(B.C. 765)	4월 일식(四月 日蝕)	고사
19세 기자 1년 봄(B.C. 579)	일식(日蝕)	고사(기자)
39세 단군 두홀 21년 8월(B.C. 525)	8월 일식(八月 日蝕)	고사
44세 단군 구물 3년 2월(B.C. 423)	2월 일식(二月 日蝕)	고사
47세 단군 고열가 48년 10월(B.C. 248)	10월 초하루 일식(十月朔日 日蝕)	세기
36세 기자 인한 35년(B.C. 241)	일식(日蝕)	고사(기자)

※ 서력 연대는 임승국 번역 《한단고기》의 연대표를 참조했다. 고사는 《단기고사》, 세기는 《단군세기》를 뜻함.

B.C. 1734년 7월 13일 초저녁 서쪽 하늘을 인왕산 위로 재연한 모습. 오른쪽부터 금성, 목성, 토성, 수성, 화성이 초생달과 함께 늘어서 있다.

이는 때는 ① B.C. 1953년 2월 25일 새벽(2.3° 이내)과 ② B.C. 1734년 7월 13일 초저녁(10° 이내)인 것으로 나타났다. 그중 기록에 나오는 B.C. 1733년의 현상과 시점상 가장 근접한 것은 후자이다. 계산으로 확인된 B.C. 1734년의 행성 결집은 해질녘에 태양으로부터 금성, 목성, 토성, 수성, 화성이 늘어서고 초생달도 함께 모여 장관을 이룬다. 기록에 쓰여 있는 B.C. 1733년과 비교하면 불과 1년 차이로 실제 현상이 있었던 것이다.

 그런데 1년이란 차이는 왜 벌어지는 것일까? 행성이 실제로 결집했던 해와 1년의 시간차로 기록이 나타난 것은 단지 우연일까? 아니다. 이를 우연히 맞아떨어진 조작으로 보기는 힘들다. 지난 4000년간 다섯 행성들의 위치를 계산해 보면 이들이 10° 이내로 모이는 일은 평균 250년에 한 번 꼴로 일어나는 매우 희귀한 현상이다. 만약 이 기록이 조작을 위해 임의로 책에 삽입되었다면 실제 현상이 있었던 시점과 단 1년 차이로 우연히 가까울 확률은 0.007이 된다. 조작의 가능성이 거의 없다는 뜻이다.

 그러나 여기에는 한 가지 문제가 있다. 오행성이 모이는 위치를 계산해 보니 루성(양자리)이 아닌 그로부터 약 130° 떨어진 바다뱀자리 근처였다. 행성 결집 위치가 다른 것이다. 그러나 서기전 18세기는 아직 동양에서 28수의 이름이 확정되기 훨씬 이전이다. 따라서 기록에 적힌 오행성의 결집 위치는 후대의 해석임이 명백하다. 기록된 행성 결집의 위치가 후대에 이르러 명명되는 과정에서 이름상의 혼란이 빚어졌을 가능성이 있다. 따라서 《단기고사》와 〈단군세기〉에 나오는 오행성 결집 기록에서 가장 중요한 정보는 행성 결집이라는 사실 자체에 있으며, 결집의 위치는 결집 사실에 비해 가치가 떨어지는 내용이다.

기실, 후대의 '개입'으로 인한 혼선은 이 기록들뿐 아니라 동서고금을 막론하고 종종 벌어지는 일이다. 같은 《단기고사》나 〈단군세기〉, 《규원사화》 등을 더 뒤져 보면 단군 시대의 기록이라고 믿기 어려운 내용들이 심심찮게 눈에 띈다. 몇 가지 예를 들면 5세 단제(檀帝) 구을 15년에는 대화 중에 태양계와 명왕성을 지칭하는 말이 나온다. 그런데 명왕성은 1930년 톰보(Clyde W. Tombaugh)가 미국 로웰 천문대에서 처음 발견한 행성이다. 그것이 구한 말에 발견된 단군조선의 역사를 기록한 《단기고사》에서 언급되었다는 것은 매우 불가사의한 일이다. 13세 단제 흘달 26년 "성운이 중력적으로 붕괴하여 별이 생성된다"는 기록을 보면 더 입이 벌어진다. 성간구름의 진화론(와류설)은 1644년 데카르트가 주장한 일이 있고, 1871년에 헬름홀츠가 성간운이 중력수축하여 원시별이 생성된다는 가설을 내놓은 적이 있다. 단군조선 시대에 이런 이야기가 있었을 것이라고는 누구도 믿지 못할 것이다. 후대의 어디를 어떻게 지나가다 이런 '추월'이 빚어졌는지 궁금할 따름이다.

만일 행성 결집 기록이 사실이라면, 이것은 왜 실제 현상과 조금 다른 해에 기록되었을까? 그 까닭 중에 하나는 단군조선의 개국년이 불확실한 데에 있다. 우리는 1949년에 제정된 '국경일에 대한 법률'에 따라 단군왕검의 개국년월일을 B.C. 2333년 음력 10월 3일로 정하고, 이날에 해당하는 양력일을 찾을 수 없어 대신 양력 10월 3일을 개천절로 지정하여 단군의 개국을 경축해 오고 있다. 그런데 실은 단군조선의 개국년에 대해서는 세 가지 설이 있다. 첫째는

강도지도(江都地圖, 18세기 중엽, 규장각)에 표시된 강화도 마니산. 《고려사》와 《세종실록》에 참성단은 단군이 하늘에 제사를 지내던 제천대로 기록되어 있다.

《삼국유사》가 인용한 《위서(魏書)》,《제왕운기》,〈단군세기〉,《세종실록》〈지리지〉 등에 기록된 요(堯) 원년(B.C. 2357) 설이다. 둘째는 《동국통감》,《해동이적》,《동국역대총목》 등에 기록된 요 25년(무진년, B.C. 2333) 설이고, 셋째는 《삼국유사》가 인용한 《고기(古記)》에 기록된 요 50년(B.C. 2308) 설이다. 정부가 선택한 해는 이중 두 번째이다. 위에서 여러 단제들의 제위년은 단군왕검 1년을 B.C. 2333년이라고 가정하여 계산했는데, 단군왕검 1년이라는 해에 이미 49년의 불확실성이 있다는 말이다. 따라서 서력 환산의 문제로 인해 기록과 실제 현상과의 일치가 수십 년까지 벌어질 수도 있는 것이다. 또 이런 까닭에 단군조선 시대의 기록이 사실인지를 확인하기 위해서는 행성 결집과 같이 매우 드물게 일어나는 현상을 이용해야 하는 것이다.

한편 오행성 결집에 이어 썰물에 대한 기록도 검증해 보았다. 두 사서 모두에서 이런 기록을 발견했다.

> 이십구세 단군 마휴 9년(B.C. 935) 남해에 썰물이 세 척이 물러갔다
> (南海潮水退三尺).

해와 함께 조석력을 일으키는 중요 요인인 달은 불규칙한 궤도운동을 하며, 일기의 변화로 인한 영향 때문에 조수간만의 정도는 항상 다르게 마련이다. 이 기록을 본 후 큰 썰물이 기록된 B.C. 935년을 전후한 200년간 해와 달의 위치를 계산하고, 이들이 지구에 미친 조석력의 세기를 계산해 보았다. 그 결과 4년 후인 B.C. 931년에 가장 강한 조석력이 발생했음을 발견했다. 이 썰물 기록은 사서에 임의로 삽입될 수 있었을까? 그럴 수 있는 확률을 계산해 보니 0.04에 불과했다. 이 옛 기록과 실제 현상이 이 정도로 맞아떨어지기란 역시 어렵다는 얘기다.

이러한 점들로 미루어 볼 때, 단군조선 시대의 일을 기록한 위 사서들에는 일부 내용이라도 사실이 들어 있다고 생각할 수 있겠다. 그러므로 학자들은 이 책들을 마냥 무시할 것이 아니라 옥석을 가리는 마음으로 책의 내용을 진지하게 재고해 봐야 하지 않을까 생각한다.

미완성으로 남은 단군조선 연구

연구를 마치고도 내 마음은 썩 흡족하지 못했다. 오행성 결집 기록을 분석한 것은 큰 소득이었지만, 일식 기록을 활용하지 못한 것이 큰 아쉬움으로 남았기 때문이다. 단군조선 시대 2000년 동안에 조금이라도 일어난 부분일식까지 모두 합하면 한반도와 만주, 중국, 몽고에 걸쳐 나타난 일식이 무려 1500여 개에 이른다. 반면에 기록을 가지고 있는 것은 연대가 불확실한 일식 10개뿐

이다. 현상이 상세히 묘사되지 않은 일식 기록을 실제로 일어났던 수많은 일식들에 대응시키고 검증하기 위해서는 기록된 해가 서력으로 꽤 정확히 환산될 수 있어야 한다. 앞으로 새로운 사료가 발견되어 위 문헌 기록들의 연대가 보다 정확해져서, 이 아까운 일식 기록들을 제대로 활용할 수 있게 되기만을 바랄 뿐이다. 그렇게만 된다면 베일에 가려져 있는 단군조선 2000년의 역사를 밝힐 수 있을 것이다.

일식 기록에 미련을 갖는 데에는 그럴 만한 이유가 있었다. 이것만 분석할 수 있다면, 단군조선의 위치를 알아 낼 좋은 아이디어를 가지고 있었기 때문이다. 어느 한 일식 현상은 지구상의 일부 지역에서만 볼 수 있다. 그리고 한 나라가 한 장소에서 여러 개의 일식을 관측하여 기록으로 남겼다면, 그 여러 일식 모두를 가장 잘 볼 수 있는 위치는 그 나라의 강역 안에 있으리라는 생각을 했다. 《단기고사》와 〈단군세기〉에는 10개의 일식 기록이 있으므로 이 일식들을 가장 잘 볼 수 있는 지역이 동북아시아에서 어디인지를 찾으면 그곳이 바로 일식 관측지, 또는 단군조선의 위치일 것이다. 하지만 이런 발상이 다 무슨 소용이 있으랴. 연대에 걸려 기록을 활용할 수가 없는데. 나는 이 착상을 마음속에 묻은 채 단군조선에 대한 연구를 일단 접어둘 수밖에 없었다.

그후 3년이 지난 1996년 1월이었다. 아침식사를 끝낸 후 《한겨레신문》을 펼쳐 들고 있었다. 천천히 신문을 훑어 내려가다가 한 기사에서 시선과 함께 숨이 멎었다. 북한에 있는 고인돌에 새겨진 별자리 그림에 대한 기사였다. 그것을 보는 순간 3년이나 마음속에 접어 두었던 단군조선 시대 연구를 다시 재개할 수 있는 새로운 길이 있음을 깨달았다.

우리 나라에서 고인돌 시대는 바로 청동기 시대이고, 이는 단군조선 시대와 겹친다. 즉, 고인돌과 그것에 새겨진 문양은 청동기 시대인들이 직접 남긴 기록이므로 고인돌을 조사하면 단군조선 시대를 규명할 새로운 내용이 있을지도 모른다. 사서의 천문 기록이 종이에 남은 단군조선의 흔적이라면, 이것은 돌 위에 남은 당시의 흔적이다. 고인돌에 새겨진 기록은 당시의 문화 수준과 내용을 들여다볼 수 있는, 거칠지만 아주 믿을 만한 자료라는 판단이 들었다.

   문헌 자료를 찾고 현장을 답사하며 고인돌을 찾아 쫓아다니기 시작했다. 천문학을 연구하는 내가 왜 갑자기 고인돌에 관심을 보이는지 주위에선 의아하게 바라보기도 했다. 그러던 가운데 마침내 첫 결실을 거두었다. 바로 충북 청원군 아득이 고인돌에서 출토된 별자리판에서였다. 이는 7장에서 소개하고자 한다.

|4|
삼국 시대 천문 기록이 밝혀 준 고대 역사

> 교식은 비록 일월의 시운동이 일정해서 이것을 미리 계산할 수 있지만, (…) 일식이 개기식이 될 때에는 대낮이 어두워지고 별이 보이게 되니 이는 참으로 심한 예이다. 이런 현상은 정상적인 일상에서의 變異이다. 그러므로 덕을 닦고 일을 정당하게 하라는 교훈이 숨어 있고, 감히 날뛰어 달리지 말라는 경계가 숨어 있다.
> — 《增補文獻備考》 象緯考에서

삼국 시대 천문 기록에 숨은 비밀

삼국 시대 연구는 원래 내 계획에 없었다. 이 시대의 역사는 이미 확고하게 알려졌다고 생각했으므로 별 흥미를 느끼지 못했기 때문이다. 그런 내가 갑자기 삼국 시대 연구에 뛰어든 까닭은 순전히 일식 기록에 대한 미련 때문이었다. 일식 기록으로 나라의 위치를 찾아내는 방법을 생각해 두고도 정작 단군조선 연구에서는 이를 적용하는 시도조차 해 보지 못했다. 그러던 1993년 여름, 단군조선에 관한 연구를 막 끝낸 뒤였다. 나의 착상을 이대로 묵혀 두기가 아깝다는 생각이 들었다. 그래서 비록 분명한 역사로 알려져 있기는 하지만, 나의 착상을 한번 검증해 볼 겸 삼국 시대의 일식 기록을 대상으로 일식 관측지를 찾아보기로 했다. 《삼국사기》를 제대로 읽어 본 것은 솔직히 이때가 처음이었다. 그동안 '세계에서 보기 드물게 1000년의 역사를 한 권 안에 실어 놓은 책'이란 사실은 귀가 닳도록 들어 알고 있었지만 부끄럽게도 그 내용을 직접 읽어 본 적은 없었다.

《삼국사기》에 등장하는 일식 기록을 추려 내고 신라, 고구려, 백제별로 분류해 각 나라가 기록한 일식들을 가장 잘 볼 수 있는 관측지를 각각 찾아보았다. 그러자 도저히 믿을 수 없는 위치가 나왔다. 애초에 삼국의 위치는 익히 우리가 국사 교과서에서 배워 왔던 대로 한반도상에 나타나리라고 예상하고 있었다. 그런데 확인 결과 전연 다른 위치가 튀어나왔다. 신라와 백제의 경우 한반도가 아니라 오늘날의 중국 대륙 동부에 최적 관측지가 나타난 것이다. '이런! 예측이 이렇게 빗나갈 줄이야! 뭔가 숨어 있겠군!' 단지 내 검증 방법을 한번 확인해 보기 위한 '테스트'에 불과했던 이 계산에서 예상 밖의 일이 일어난 것이다.

나는 곧바로 일식 기록에 대한 나의 위치 추정 방법을 얼마나 믿을 수 있는지 보다 분명하게 확인하기 위해 삼국 시대보다도 역사가 더 정확히 알려진 고려 시대의 일식 기록을 검증해 보기로 했다. 고려의 최적 일식 관측지마저 역사적 사실과 다르게 나온다면 그때는 나의 위치 추정 방법의 신뢰성부터 의심해 봐야 할 일이었다.

그런데 고려의 경우엔 정확히 역사적 사실과 일치하는 것이 아닌가! 그것만으로도 만족할 수 없어 한·당·양나라와 같은 중국의 여러 나라들도 연이어 확인해 보았지만 결과는 같았다. 이 나라들이 기록한 일식의 최적 관측지들은 역사적으로 알려진 각국의 강역과 맞아떨어졌다. 삼국의 위치 또는 《삼국사기》 일식 기록에 대한 의심을 더 이상 피할 수 없게 되었다.

이것이 오히려 내게 흥미를 느끼게 만들었다. 그러나 내가 확인한 《삼국사기》 일식 관측지의 결과를 당장 어떻게 받아들여야 할지 난감했다. 확고부동한 사실로 상식화되어 있는 한국사의 내용과 상충하는 이 결과를, 나는 어떻게 해석해야 하나. 일단 더 이상의 판단을 멈추고, 시간을 두고 깊게 생각해 보기로 했다. 이해 못할 문제라도 시간이 흐르면 새로운 의미를 띠게 마련이기 때문이다.

유경로 교수와의 만남

그러던 중 우연히 유경로 선생님과 만난 자리에서 이 결과를 의논하게 되었다. 유 선생님은 한국 천문학계의 1세대로서, 원래는 외부은하 천문학을 연구하시다가 말년에 천문학사 연구에 정진하신 원로 천문학자셨다. 내 이야기를 듣고 난 유 선생님은 논문 몇 편을 내게 건네주셨다. 일본학자 반도충부(飯島忠夫, 1926)와 제등국치(齊藤國治, 1985)의 논문 등이었다. 일본학계에서는 이미 1920년대부터 우리《삼국사기》의 일식을 비롯한 여러 천문 현상 기록들을 꾸준히 연구해서 많은 결과를 내놓아 왔다는 사실을 알게 되었다. 그후 이 논문들과 서양의 과학사 논문, 국내의 과학사 책들을 보면서 현재 학계에서는《삼국사기》의 천문 기록, 그중에서도 6세기 이전의 기록은 모두 중국 기록을 베꼈거나 지어낸 것으로 알려져 있다는 사실도 알게 되었다.

심지어 서양 학자들은《삼국사기》의 천문 기록을 완전히 무시한 채《고려사》의 기록부터 비로소 인정하는 추세이다. 국내 역사학계에서도 3세기경 이전의 기록에 대해서는 의심하는 분위기이다. 예를 들어,《삼국사기》에 수록된 고구려의 일식 기록에 대해 한양대 김용운 교수는 서기 2, 3세기부터 실측한 것으로 보았다. 또한 한국외대 박성래 교수는 신라와 백제의 경우 빨라도 서기 200년대까지는 독자적인 천문 관측을 못했을 것으로 추정했다.《삼국사기》천문 기록에 대한 이 같은 견해는 일본 천문학자들의 연구에서 영향을 받은 것이다.《삼국사기》의 천문 현상 기록, 특히 삼국 시대 초기 부분이 조작된 것이라는 일본 학자들의 연구 결과는 이 시기 전체의 역사 기록을 불신하게 만들었으며, 나아가《삼국사기》가 지닌 사서로서의 신빙성을 크게 떨어뜨리는 하나의 중요한 근거가 되어 있었다.

일본 학자들이 왜 그러한 결론을 내렸는가에 대해선 그들의 관련 논문 등을 읽어 보면 언뜻 납득할 만한 논리적 근거가 있다. 거의 모든 학자들이 이를 인정하는 분위기가 형성된 것도 그 같은 이유 때문이다. 나 또한 그들의 논문을

> 假定した上の事である。又後漢書から引用した部分が今の流布して居る後漢書よりも誤謬の少いのは、其當時編者の用ひた本書が善いことを示して居るのであって、今のOppolzerの日蝕表の中にある日蝕の調によって見なかったと思はれる日蝕は、三國では多分見られなかったと思はれる日蝕は、逸解尼師今八年(A.D. 14)九月辛亥、伐休尼師今十三年(A.D. 186)五月壬申、奈解尼師今六年(A.D. 201)三月丁卯、元聖王三年(" 787) 實十二年(" 783) 八月乙巳、新大王十四年(A.D. 178)十月丙子、多婁王四十六年(A.D. 73)五月戊午、己婁王十一年(A.D. 87)六月戊辰等のものである。其他化句前に掲げたところの威徳王三十六年と三十九年のものと有る。これは支那の記事を無批判に取入れた結果として當然起るべき事柄である。(終)

> 三國の日食記事で6世紀以前のものは、おそらく『漢書』『後漢書』『三國志』『晉書』『宋書』『陳書』『隋書』などの「本紀」「五行志」からの借用と思われる。ただし、中國に対応のない日食記事が2例ある。それは新羅沾解王10年10月晦 (256 XII 3) と高句麗陽原王10年12月晦 (555 II 6) の日食記事である。しかし検算の結果、この2例は地球上どこにも食が見られない無食である。おそらく記事の年月日に誤記があるのであろう。この2例を除けば、三國の日食記事はすべて中國に対応が求められる。<u>言葉を換えれば中國からの借用であろう。</u>

> A significant number of eclipse records are found in the *Samguk Sagi*, the earliest history of Korea, covering the period from the 1st century BC to AD 935. However, these records are generally acknowledged to be of dubious reliability, some possibly having originated in China. The detailed history of Korea does not begin until the establishment of the kingdom of Koryŏ in AD 918, although the first eclipse record in the *Koryŏ-sa* is as late as AD 1012. However, from this time onwards, both solar and lunar eclipses are fairly regularly noted in Korean history.

> 그런데 특히 혁거세에서 그후 얼마 동안의 삼국 초기의 이런 기록에 대해서는 좀 의심스런 구석이 없지 않다. 당시에는 분명한 기록을 남길 문자를 사용하지 않았던 것으로 알려져 있기 때문에, 특히 초기의 자연 현상 기록은 잘못이 많으리라는 점이다. <u>이 때문에 삼국 시대의 일식 기록에 대해서는 그것이 중국의 기록을 그대로 베낀 것이라는 해석이 널리 인정되어 있기도 하다.</u> 초기에 이런 기록에 문제가 있을 수 있기는 하지만, 4세기 이후의 기록에 대해서는 지나친 의심을 갖기는 어려울 것이다.

반도충부(1926)와 제등국치(1985)의 논문과 스티븐슨·홀던의 책(1985), 김영식·박성래·송상용의 책(1992)에서 《삼국사기》 일식 기록에 대한 평가 부분. 스티븐슨과 홀던의 글에서 한국의 역사는 고려 시대부터 신뢰받고 있다.

접한 뒤, 내가 확인한 삼국의 최적 관측지가 왜 중국 대륙으로 나타났는지 그 까닭을 이해하게 되었다. 일본학자들의 말대로 《삼국사기》의 일식 기록이 중국의 기록을 베낀 것이라면 당연히 그 최적 관측지도 중국 대륙으로 나올 수밖에 없는 것이다.

그런데 어느 날 갑자기 내 연구에서 계산된 삼국의 일식 관측지들이 지역적으로 서로 매우 떨어져 있다는 사실이 떠올랐다. 중국의 일식 기록을 무작정 베꼈다면 관측지가 모두 같게 나와야 하지 않은가? 또 중국 것을 베꼈다고 알려진 《삼국사기》의 기록이 오히려 그 '표절 원문'인 중국 사서의 일식 기록보다도 더 정확하다는 사실에도 의구심이 들었다. 이건 뭔가 이상하지 않은가? 일본 학자들의 연구에 어떤 잘못이 있었던 것은 아닐까? 그들의 연구처럼 기록들을 개별적으로 검토하는 방법이 아니라, 삼국이 남긴 일식의 성질을 나라마다 집단적으로 서로 비교해 살펴보면 뭔가 다른 실마리를 찾을 수 있을지 모른다는 생각이 들었다. 그 해 가을, 나는 다시금 새 출발선에 섰다. 밀쳐 두었던 《삼국사기》에서 모든 천문 현상 기록들을 발췌해 펼쳐 놓고 이들을 본격적으로 분석하기 시작했다.

《삼국사기》의 신빙성 문제

단군조선 시대에 대한 연구를 시작할 때와 마찬가지로, 이번 연구에서 내가 알아 낼 것이 무엇인가를 먼저 생각했다. 대상은 《삼국사기》와 《삼국유사》에 수록된 모든 천문 현상 기록이다. 여기서 내가 풀고 싶은 의문점 몇 가지는 다음과 같이 정리되었다.

《삼국사기》의 신빙성 문제
삼국의 강역 문제
과학과 문화의 시작과 수준 문제

《삼국사기》의 신빙성 문제는 앞서 말한 대로 이 책의 초기 내용이 '표절' 또는 '창작'이라고 국내외에 알려진 지금까지의 주장이 사실인지 아닌지를 확인하는 작업이다. 사실상 《삼국사기》는 삼국이 직접 남긴 1차 사서가 아니라 고려 시대에 남아 있던 여러 국내외 사서를 근거로 고대 기록을 취사, 편집해 만들어진 것이다. 따라서 그 내용이 당대의 원래 기록처럼 아주 자연스러울 수는 없을 것이다. 취사, 편집 과정에서 사료의 부족, 사료의 선택적인 취입·

착오·윤색 등의 문제가 생길 수 있다. 여러 참고문헌을 가져다 놓고 이야기를 엮다 보니 내용의 일관성이 떨어지거나 공백이 발생할 수도 있다. 이러한 바탕 위에서 이 사서를 어떻게 읽을 것인가는 읽는 자의 몫이다. 기록상의 흠을 어느 정도까지 파악하느냐, 그리고 용인하느냐에 따라 사서를 신뢰하는 정도가 달라지게 될 것이다.

《삼국사기》의 경우 내용을 신뢰할 수 있는 시대를 구획하는 방법에는 몇 가지가 있는데, 한 가지 예는 《삼국사기》에 등장하는 왕의 이름이 주변국, 즉 중국과 일본의 문헌에 처음으로 나오는 시점을 잡는 방법이다. 그렇게 하면 B.C. 37년에 건국되었다는 고구려는 중국 문헌에 근거하여 태조 때인 A.D. 53년부터, B.C. 18년에 세워진 백제는 《일본서기》에 이름이 등장하는 근초고왕 때인 A.D. 346년부터, 또 B.C. 57년에 가장 먼저 건국되었다는 신라의 경우에는 중국 문헌에 의거하여 내물마립간 때인 A.D. 356년부터 인정받을 수 있다. 달리 말하면, 삼국의 초기 역사가 짧게는 90년에서 길게는 410년까지 잘려 나가게 된다는 말이다. 그 외에도 '말갈'과 같은 후대의 용어가 사용되는 시기, '오행'과 같이 후대의 중국 사상이나 고전이 삽입되는 시기, 국경이 불분명한 고대 국가로서 주변국과의 접촉이 너무 빈번하다고 생각되는 시기 등이 초기 역사를 의심하게 만드는 근거로 제시되고 있다.

그런데 이런 논의 중에 가장 호소력을 가진 근거가 바로 천문 현상 기록들

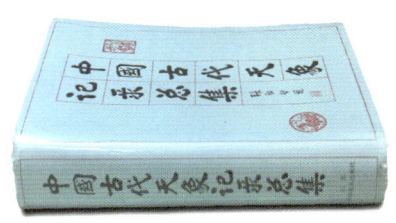 

중국과 일본의 고대 천문 현상 기록이 총정리된 《중국고대천상기록총집》과 《일본천문사료》.

의 조작 여부와 그 시기에 대한 문제라고 생각된다. "계산으로 진위를 따져 본 결과 《삼국사기》의 천문 현상 기록들은 위조되었거나 중국측 기록을 베낀 것"이라는 일본 학자들의 주장이 《삼국사기》의 초기 기록을 불신하게 만드는 결정적 근거가 되었으리라는 것이 나의 생각이다.

이 때문에 국사학계 내에서는 서기 500년 이전의, 특히 서기 200년대 이전의 삼국 초기에 대해서는 좀더 새롭고 풍부한 사료가 나올 때까지 연구를 보류하겠다는 분위기가 조성되어 있다. 이와 같이 삼국 시대의 초기가 역사적 여백으로 남게 되면, 그보다 더 이전인 삼한 시대와 고조선 시대는 삼국 시대보다 더 큰 불신과 무관심 속에 방치될 것이고, 결과적으로 이는 우리의 고대사 복원에 큰 장애로 작용할 것이다.

그 같은 역사적 불신의 한 발단이 천문학적 연구에서 비롯되었다는 사실에 대해 나는 천문학자로서 책임을 느끼지 않을 수 없다. 일본의 여러 천문학자들이 우리 《삼국사기》의 천문 기록을 연구하여 세계에 발표하는 동안 정작 국내에서는 우리의 고대 천문 기록에 대한 과학적 계산과 철저한 분석을 수행하여 이 문제를 다룬 적이 없었다는 사실은 일면 어이없는 일이기도 하다. 게다가 지금까지 천문 기록을 발췌한 사료집마저도 나와 있지 않으니, 자국의 옛 천문 기록을 총정리한 사료집을 이미 오래전에 편찬한 중국과 일본을 생각해 볼 때 부끄러움마저 든다. 앞서 말한 바와 같이 우리 나라는 중국과 함께 세계에서 보기 드물게 2000년이 넘는 장구한 세월 동안 천문 현상을 체계적으로 관측하여 기록을 남겨 온 천문의 나라이다. 지금이라도 스스로의 노력을 기울여 이 귀중한 유산을 활용해야 할 것이다. 고대의 천문 기록을 역사학계가 사료로 이용할 수 있도록 의미 있는 형태로 바꾸어 놓는 일은 천문학자만이 할 수 있는 일이다. 그래서 나는 좀 미묘한 문제이기는 하지만 과학자로서의 객관성을 잃지 않으면서 이 문제에 대해 옳고 그름을 판가름할 수 있는 방법을 찾아나서게 되었다.

삼국 시대의 천문 현상 기록

《삼국사기》와 《삼국유사》에는 일식 67개, 행성의 움직임 40개, 혜성의 출현 65개, 유성과 운석의 떨어짐 42개, 오로라의 출현 12개 등 240개가 넘는 많은 천문 현상 기록들이 있다. 이중에는 중국이나 일본의 사서에 동시에 관측되어 기록된 것도 있고, 우리 나라에만 있는 기록도 있다.

나는 먼저 1000~2000년 전에 일어났다는 이런 기록들에 대해 의심을 갖지 않을 수 없었다. 인간의 시간 척도로 보면 2000년이란 아주 까마득하게 느껴지는 긴 시간이다. 그런데 그 아득한 옛날에 살았던 무지한 사람들이 제대로 천체의 운동과 변화를 읽어 낼 수 있었을까? 아마 이 책을 읽는 독자들 중에도 그때의 나와 똑같은 생각을 갖고 있는 분들이 있을 것이다.

그런데 이것은 그릇된 선입관이었다. 천체 역학적 계산으로 확인해 본 결과, 놀랍게도 이 시기의 천체 관측 기록들은 대부분 사실이었다. 또한 해와 달과 행성과 별자리들에 관련된 다양한 기록을 실제로 일어난 현상과 전체적으로 맞추어 보았을 때 천체 현상들이 일어난 연대와 날짜, 그리고 상황까지 정확히 맞아떨어지는 경우가 대부분이었다. 이로써 기존의 서지학적·금석학적 연구를 통해 밝혀 놓은 삼국 시대의 연대기가 상당히 정확하다는 사실을 확인할 수 있었다. 나는 과학자로서 선입관을 가졌던 점을 부끄럽게 생각하고, 옛 선인들의 문화에 대한 편견 없는 시각을 지니기로 했다.

삼국의 천문 관측, 어떻게 검증할 것인가?

맨 처음 풀고자 한 문제는 《삼국사기》의 천문 현상 기록이 독자적 관측에 의한 결과인지 아닌지에 대한 것이었다. 그 방법으로 먼저 떠오른 것은 《삼국사기》에만 있고 다른 나라의 사서에는 없는 천문 현상 기록을 가려낸 다

《삼국사기》에 기록된 각종 고대 천문 현상들

사진	현상 설명	문헌 출전 예
	해가 여러 개 뜸	신라 문성왕 7년(845) 三日竝出
	혜성이 나타남. 혜성이 별자리에서 나오거나 들어감	신라 혁거세거서간 9년 (B.C. 49) 有星孛于王良 고구려 민중왕 3년(46) 星孛于南 二十日而滅
	일식	신라 혁거세거서간 4년 (B.C. 54) 日有食之.
	행성이 달에 접근함 행성이 달에 가림	백제 초고왕 40년(205) 太白犯月 신라 소지마립간 6년(484) 土星犯月

천문과 우리역사 43

사진	현상 설명	문헌 출전 예
	하늘에 행성들이 모임	고구려 차대왕 4년(149) 五星聚於東方
	행성이 별자리를 지나감	고구려 유리왕 13년(B.C. 7) 熒惑守心星 신라 남해차차웅 20년(23) 太白入太微

사진	현상 설명	문헌 출전 예
	유성, 유성우 또는 운석이 떨어짐	신라 남해차차웅 11년(14) 夜有流星 신라 파사이사금 25년(104) 衆星隕如雨 不至地 백제 비류왕 30년(333) 星隕 王宮火 連燒民戶
	낮에 금성이 보임	백제 구수왕 11년(224) 太白晝見

음, 독자적인 그 기록이 실제로 일어났는지 아닌지를 검증해 보면 쉽게 판가름나리라는 생각이었다. 즉 어느 사서에만 있는 독자적인 기록들이 실제로 있었던 일이라면, 그 사서는 분명 독자적인 관찰과 기록을 남긴 국가의 역사임에 틀림없을 것이다. 반면에 만약 그것이 실제로 일어나지 않았거나 그 나라에서 볼 수 없던 현상들이라면, 그 사서는 기록들을 통해 조작된 것임을 스스로 드러내는 것이리라.

《삼국사기》에는 있지만 중국의 사서에는 없으면서, 계산으로 확인할 수 있는 기록 중 주목할 만한 것은 행성과 달의 접근 기사였다. 예를 들면 《삼국사기》에는 달이 금성에 접근했다는 태백범월(太白犯月) 기록이 5개가 있는데 모두 중국 사서에 없는 독자 기록이다. 그중 〈신라본기〉(내해 10년)와 〈백제본기〉(초고 40년)에 동시에 나오는 서기 205년 7월의 '태백범월' 기록을 보

자. 달과 금성의 운동을 과거로 거슬러 올라가 계산하면, 이 기록에 대응하는 실제 현상을 이 시기에 찾을 수 있다. 계산상 서기 205년 9월 4일 오후 4시경 달은 금성에 2.1°까지 가까워졌다가 금성을 쉽게 볼 수 있게 되는 일몰 때는 2.5° 정도의 거리에 있었음이 확인된다. 이때 금성은 평소의 밝기인 약 -3.9등급보다 0.5등급 밝은 -4.4등급이었다. 조선 시대에 간행된 《서운관지》에는 천상을 관측하는 규정이 수록되어 있는데, 그 책에 기술된 천문 현상의 정의에 따르면 '범(犯)'이란 '달과 별이 서로 빛을 미칠 정도로 다가감'을 뜻한다. 백제와 신라는 서기 205년에 금성이 밝아진데다가 달 가까이에 접근한 현상을 보고 금성이 달을 '범'했다고 기록한 것이다. 따라서 백제와 신라가 동시에 관측했으며, 당시 후한에서는 관측하지 못한 이 천체 현상은 실제로 일어났던 것임이 증명된 것이다. 이것은 우리의 천문학 역사에도 중요한 사실이다. 백제와 신라가 적어도 서기 205년부터는 행성과 달의 움직임을 지속적으로 관측하고 있었으며, 그 관측 결과를 기록하여 남기거나 구전했다는 사실을 말해 준다.

앞에서 삼국 시대에서 역사를 신뢰할 수 있는 때가 《삼국사기》에 나오는 왕의 이름이 주변국 사서에 등장하는 시점으로 정해지기도 한다고 말했다. 중국과 일본의 문헌에 신라와 백제 왕의 이름이 나오는 해는 356년과 346년이므로 서기 205년의 독자 관측 사실 하나만으로도 삼국의 역사를 인정하게 되는 시점이 약 150년이나 앞서게 되는 것이다.

205년의 기록 외에도 달과 행성이 접근한 기록들은 상당수가 사실이었다. 한편 일본의 천문학자들은 행성과 달의 접근 현상에 대한 《삼국사기》의 관측 기록이 대부분 잘못된 것이라는 결론을 내려 왔다. 이들과 나의 연구 결과가 다른 까닭은 무엇일까? 일본 학자들의 천체 역학적 계산도 옛 기록을 확인하기에 문제가 없을 만큼 정확하다. 그러나 자세히 살펴보면, 그 과정에서 숨은 오류가 발견된다. 이들은 달이 행성에 가장 근접했던 때의 시각만을 계산한 뒤, 그 시점이 해가 떠 있을 때라면 모두 잘못된 기록으로 판정을 내린 것이

달과 금성이 접근했다가 서쪽 하늘로 지면서 조금씩 멀어지는 모습을 10분마다 촬영한 사진.

다. 그러나 달과 밝은 행성은 낮에도 볼 수 있기 때문에 낮에 접근한 경우를 모두 틀린 기록으로 보는 것은 잘못이다. 또 행성과 달의 상대거리는 느리게 변하기 때문에 최근접이 낮에 이루어졌다 하더라도 일출 전이나 일몰 후에 달과 행성은 여전히 매우 가까이 있게 된다. 일본 학자들은 이를 무시하고 최근접 시점만을 근거로 기록의 진위 여부를 판단한 데에 착오가 있었던 것이다. 205년의 '태백범월' 기록도 그러한 경우였다. 만약 이 기록들이 《삼국사기》가 아니라 일본 사서의 기록이었다 해도 그들은 이러한 '실수'를 저질렀을까?

금성이 낮에 나타난 기록은 사실인가

또 하나 눈길을 끄는 것은 "금성이 낮에 나타났다(太白晝見)"는 기록이었다. '태백주현' 기록은 《삼국사기》에 8개가 있는데 그중 7개가 독자 기록이다. 또 8개 기록 중 7개가 시기적으로 기상 상태가 좋고 하늘이 짙푸른 가을부터 겨울 사이에 있었다.

금성이 낮에 보였다는 기록에 그럴 만한 이유가 있는지 금성의 등급을 계산해 알아보았다. 지구에서 보았을 때 금성은 태양 주위를 공전하면서 크기가 변하고, 달처럼 위상도 달라진다. 평소에는 밝기가 -3.9등급 정도이다가 태양에서 가장 먼 각도로 멀어지는 동방최대이각이나 서방최대이각 근처에서 약 -4.7등급까지 밝아진다. 《삼국사기》에 '태백주현' 기록이 있는 해에 금성의 등급을 계산해 보았다. 놀랍게도 기록 중 4개가 금성이 가장 밝아진 시기에 있었다는 사실을 알 수 있었다. 예를 들면 백제 구수왕 11년 10월의 '태백주현' 기록은 계산상 서기 224년 겨울에 있었던 실제 상황과 그대로 들어맞는다. 즉 당시 금성은 -4.67등급으로 가장 밝아져 가는 시기여서 기록과 어김없이 일치한다. 그러나 이 현상은 중국측에도 기록되어 있다.

반면에 백제 아신왕 3년(394) 7월, 고구려 양원왕 11년(555) 11월의 기록은 독자 기록이면서 계산상으로도 역시 금성이 밝아진 시기와 일치해 독자적 관측 사실을 입증해 주었다. 이 '태백주현' 기록만 보아도 7세기에 이르러서야 삼국이 천문 관측을 독자적으로 수행했을 것이라는 일본 학자들의 주장이 잘못된 것임을 알 수 있다.

독자적 관측의 진위 여부와 함께 이때의 '태백주현' 관측 사실이 시사하는 바가 또 하나 있다. 낮에 금성을 관찰하는 '태백주현'의 관측은 전문성을 요한다. 낮이 밤처럼 되어서 누구나 한눈에 알 수 있는 일식 현상과는 근본적으로 다르다. 환한 낮에 금성을 관측하자면 오랜 기간에 걸쳐 금성의 위치 변화

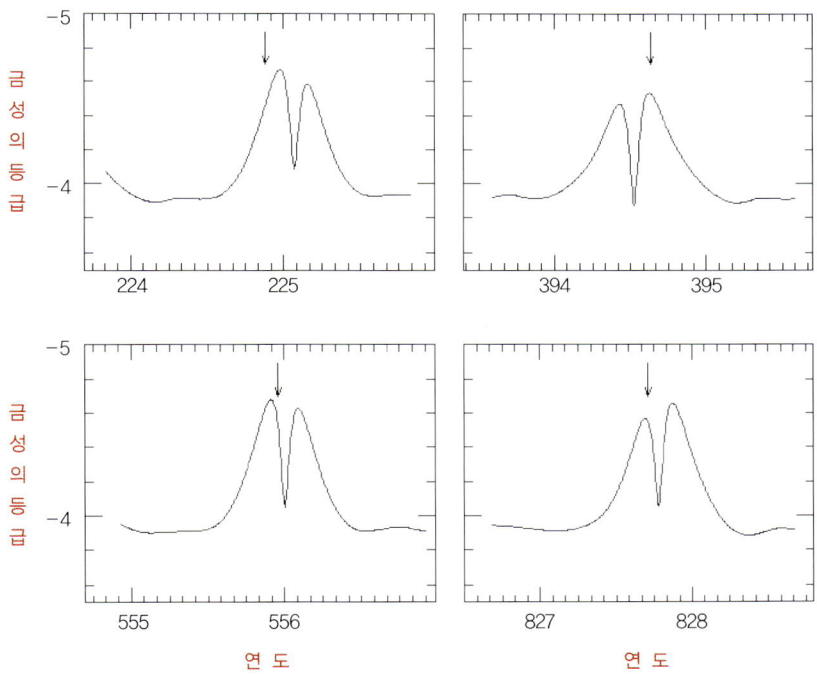

《삼국사기》에 '태백주현' 기록이 있는 시기(화살표)와 금성의 등급 변화(곡선). 가로축은 서력 연도, 세로축은 금성의 등급(위쪽이 밝음)이다.

(왼쪽) 창원 다호리에서 발굴된 붓 5점과 삭도(잘못 쓴 글자를 깎아 내고 다시 쓰는 데 사용했던 칼). 서기전 1세기경 원삼국 시대의 유물이다.
(오른쪽) 여천 거문도 유적에서 발견된 한자가 쓰여 있는 오수전. 서기전 1세기에서 서기 1세기 사이의 중국 한나라와의 교역을 보여 준다.

를 추적해 두어야 한다. 그 축적된 지식에 따라 당일 낮에 금성이 하늘의 어디쯤에 자리할지 대략적으로 위치를 알고, 그 위치를 주의깊게 관찰해야만 금성을 찾아낼 수 있다. 이 같은 '태백주현' 관측이 가능했다는 사실 자체만으로도 당시의 천문학 수준이 어느 정도였는가를 가늠할 수 있을 것이다. 이미 이 시기에 고도의 관측 기술을 지닌 천문학자들이 있었으며, 장기간 관측 자료가 쌓여 있었음을 보여 준다. 실제로《삼국사기》내용에는 백제 온조왕(溫祚王) 25년(서기 7년)에 천문 관측을 담당했던 관리인 일자(日者)가 등장하고, 일관부(日官部)라는 부서가 존재했다는 내용이 나온다. '태백주현' 관측은 이러한 기록과 잘 어울리는 결과라고 생각한다.

한편, 삼국의 천문 기록에 관하여 이러한 의문도 제기할 만하다.《삼국사기》에 따르면 백제에 한문이 들어온 해는 서기 375년이다. 그런데 그보다 수백 년 전부터 어떻게 다양한 천문 관측 기록이 전해질 수 있었을까 하는 점이다. 이 문제는 다음과 같이 설명할 수 있을 것이다. 우리 나라에 한자문화가 처음 들어온 시기는 중국의 전국 시대와 진나라 때인 서기전 3세기 후반에서 서기전 2세기 전반경으로 알려져 있다. 먼저 유입된 지역은 평양으로 추정된다. 이것은 해당 시기의 유물을 통해서 확인된 내용이다. 그러다가 한사군 시대에 낙랑지역(평양)에 본격적으로 한자문화가 도입되었다. 서기전 2~1세기에는 한사군을 통해 중국과 교역을 하던 삼한지역에서까지 한자가 쓰인 흔적이 여러 유물들을 통해 발견되고 있다. 붓과 삭도 등 문자생활에 필요한 도구들도 이 시기의 유물로 나타나고 있다. 또 서기전 2세기경에 한반도의 여러 나라가 중국에 글을 보내고 진국(辰國)이 국서를 보냈다는 기록들도 보인다. 이는 이미 이 시기에 한반도에서 외교문서를 작성할 만큼 한자가 활발히 사용되고 있었음을 말해 준다. 이러한 유물과 기록들로 미루어 볼 때 한반도에서 한자가 사용된 시점은 서기 이전부터임이 분명하다고 생각한다. 그러므로 기록할 문자가 없었기 때문에 삼국 초기의 천문 기록을 믿을 수 없다는 주장은 설득력이 없다. 아니면 한자 도입 이전에 우리의 독자적인 문자가 있었을까? 문화사적으로 흥미로운 문제이다.

일식 기록에 숨은 열쇠

천문 현상 관측 기록의 독자성을 검증할 수 있는 또 다른 방법이 있다. 천문 기록 중에 일식과 같이 지구상의 특정 위치에서만 관측이 가능한 현상을 이용하는 것이다. 일식이 일어날 때 달의 그림자가 지구상의 모든 곳에 드리워지지 않기 때문에 일부 지역에서만 식(蝕)의 진행을 볼 수 있다는 점에 착안한 것이다.

컴퓨터로 해와 달의 운동을 계산하면 과거 수천 년 전에 일어난 일식도 그대로 재연할 수 있다. 사서에 수록된 일식 기록들의 사실 여부를 검증한 다음, 나라별로 일식 기록을 따로 묶는다. 그 다음 한 나라가 관측한 여러 개의 일식 모두를 가장 잘 관측할 수 있는 지역을 찾는다. 실제로 그 나라에서 관측한 일식 기록이라면 일식 관측이 가능한 지역들이 한곳에 모일 것이다. 일식이 일어난 지역이 한곳에 모이는 정도를 보아 그 기록들이 실측 자료인지 가늠할 수 있고, 그렇게 한곳으로 모이는 지역으로 그 나라의 강역을 추정할 수 있다. 이 착상은 원래 단군조선의 위치를 알아 내기 위해 떠올린 것이었고, 삼국 시대에 대한 연구를 시작하게 된 동기이기도 했다.

이는 기존의 일본이나 서구 학자들의 연구 유형과는 다른 접근법이다. 지금까지 일본 학자들의 일식 연구는 개개의 일식에 국한하여 그것이 기록된 대로 일어났는지 아닌지, 역사적으로 알려진 수도에서 식분이 얼마나 되는지를 하나씩 알아보는 것이었다. 그러나 여기서의 연구 방법은 각 나라가 남긴 일식 기록 전체의 집합적 성질을 조사함으로써 통계적이고 과학적인 추론을 가능하게 한다.

기록을 집단적으로 분석하면서 먼저 알게 된 사실이 있다. 바로 실현율에 관한 것이다. 우리 나라와 주변국들이 이 시기에 남긴 일식 기록들 중 천체 역학적 계산을 통해 실제로 그 현상이 있었던 것으로 확인된 기록의 비율, 즉 실현율이 가장 높은 사서가 바로《삼국사기》라는 점이다.《삼국사기》에는 일식이 일어났다는 기록이 총 66개가 있는데, 그중 53개가 사실로 확인되어 80%의 높은 실현율을 보였다. 특히 서기 200년까지의 초기 기록은 그 실현율이 89%에 이른다. 그런데《삼국사기》가 그 천문 기록을 베꼈다던 중국 사서의 일식 기록은 오히려 이보다 실현율이 떨어진다. 중국 일식 기록의 실현율은 한나라 때 78%로 가장 높고, 그 이후부터 당나라 말까지 약 63~75%의 수준을 보인다. 일본의 경우는 이보다도 훨씬 낮다. 일식이 처음으로 기록된 서기 628년부터 950년대까지의 일본의 초기 기록은 실현율이 35%에 불과하다. 셋 중 두 개가 실제로는 일어나지 않은 일식 기록인 것이다.

이것은 무엇을 말하는가? 우리가 중국의 기록을 베꼈다면 우리측 사서의 일식 기록 실현율은 마땅히 그들과 비슷해야 할 것이다. 일부를 그대로 베껴

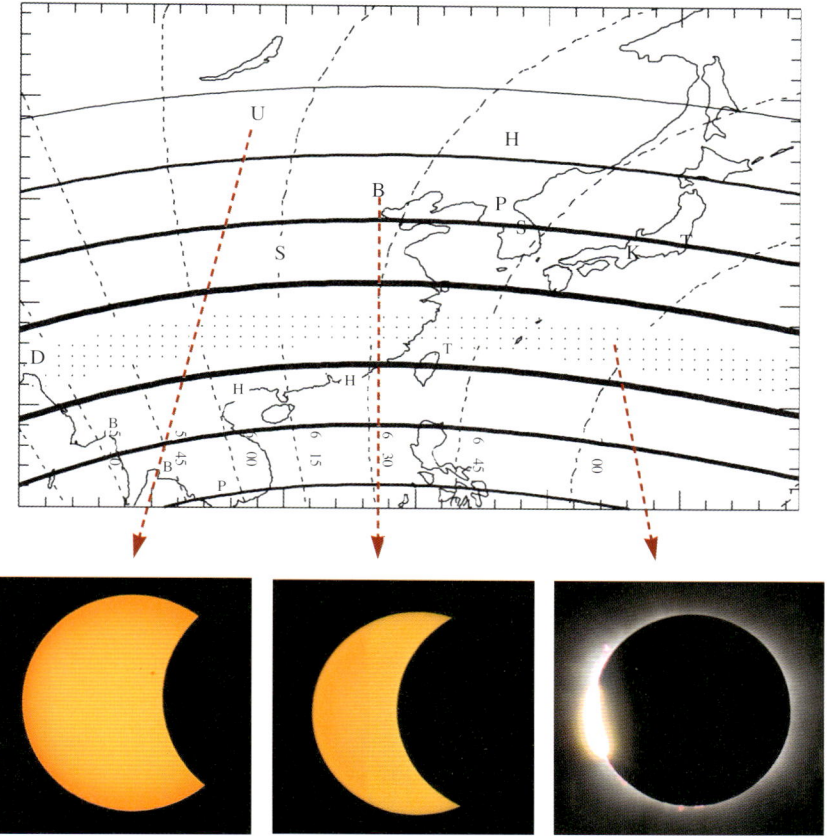

신라가 기록한 최초의 일식은 서기전 54년 5월 9일에 있었다. 그림은 당시의 일식 상황도이다. 일식도에서 잔점이 뿌려진 곳은 개기일식을 볼 수 있는 지역을, 다른 실선들은 굵기에 따라 태양이 달에 가려지는 비율이 90, 70, 50, 30%인 곳을 나타낸다. 지도 위의 세로 방향 점선은 각 지점에서 일식이 최대로 일어날 때의 시각(세계시)이다. 9시간을 더하면 우리 나라 표준시가 된다. 예를 들면 경주에서는 오후 3시 45분경에 해가 약 70% 정도 가려진다.

쓴 답안이 원래의 답안보다 점수가 높다면 이상한 일이다. 그것도 들쭉날쭉함이 없이 모든 시기에 걸쳐 고르게 실현율이 높다면 더욱 그렇다. 이 사실은 《삼국사기》의 일식 기록이 독자적인 실제 관측에 근거하여 기록된 것임을 강

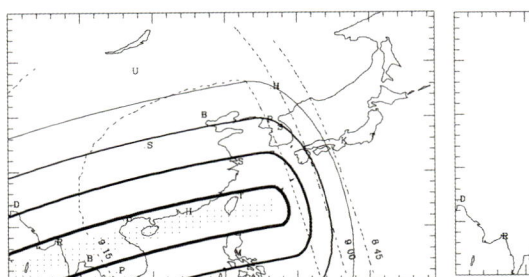
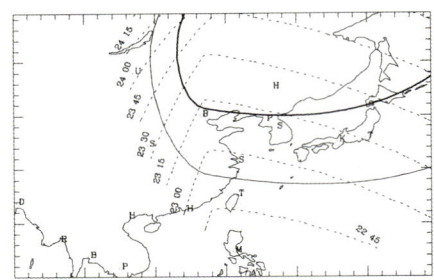

신라가 관측한 서기 193년 2월 19일(왼쪽)과 166년 2월 18일 일식의 상황도. 최대 일식의 시각을 나타내는 점선들이 끝나는 곳 바깥에서는 일식이 일어나지 않는다. 왼쪽의 경우 한반도의 동쪽과 북쪽에 있는 지역에서는 일식을 볼 수 없다. 오른쪽의 경우 중국 서부와 대만 남부지역에서는 일식이 일어나지 않는다. 이와 같이 일식은 지구상의 모든 지역에서 볼 수 있는 천문 현상이 아니다. 두 일식을 모두 볼 수 있는 지역은 일식도에서 관측 가능 지역이 겹치는 곳이다.

하게 암시하는 것이다.

《삼국사기》 일식 기록에는 주목할 만한 특징이 또 하나 있다. 그것은 삼국의 각 나라가 기록한 일식들의 경우, 일식 때 지구상에 드리워지는 달 그림자가 매번 비슷한 지역에 떨어지는 일식들이라는 점이다. 즉, 일식들을 볼 수 있는 지역이 늘 같은 곳이라는 점이다. 이는 삼국의 관측자가 각각 지구상의 고정된 한곳에서 꾸준하게 관측한 실측 자료임을 말해 주는 것이다. 이에 비해 중국 사서에 나오는 일식들은 《삼국사기》의 일식들만큼 한곳에 집중되지 못한다. 중국 사서의 경우 수도에서 직접 관측한 것이 아니라 지방관서나 타국으로부터 전해 듣고 적은 기록들이 많기 때문에 그런 결과가 나온 것이리라 생각된다. 반면에 일본 사서에서 서기 950년 이전에 기록된 일식들 중 약 3분의 2는 실제로 일어나지 않은 것들인데, 그나마 실제 일어났던 나머지 일식들마저도 지구상에 광범위하게 흩어져 지나가는 것들이다. 한마디로 직접 관측한 기록들이 아니라는 증거이다. 당대나 후대에서 조작된 기록임이 분명하게 드러난다. 이와 같이 일식이 집중되는 차이에서도 《삼국사기》의 일식 기록은 중국의 기록을 베꼈다는 기존의 해석과는 거리가 있다.

《삼국사기》의 일식 관측지는 한반도가 아니다

어느 나라가 일련의 일식 기록들을 남겼을 때 이 기록으로부터 어떻게 최적 관측지를 찾을 수 있는가? 일식이 일어나면 지구에는 달 그림자가 드리워진다. 어떤 곳에는 달의 온그림자가 드리워져 해가 달에 완전히 가려지는 개기일식을 볼 수 있다. 그 주변 지역에는 달의 반그림자가 드리워지고, 해의 일부만이 달에 가려지는 부분일식이 일어난다. 달이 해에서 좀더 비껴 지나가는 경우에는 부분일식만 일어난다. 어떤 경우이든 어느 한 일식은 지구상의 어느 특정 지역에서만 볼 수 있다. 동북아시아를 놓고 이야기하자면, 어떤 일식은 한반도와 그 이서에서는 볼 수 있지만 동쪽에서는 볼 수 없다. 또 한반도와 그 이북에서는 볼 수 있지만, 남쪽에서는 볼 수 없는 일식도 있다. 만약 어느 나라가 한반도에서 꾸준히 일식을 관측했다고 하자. 그 나라가 기록한 일식 모두를 가장 잘 볼 수 있는 지역은 어디겠는가? 바로 한반도이다. 그 나라가 기록한 일식 중에는 주변국에서 볼 수 없거나 보기 힘든 일식들이 들어 있기 때문이다. 최적 일식 관측지는 바로 이러한 일식의 성질을 이용하여 찾는다.

그렇다면 실제로 삼국이 각기 일식을 관측한 지점은 어디였을까? 이것을 알 수 있다면 삼국이 정말 독자적으로 천문 관측을 했는지, 또 관측을 한 위치가 어디인지를 가려낼 수 있을 것이다. 먼저 나의 일식 관측지 추정 방법의 신뢰도를 확인하기 위해 고려와 한·당·양나라가 남긴 일식 기록들에 대해 최적 관측지들을 추적하고 이를 각 나라의 강역과 비교해 보았다. 그 결과가 실제로 역사적으로 이미 확인된 강역과 일치하는 것을 볼 수 있었다.

이번에는 삼국의 최적 일식 관측지를 찾아보았다. 《삼국사기》〈백제본기〉에 수록된 일식 모두를 가장 잘 관측할 수 있는 지구상 위치는 발해만 유역이다. 그리고 서기 2~3세기에 주로 나오는 고구려의 일식을 가장 잘 볼 수 있는 위치는 만주와 몽고에 이르는, 백제보다 북위도의 지역이었다. 신라의 일식 기록은 서기 201년 이전과 787년 이후로 양분되어 있다. 그중 서기 201년 이전 상대(上代) 신라의 일식 최적 관측지는 양자강 유역으로 나타났다. 서기 787년 이후에 나오는 하대(下代) 신라에선 한반도 남부가 최적 관측지로 밝혀졌다. 즉,《삼국사기》에는 신라 초기에는 남쪽으로 지나가는 일식이 주로 기록되어 있고, 고구려에는 북쪽으로 지나가는 일식이, 백제에는 그 사이로 지나가는 일식들이 기록되어 있다.

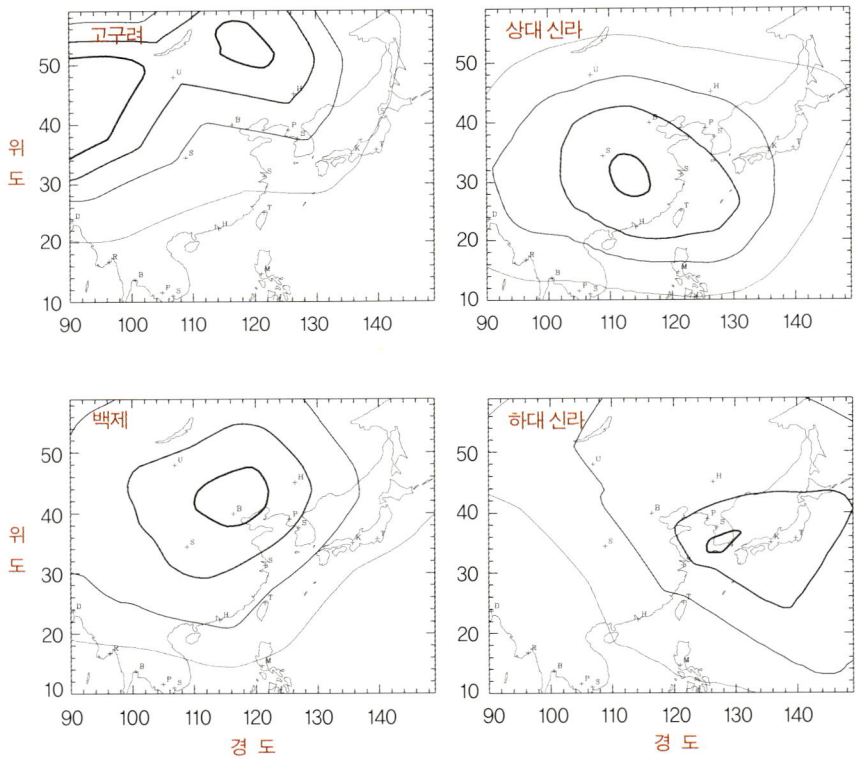

고구려(왼쪽 위), 백제(왼쪽 아래), 상대 신라(오른쪽 위), 하대 신라(오른쪽 아래)가 기록한 각국의 일식들을 가장 잘 볼 수 있는 최적 관측지(등고선의 중심). 상대 신라는 201년 이전, 하대 신라는 787년 이후의 기록에 대한 결과이다.

이는 매우 심상치 않은 결과이다. 중국의 기록을 베꼈다면 당시 중국 나라들이 기록한 최적 일식 관측지와 삼국이 기록한 최적 일식 관측지가 평균적으로 모두 같은 위치로 나와야 이치에 맞기 때문이다. 그런데 일식 기록을 분석한 결과 삼국의 관측지가 나라마다 매우 다른 위도상으로 각각 떨어져 나타나고 있다. 《삼국사기》가 중국의 기록을 무분별하게 베꼈다면 이런 결과가 나올 가능성은 얼마나 될까?

　《삼국사기》의 편찬자인 김부식 등이 고도의 천체 역학적 계산을 통해 중국 일식 기록을 선별한 다음, 북위도로 지나가는 일식은 〈고구려본기〉에, 저위도로 지나가는 것은 〈신라본기〉에, 그 사이의 것은 〈백제본기〉에 나누어서 삽입하는 등 주도면밀한 편집을 했을리 만무하다. 이 정도의 계산을 하기 위해서는 정교한 천체 역학적 지식과 첨단의 컴퓨터를 이용한 방대한 수치 계산이 필요하기 때문이다. 그러므로 〈신라본기〉, 〈고구려본기〉, 〈백제본기〉의 일식 기록은 각각 서로 다른 지역에서 독자적으로 관측하여 나온 자료라고 결론지을 수 있다.

　이를 확률적 계산으로 증명할 수 있다. 컴퓨터를 이용해 중국 사서의 일식 기록을 임의로 뽑아 〈신라본기〉, 〈고구려본기〉, 〈백제본기〉에 나누어 싣는 모의실험을 수천 번 해 보면 삼국의 최적 관측지에 이 정도의 위도 차이가 발생할 가능성은 사실상 0임을 알 수 있다. 《삼국사기》의 일식 기록은 중국 기록의 모방이 아니라, 서로 다른 위치에서 실측했던 기록인 것이다. 한편 신라와 백제가 한반도에서 일식 관측을 했음에도 '우연히' 최적 관측지의 경도가 모두 중국 대륙으로 나올 확률도 사실상 0이다(참고문헌의 논문 참조). 이들의 일식 기록은 우연히 최적 관측지가 중국 대륙 동부로 나온 것이 아니라, 그곳에서 실측한 기록인 것이다. 요컨대 삼국의 일식 관측지를 살펴보면 《삼국사기》의 일식 기록이 중국측 기록을 베낀 것이라는 기존의 결론이 잘못된 판단이었음을 알 수 있다.

일본 학자들의 주장이 그릇된 이유

이쯤 되면 일본 학자들이 그동안《삼국사기》의 실측 기록들을 중국의 것을 베끼거나 조작한 것이라고 주장해 온 이유가 궁금해진다. 일본 학자들이 제시한 근거는 두 가지로 요약할 수 있다. 첫째, 신라의 경우 일식을 포함한 천문 현상 기록들이 대부분 서기 3세기 이전과 8세기 이후로 양분되어 있어 그 시대별 분포가 '이상'하다는 것이다. 그래서 앞시대의 천문 기록은 가공의 신라 초기 역사에 권위를 부여하기 위해 꾸며 넣은 장식이라고 해석하고 있다. 둘째, 삼국의 일부 천문 기록들이 중국 사서의 기록과 표현이 같은데다 그중에는 실제로 일어나지 않은 것도 있다는 점이다. 이것은 중국의 기록을 무작정 베끼다 보니 실제가 아닌 일까지 옮겨 적게 된 것이라고 해석하고 있다.

《삼국사기》의 천문 기록에서 보이는 특이점을 이렇게 해석해야만 할까?《삼국사기》가 쓰여질 당시 신라 1000년의 역사를 충실하게 기술한 참고 사서가 있었어야 한다고 가정하는 것은 불합리한 논리로 보인다. 만약 그랬다면《삼국사기》를 새로 쓸 필요도 없었을 것이다. 당시 신라나 고구려, 백제의 역사는 여러 사서로 나뉘어져 기술되어 있었을 것이고, 역사 변천에 따라 사서 내용의 질이 변하고 양이 빈약해진 시대도 있었을 것이다. 실제로《삼국사기》 연표에는 이 같은 고대 사료의 부족 문제에 대해 한탄하는 글이 남아 있다. 편찬자 김부식은 고려 인종에게 올린 표에서 "우리 나라의 옛 기록인《고기(古記)》에 많은 사적이 빠지고 없어졌으며, 중국의 사서들에는 우리 나라에 대한 기록이 자세히 실리지 않았다"고 통탄하고 있다. 특히 고구려와 백제의 기록은 "연대가 구원하고 기록이 분명하지 않다"고 고충을 토로하고 있다. 또《고기》,《화랑세기(花郞世記)》,《사기(史記)》,《한서(漢書)》,《후한서》,《북사(北史)》,《양서(梁書)》,《당서(唐書)》,《신당서》,《수서(隋書)》,《책부원구(冊府元龜)》,《풍속통(風俗通)》,《통전(通典)》,《사이술(四夷述)》,《고금군국지(古今君國志)》등의 여러 국내외 사서들이 인용되고 비교된 점을 보면,《삼국사기》 편찬에 사용된 참고문헌 내용의 분량과 질이 시대에 따라 일관적일 수 없었음을 알 수 있다. 《삼국사기》의 천문 현상 기록의 수가 시대별로 크게 변하는 까닭도 사료의 변동에서 찾는 것이 더 설득력이 있다.

또 천문 현상 기록 중 일부가 중국측의 기록과 같다는 사실은 《삼국사기》가 중국의 기록을 베껴 원래 없던 기록을 보충한 증거라고 볼 수 없다. 편찬자가 예로부터 전해 오는 삼국의 기록을 여러 참고 사서와 비교하다가 동일한 기록이 있으면 참고 사서의 표현을 빌어 고쳐 썼을 수는 있다. 실제로 이러한 가능성이 천문 기록에서 보인다. 예를 들어 중국 사서에 없는 혜성 기록의 경우 하늘에서 혜성이 나타난 위치가 거의 팔방위로 《삼국사기》에 표현되어 있는데, 중국 사서에 함께 나타나는 기록에서는 혜성의 위치가 대부분 중국식 별자리로 묘사되어 있다. 이것은 중국의 참고 사서와 옛 기록을 비교하다가 동시 기록이 없는 혜성 기록은 그대로 두고, 중국측 기록이 있는 경우에는 혜성의 위치를 팔방위 대신 보다 정확하다고 판단되는 별자리 이름으로 표현한 것으로 생각된다.

한편 공동 기록은 이와 같이 동시에 관측하여 기록한 것일 수도 있고, 중국 사서에 가끔 쓰여 있는 대로 중국이 주변국의 기록을 전해 들어 적은 것일 수도 있다. 또 일식의 경우 당시의 부정확한 일식 계산법에 근거하다 보니 중국과 삼국이 함께 실수를 범해서 일어나지 않은 일식을 일어났다고 썼을 수도 있다. 일식을 빠뜨리지 않고 관측하여 왕에게 보고하는 일은 당시 천문학자들에겐 목숨과 직결된 중대 임무였기 때문에 실제로 볼 수 없었던 일식도 예상만으로 관측했다고 보고했을 수 있다. 그렇기에, 또 일부 정치적인 이유 때문에 일어나지 않았던 일식이 고려와 조선 시대에까지도 한·중·일 사서에 적잖이 수록되어 있는 것이다. 따라서 일어나지 않은 일식이 《삼국사기》와 중국 사서에 공동으로 나오는 이유를 단지 베꼈기 때문이라고만 해석할 수는 없다. 어려운 대학수학 문제를 똑같이 틀리게 푼 두 초등학생의 답안이 서로 비슷하다는 이유로 무작정 어느 한쪽이 다른 한쪽을 베꼈다고 단정할 수 있을까?

  엄격히 말하자면 일식 기록에 관한 기존의 일본 고천문학자들의 연구는 결론을 내리는 과정이 과학적이라고 할 수 없다. 왜냐하면 그들의 결론은 《삼국사기》의 일식 기록이 대부분 같은 날 중국 사서에도 나온다는 단순한 비교와, 신라의 일식 기록의 분포가 '이상하다'는 심증에서 나온 것이기 때문이다. 과학적으로 치밀하게 수행된 일식 계산 결과는 사실상 일본 학자들이 결론을 내리는 과정에서 별반 참조되지 않았다. 그들의 주장은 사서 비교를 통해 얻은 단순한 주관적 판단이지 《삼국사기》 일식 기록이 중국 기록의 차용인지를 객관적으로 분석·검증한 과학적 결과가 아니다. 과학이 학문으로서 공신력을 지니는 까닭은 주어진 자료에 대해 객관적이고 반복 가능한 분석을 통하여 결론을 이끌어 내기 때문이다. 앞에서 말한 달과 행성의 근접 현상 관측 기록에서도 그랬지만, 일본 학자들은 미리 주관적 결론을 세워 놓고 과학적 분석이 가능한 천문 기록에 대해서 의도적으로 부분적인 분석만을 하거나 비과학적 논리를 앞세워 결론을 합리화하려 했다는 혐의가 짙다.

삼국의 큰물 기록을 추적하다

  하지만 아직도 남은 문제가 있다. 왜 한반도가 아닌 중국 대륙 동부일까? 상대 신라와 백제의 최적 일식 관측지가 왜 한반도 내에 있지 않고 중국 대륙 동부에 위치했는가 하는 점이다. 사실 나는 이 결과를 이해하고자 오랫동안 노력했다. 그리고 그 이유를 파악할 수 있는 방법을 찾다가 천문 기록 이외의 다른 자연 현상 기록들을 더 살펴보기로 하고 《삼국사기》를 다시 조사하기 시작했다. 한반도와 중국 동부에서 경험하는 자연 현상이 서로 다를 수 있지 않을까 하는 생각에서였다.

  우선 현대의 기상·지질·해양학적 자료들을 얻어 이들 중 중국 동부와 한

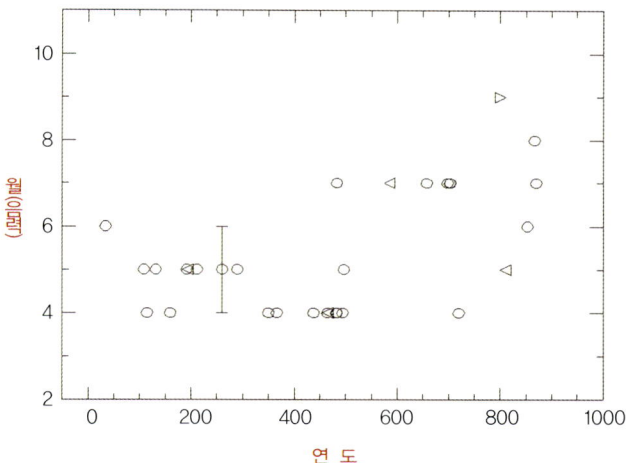

《삼국사기》〈신라본기〉에서 '대수(大水)'가 발생했다는 달(음력)의 연대별 분포. 그림에서 세모꼴은 나라의 서쪽(◁, 4회) 또는 동쪽(▷, 1회)에 큰물이 났다는 기록들을 구별한 것이다. 또한 서기 250년의 기록은 여름이라고만 표현했으므로 범위를 4월과 6월 사이로 했다. 신라에서 큰물이 나는 시기가 서기 약 500년까지는 음력 4~5월에, 그 이후에는 5~8월이라는 사실을 알 수 있다. 《삼국사기》에서 백제의 홍수는 상대 신라보다 한 달 정도 늦고, 고구려는 백제보다도 약간 늦는 경향을 보인다.

반도에서 관측했을 때 완연히 차이를 보이는 것이 무엇인지 살펴보았다. 《삼국사기》에는 가뭄·한재·지진이나 태풍 현상에 대한 기록이 자주 등장한다. 때 아닌 눈이나 꽃의 개화 등 이상 현상도 종종 나타난다. 이러한 기록들을 살펴보다 그중 한 가지에 주목하게 되었다. 중국과 한반도의 자연 현상 중 가장 두드러지게 지역적·계절적 차이를 보이는 것이 장마 현상이라는 사실을 발견했다. 즉 양자강 유역과 한반도는 장마가 지는 때가 한 달 가량 차이가 나는 것이다. 《삼국사기》에 나오는 대수(大水)는 큰비, 큰물을 뜻한다. 《삼국사기》에 따르면 이러한 큰물이 일어나는 시기가 삼국마다 차이를 보인다. 신라의 경우 서기 약 500년 이전에는 음력 4~5월에, 그 이후에는 5~8월경에 큰물이 났다. 백제의 경우에는 5~6월경에, 고구려는 5~8월경에 났다.

현대의 관측 자료에서 이러한 기상학적 특성을 지닌 곳이 어디인가를 추적

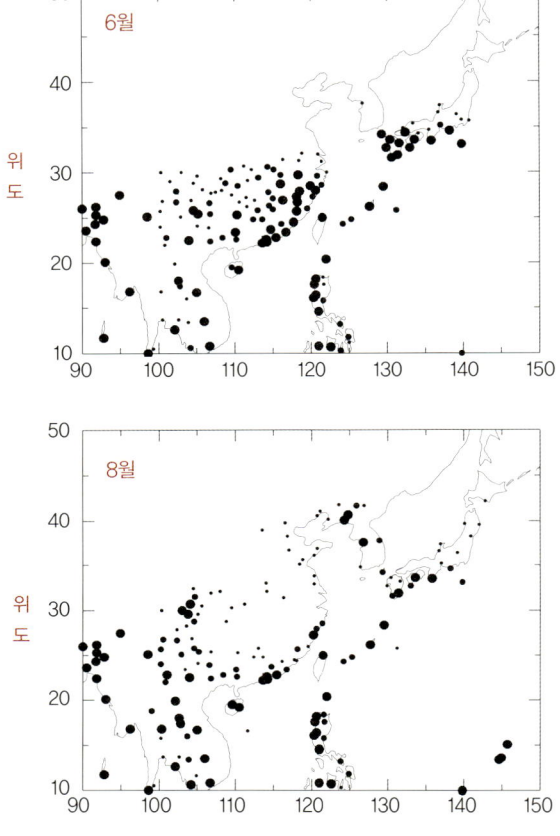

동북아시아 지역의 6월과 8월(양력) 강수량 분포. 점들은 크기순으로 월 평균 강수량이 25, 20, 15cm 이상인 기상 관측소의 위치를 나타낸다. 중국 양자강 유역은 양력 5~6월(음력 4~5월)에, 한반도는 7~8월(음력 6~7월)에 많은 비가 내린다.

해 보았다. 최근 50~100년 동안 동북아시아의 여러 기상 관측소에서 측정한 강수량 자료를 이용했다. 그 결과 서기 500년 이전의 신라처럼 음력 4~5월경에만 큰비가 내리는 곳은 바로 양자강 유역이었다. 일식 기록으로 찾은 상대 신라의 관측지와 기상 기록으로 찾은 관측지가 같은 것이다. 반면에 동북아시아에서 서기 500년 이후의 신라 기록처럼 음력 5~8월에 큰비가 내리는 곳은 산동반도와 한반도의 위도로 나타났다. 이것은 바로 하대 신라의 일식 관측지

(한반도)와 일치한다.

한편 《삼국사기》에서 백제는 큰물 시기가 상대 신라에 비해 한 달 정도 늦게, 고구려는 백제보다도 더 늦게 나타나는 경향을 보였다. 이 역시 백제의 최적 일식 관측지가 발해만 근처이고, 고구려의 일식 관측지가 그보다 고위도 지역이라는 사실과 부합한다. 따라서 《삼국사기》의 기상 자료를 통해 살펴본 삼국의 지역적 특색은 천문 기록으로 찾은 최적 관측지와 일치한다. 비록 이 관측지가 지금까지 알려진 한국사의 내용과는 다르지만, 《삼국사기》에 기록된 자연 현상들이 보여 주는 지역적 특성들은 서로 잘 일치한다는 것이다.

일식 관측지가 중국 대륙으로 나타나는 이유

기상 자료를 추가로 연구하여 관측지를 재확인했음에도 불구하고 상대 신라와 백제의 최적 일식 관측지가 한반도 내에 있지 않고 중국 대륙 동부에 위치하는 이유를 나로서는 설명할 수 없다. 이 의문마저 풀자면 앞으로 자연 현상뿐 아니라 다른 방면으로도 관련 연구가 필요하다.

다만 어떤 시나리오로 구성되든 간에, 앞으로 우리 국사는 여기에서 밝힌 《삼국사기》의 자연 현상 기록의 특징을 설명할 수 있는 내용으로 구성되어야 한다는 점을 강조하고 싶다. 나는 우리의 옛 책에 나오는 자연 현상 기록을 역사학계에서 사료화할 수 있는 형태로 바꿔 놓기 위해 이 작업을 한 것이므로 새로운 역사나 사서 내용의 유래를 주장하고 싶지는 않다. 이것은 역사학자들에게 넘겨 드릴 몫이다. 나는 누가 해도 똑같은 결과를 얻을 수 있는 객관적 사실까지만을 찾아 보여 주고자 한다. 이것이 과학자의 능력이자 역사학에 대한 한계라고 생각하기 때문이다.

그러나 일식 기록을 통해 파악한 관측 위치와 삼국의 위치와의 관계에 대해 굳이 나의 입장을 이야기한다면, 나는 한 나라의 역사서에 수록된 일식 관측지가 그 나라의 강역일 가능성은 높다고 생각한다. 상식적으로 천체 관측과 같은 중요한 일은 그 나라의 수도에서 이뤄지는 것이 가장 타당하기 때문이다. 그러나 사서에 기록된 최적 일식 관측지가 그 나라의 위치가 아닐 가능성도 배제할 수는 없다. 단지 이 경우에는 그 사서에 그러한 사료가 담겨지게 된 특별한 역사적 배경이 있을 것이다. 《삼국사기》처럼 각국이 직접 남긴 1차 사서가 아닌, 후대에 여러 사료를 부분적으로 발췌하여 엮어 놓은 역사서에서는 참고된 사료의 불연속성과 이질성이 있을 것이고, 타지역 세력이 유입되면서 가지고 들어온 자료도 포함되었을 수도 있을 것이다. 《삼국사기》의 천문 현상 기록이 당대에 누군가 실측을 해서 남긴 독자 기록이라는 사실, 그렇지만 그 기록이 기존의 사관과 현격히 다른 내용이라는 상황 모두를 합리적으로 설명하기 위해서는, 다양한 가능성을 받아들일 수 있는 자세에서 새로운 시각으로 《삼국사기》의 내용을 규명하려는 노력이 필요하다.

삼국 시대 천문 기록 연구에 대한 학계의 반응, 그 이후

삼국 시대 천문 기록에 대한 나의 연구 결과가 발표된 뒤 사람들로부터 가장 많이 받은 질문 중 하나는 "이 발견에 대한 학계의 반응은 어떻냐"는 것이었다. 한참 시간이 지난 요즘도 같은 질문을 던지는 분들이 많다. 역시 궁금해할지 모를 분들을 위해 그동안의 반응을 덧붙여 두고자 한다.

자연과학자들은 연구 논문을 쓰면 의례 그 분야의 다른 학자들에게 논문을 보내 사적인 검증 절차를 거친다. 이는 동료 학자들의 의견을 먼저 구함으로써 학술지에 논문을 게재했을 때 발생할지도 모를 논문에 대한 시비거리를 미리 걸러 내고, 스스로도 자신의 연구 방향과 결과에 대해 보다 강한 확신을 다지기 위해서이다. 나는 먼저 천문학과의 다른 교수들에게 단군조선과 삼국 시대 천문 기록에 대한 논문을 보여 주어 조언을 구했고, 얼마 뒤 천문학회 학술대회에서 단군조선에 관한 논문을 발표했다. 그 다음 단국대 윤내현 교수에게 단군조선과 삼국 시대 논문을 보여 주었는데, 윤 교수는 삼국 시대 일식 관측지에 대한 나의 연구 내용 중 백제의 최적 관측지가 발해만 유역이라는 사실이 백제의 요서 경략설에 부합함을 지적했다. 반면에 신라의 경우는 이해하기 힘들다는 입장이었다. 또 단군조선 연구의 내용을 긍정적으로 평가하고 《한국상고사학보》에 논문을 기고해 볼 것을 권했다. 그의 조언에 따라 단군조선에 관한 논문을 《한국상고사학보》에 실었는데, 당시 심사를 했던 서울대 최몽룡 교수는 이 논문이 새로운 역사 접근법을 시도한 점을 뜻 있게 평가해 게재를 결정했다고 말했다.

  그 뒤 한 재야 사학단체로부터 단군조선 연구에 대한 강연을 해 달라는 부탁을 받았다. 재야단체에서의 강연은 매우 호의적인 반향을 얻었는데, 무엇보다 단군조선을 확고한 국가로 설정하고 있는 많은 재야 사학자들의 입장과 나의 연구 결과가 일맥상통하기 때문이었다. 그런데 강연의 말미쯤에 이르러, 단군조선 시대의 일식 기록을 효과적으로 이용하지 못한 점을 강조하다가 결국 아직 발표가 안 된 삼국 시대의 일식 기록 분석 결과까지 잠시 언급하게 되었다. 《삼국사기》에 기록된 일식들을 가장 잘 볼 수 있는 지역이 한반도가 아니라, 오늘날의 중국 대륙 동부라는 얘기를 들려주었다. 그러자 청중들은 어리둥절해하는 표정이 역력했다. 그중 김씨 성을 가진 노인 한 분은 "내 조상이 그럼 되놈이란 말이요?"라고 항의하여 나를 곤혹스럽게 만들었다.

  그로부터 얼마 뒤 오재성이라는 분이 찾아왔다. 그는 얼마 전 재야 사학단체 모임에서 강연을 들은 한 사람으로부터 내 이야기를 전해 들었다고 했다. 그는 역시 재야 사학자 중 한 사람이었는데 여러모로 깊은 인상을 남겼다. 시골에서 농사를 지었다는 그는 햇볕에 그을린 피부에 텁수룩한 외모로 전형적인 농민의 모습 그대로였다. 하지만 그는 역사에 심취해 생업을 버리고 인생을 역사 연구에 바쳐 온 감동적인 사람이었다. 역사를 대하는 그의 정열과 애정의 깊이는 놀라웠다. 나는 역사가 이렇듯 사람들에게 큰 매력을 줄 수 있다는 사실에 감탄했다. 더욱 놀라운 것은 그가 가져온 연구 결과였다. 그 역시 나름의 방법을 통해 신라와 백제의 강역을 추적하고 있었는데, 그가 이끌어 낸 두 나라의 강역이 나의 최적 일식 관측지와 매우 비슷했다. 그는 《삼국사기》의 지명, 교역품, 인물 등을 길잡이 삼아 연구를 했다고 했다. 이는 나의 연구 배경과는 너무 다른 것이라 그의 연구 결과를 검증할 수는 없었지만, 어쨌든 그 내용은 내게 매우 흥미로운 것이었다.

삼국 시대 천문 기록에 대한 연구 또한 학과 교수들의 검토를 거친 뒤 천문학회 학술대회에서 발표했다. 과학사학회의 학술대회에서도 구두 발표를 통해 공개했다. 이에 대한 천문학자들과 과학사가들의 반응은 매우 좋았다. 학술진흥재단에 건의해서 우리 나라 학문 분류에 고천문학이란 분야를 처음으로 만들었다. 또 몇몇 천문학자들은 고천문학 연구를 시작하겠다며 의욕을 보이기도 했다.

우리 나라 고대사를 전공한 서울대 국사학과의 노태돈 교수와 송기호 교수가 보여 준 학문적 격려와 지적도 잊을 수 없다. 특히 노태돈 교수는 내 연구가 과학적 역사 접근이란 점에 많은 관심과 격려를 보내 주었다. 《한국과학사학회지》에 투고할 것을 권한 것도 그였다. 한편으론 현재 고대사학계에서 이 같은 연구 결과를 수용하기에는 많은 상충점이 있음을 지적해 주었다. 송기호 교수 역시 같은 의견이었다. 또한 송 교수는 나의 연구 내용 중 상대 신라의 최적 일식 위치가 양자강 유역이라는 결과와 관련해, 가야의 허 황후가 양자강 유역의 허씨 집성촌과 관련이 있다는 설과 후대에 신라방이 설치된 곳이 양자강 하구 근처라는 사실 정도가 지금까지 신라와 양자강 유역을 연결해 생각해 볼 수 있는 내용의 전부라는 이야기를 들려주었다.

결론적으로 고대사 분야의 역사학자들에게 나의 연구 방법은 신선하고 기대되는 바가 적지 않으나, 그 결과에 있어서는 현재의 역사 체계에서 수용되는 데 상충되는 점이 많아 앞으로 더 연구가 필요하다는 것이다. 이와 더불어 나의 연구 결과도 다른 연구자에 의해 재검증되어야 할 것이다. 언젠가는 후속 연구를 통해 나의 분석 결과가 설명될 수 있는 내용으로 고대사 일부가 재구성되거나 《삼국사기》의 정체가 밝혀질 것이라고 생각한다. 앞으로 천문역사학, 천문연대학, 천문고고학, 고천문학과 같은 분야에 많은 학자들의 관심과 연구가 있기를 기대한다.

나는 역사와 관련된 이 논문들을 쓰려고 할 때 처음에는 이를 국제 학술지에 기고할 생각이었다. 국내 학술지 중 어디에 기고해야 할지 망설여져서였다. 그러나 생각을 바꿔 국내 학술지에 싣기로 결정했다. 전문가의 연구란 그 학문과 관련된 전문학계에서 먼저 소화, 검증된 뒤에 일반에게 알려지는 것이 올바른 단계라고 생각한다. 같은 맥락에서 우리 국사에 관한 연구 결과는 누구보다 우리 나라 사람이 가장 먼저 알 권리가 있고, 여기에서 우선 검증되어야 한다고 생각했기 때문에 국내 학계에 먼저 발표하기로 한 것이다. 이 논문들을 발표한 지도 이제 여러 해가 되었다. 이때의 나의 판단이 과연 옳은 것이었을까?

한편 이 연구를 하면서 고대 사서에 실린 천문 현상 기록들을 하나씩 재연해 보는 일은 내게 커다란 즐거움이었다. 수천 년 전에 선조가 남긴 기록과 나의 계산이 꼭 들어맞았을 때, 그리고 컴퓨터 화면을 통해서나마 당시의 하늘을 바라볼 때면, 마치 초등학교 시절 소풍에서 보물찾기를 할 때 꼭꼭 숨겨져 늘 찾지 못했던 보물을 이제서야 찾은 듯한 기분이었다. 머나먼 시간을 뛰어넘어 옛 사람과 한곳에 나란히 앉아 같은 하늘을 올려다보고 있다는 생각에 마음이 흐뭇해지기도 했다. 고천문학 속에 펼쳐진 하늘은 이렇듯 시대와 시대를 이어 주는 따스한 세계였다.

요즘은 아주 먼 옛날까지 천체의 운동을 계산하여 하늘의 모습을 보여 주는 컴퓨터 프로그램들이 나와 있다. 여러분도 직접 옛 기록을 거슬러 올라가 당시의 밤하늘을 재연해 보기 바란다. 그리고 빛나는 별들 아래 서 있었을 고대인들의 모습도 함께 상상해 보기를 바란다.

|5|
일본의 고대 일식 기록은 사실인가?

> 백제의 승 觀勒이 왔다. 그리고 歷의 책, 천문지리의 책과 둔갑 방술의 책을 가져왔다. 서생 3, 4인을 골라 관륵에게 학습시켰다. 陽胡史의 조상 玉陳은 역법을 배웠다. 大友村主高聰은 천문둔갑을 배웠다. 山背臣日立은 방술을 배웠다. 모두 다 배워서 업을 이루었다.
>
> -《日本書紀》推古 10년 10월 기사에서

우리의 주변국, 일본의 옛 기록

앞서 설명한 대로 나는 삼국의 일식 관측지가 중국 대륙 동부라고 나온 결과를 이해하기 위해 근거를 찾던 중 큰물 기록이 역시 같은 관측지를 가리킨다는 사실을 발견했다. 이것은 그 자체로도 흥미로울 뿐만 아니라 나의 일식 관측지 연구 결과에도 무게를 실어 주는 내용이었다. 하지만 이것으로도 나는 만족할 수 없었다. 그래서 한 걸음 더 나아가 삼국과 빈번히 접촉했던 왜(倭)의 위치를 찾아보기로 했다. 아울러 우리 사서의 천문 기록이 외부에서 분석되고 평가받았던 것과 같이, 이번엔 우리의 손으로 일본 사서의 신빙성을 객관적으로 평가, 비교해 볼 필요성을 느꼈다.

역사와 전통 문화 가꾸기에 대한 일본의 지대한 관심은 이미 한 세기를 거쳐왔으며, 막대한 경제력과 인력에 힘입어 그 결과가 전세계에 전파되고 있다. 일본의 문화는 서양의 박물관, 공원이나 정원 등을 통해 세계 곳곳에 심어지고 있으며, 수많은 일본어 논문들이 세계의 학자들에게 직접 읽혀지고 있다. 간혹 한국에 관심을 보이는 서양학자들도 있지만, 진정으로 한국을 알고자 하는 경우는 드물다. 대개 일본을 이해하기 위한 하나의 단계로서, 중국 문화의 유입 시기와 경로를 살피는 참고 대상으로서 한국사는 가치가 있을 뿐이다. 대다수 외국인들은 한국을 고대로부터 중국과 일본의 문화를 이식받아 자라난 속국으로 알고 있거나, 아예 중국의 일부분이었던 지역으로 인식하고 있다.

우리 나라의 역사가 이렇게 왜곡되어 가는 상황이 초래된 이유는 일차적으로 우리의 최근 역사가 험난했던 탓이고, 그 결과 국력이 피어나지 못하고 전통 문화와 그에 대한 가치 인식이 심각하게 파괴되어 있기 때문일 것이다. 그러나 그 원인에는 우리 나라 지식인들이 책임을 다하지 못한 점도 있다고 본다. 일례로 나는 《삼국사기》의 천문 기록을 연구하면서 이를 과학적으로 분석한 국내 학자가 거의 없다는 사실에도 놀랐지만, 또 한편으론 중국과 일본 사서들의 천문 기록에 대해서는 완전히 무관심하여 단 한 사람도 이를 연구한 학자가 없다는 사실에 더 놀랐다. 반면에 한·중·일 고천문 사료에 대한 연구에서 일본 학자들의 활약은 실로 눈부시다. 자국의 역사는 물론 주변국의 역사까지 샅샅이 파헤쳐 조사하고 분석해 오고 있다. 어느 한 나라의 역사는 주변국들의 역사와 무관할 수 없지 않은가?

《삼국사기》의 일식 관측지를 이해하기 위해 시작된 나의 탐사는 일본 사서의 천문 자료 분석으로 이어졌다. 그리고 《삼국사기》의 이해에서 더 나아가 일본이 역사 해석의 토대로 삼고 있는 일본의 고대 사서도 타국인의 객관적 분석과 검증을 받아야 한다는 인식으로 확장되었다.

일본 사료의 신빙성 검증

일본에는 《일본서기》(697년 이전), 《속일본기》(697~806), 《일본후기》(806~

833), 《속일본후기》(833~850), 《일본문덕천황실록》(850~858), 《일본삼대실록》(858~887) 등등으로 이어지는 소위 정사서들이 있다. 이러한 일본의 고대 사서들에는 628년의 기록을 필두로 많은 일식 관련 기록들이 실려 있다. 서기 950년까지 이미 216개의 일식 기록이 나오는데 계산을 통해 확인해 보면 이중에 76개만이 일본에서 관측 가능한 기록들이다. 즉, 사서에 실린 일식 기록 중 실제로 일어난 일식의 비율은 35%에 불과하다. 나머지는 일본 또는 동아시아나 지구상에서 볼 수 없는 일식들이다. 비슷한 시기에 기록된 하대 신라의 일식(787~911) 실현율이 90%이고, 당의 일식(618~906) 실현율이 77%인 점과 비교하면, 일본의 일식 기록은 그 신뢰도가 이례적일 만큼 현저히 떨어진다. 784년 이전의 야마토(大和)와 나라(奈良) 시대만 떼어놓고 보아도 81개의 일식 기록 중 27개만이 실제로 일어난 현상이어서 실현율이 33%에 그치고 있다.

일본의 고대 사서에 수록된 일식 대부분이 실제로는 일어나지 않았다는 사실은 무엇을 뜻하는가? 일본 정사서들의 신빙성에 문제가 있음을 말해 준다. 일본 사서의 일식 기록 중에 실제로 일어났던 것들만 모아 분석해 보면 문제점은 더욱 분명해진다. 시대에 따라 일식 기록의 신빙성이 분명하게 변화하는 모습을 볼 수 있기 때문이다.

일본의 옛 일식 기록이 과연 실측한 것이며, 관측지가 일본 영토인지를 파악하기 위해 기록을 시대에 따라 여섯 집단으로 나누었다. 첫째는 야마토(大和) 시대의 일식 10개(628~709), 둘째는 나라(奈良) 시대의 일식 36개(710~792)이다. 셋째는 헤이안(平安)·후지와라(藤原) 시대의 일식 132개(794~1183), 넷째는 가마쿠라(鎌倉) 시대의 일식 38개(1189~1326), 다섯째는 아시카가(足利)·무로마치(室町)·아즈치·모모야마(安土·桃山)·쇼쿠호(織豊) 시대의 일식 80개(1343~1599), 그리고 마지막으로 도쿠가와(德川)·에도(江戶)·메이지(明治) 시대의 일식 119개(1600~1899)이다. 여섯 집단으로 나눈 일식에 대하여 각 집단의 일식을 가장 잘 볼 수 있는 최적 관측지를 평균식분도에서 찾아보았다. 그 결과 몇 가지 주목할 만한 사실이 밝혀졌다.

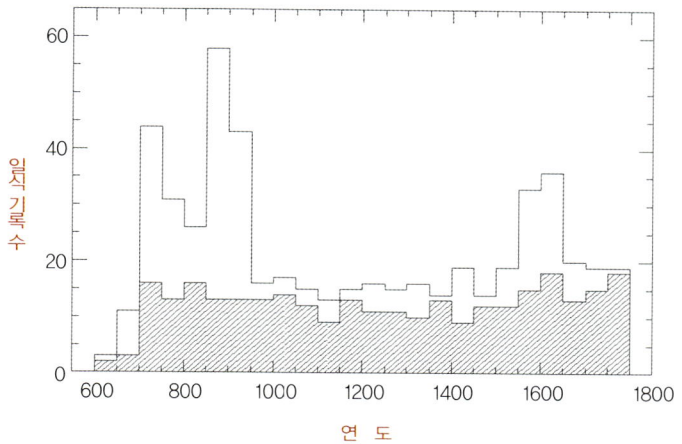

일본의 고대 일식 기록 수의 시대별 분포. 위쪽 막대그래프는 사서에 일식이 관측되었다고 기록된 횟수이다. 빗금 친 아래쪽 그래프는 사서에 실려 있는 일식 기록 중 계산 결과 일식이 실제로 일어난, 즉 실현된 일식 기록의 수이다.

    먼저 야마토 시대의 일식을 가장 잘 볼 수 있는 지역이 일본일 것이라는 예상과 달리 남중국에서 남지나 해상에 걸치는 곳으로 나타났다. 이 결과는 왜의 위치와 결부하여 아래에서 다시 이야기하겠다. 또 나라 시대의 일식 기록도 예상을 벗어났다. 나라 시대의 일식 기록은 36개인데, 그중 약 3분의 2가 실제로 일어나지 않은 일식이었다. 그런데 그나마 발생했던 일식 기록들도 일관성이 없어 최적 관측지를 알려 주지 못한다. 달 그림자가 동아시아 전체에 무질서하게 흩어져 지나가고, 전혀 한곳에 집중되지 않는다. 이러한 경향은 나라 시대 이후에도 한동안 지속된다. 이런 면을 보면, 이 일식 기록들의 대부분은 실측 기록이라고 믿기 힘들다. 관측을 하지 않고 당대나 후대에 사서에 집어넣은 일식 기록임이 분명하다. 그런데 문제는 나라 시대가 일본의 문화적 융성기로 알려져 있다는 사실이다. 그렇다면 이 시기의 천문 기록이 실측 기록이 아니라는 사실을 어떻게 이해해야 할까? 이에 대한 일본사 학자들의 설명이 필요하다.
    반면, 일식 기록을 통해 보았을 때 일본 역사에서 매우 흥미로운 시기는 약

사실을 중시하고 영웅을 존중하던 가마쿠라 시대의 무사.

1190년에서 1330년 사이이다. 이 시기에 기록된 일식은 약 75%가 실제로 일어난 현상들이다. 또 실제로 일어난 일식들은 결집도가 높고, 결집한 위치인 일식 관측지도 정확히 일본에 위치한다(시대별 평균식분도에서 (ㄹ)그림 참조). 일본의 전 역사 기간 동안 일식 기록이 이와 같은 성질을 보이는 시기는 이때가 유일하다. 재미있는 사실은 이 시기가 무사들의 독재정치기였던 가마쿠라 시대(1185~1333)에 정확히 일치한다는 점이다. 일본의 일식 기록들은 이 시기에만 유일하게 실제로 관측한 자료가 주축을 이루고 있음을 알 수 있다. 일본의 전 역사 기간에 걸쳐 일식 기록의 신빙성이 가장 낮은, 즉 대부분의 일식이 실현되지 않았고, 실현된 일식마저도 집중되지 않고 지구상에 흩어져 지나가는 서기 950년 이전의, 특히 나라 시대의 일식 기록과는 현격한 차이를 보인다.

이러한 차이는 왜, 무엇 때문에 생긴 것일까? 시대별로 살펴본 일본 고대 일식 기록의 성질을 일본의 역사와 비교해 보면 일식 기록의 신빙성이 역사적 상황과 정권의 변화에 민감하게 영향을 받아 왔다는 사실을 알 수 있다. 서로 정반대의 신빙성을 보여 주는 나라 시대나 가마쿠라 시대의 일식 기록이 그 예이다. 또 다른 예로서 1600년을 전후한 시기에 기록된 일식을 들 수 있다. 이 시기에는 그 이전이나 이후에 비해 일식 기록의 개수는 매우 많지만, 그 과반수가 실제 일어나지 않았던 것들이고(일식 기록 수 그림 참조), 그나마 실현된 일식들도 집중도가 낮으며 일본에서 멀리 떨어져 지나간다. 그런데 이렇게 일식 기록의 신뢰도가 낮아진 이때는 오다 노부나가(織田信長), 도요토미 히데요시(豊臣秀吉), 도쿠가와 이에야스(德川家康)로 이어지는 전란기였다. 정치적·사회적 혼란 속에서 천문관측이 제대로 이뤄지지 않았거나 당시의 역사를 가장하기 위해 천문 기록을

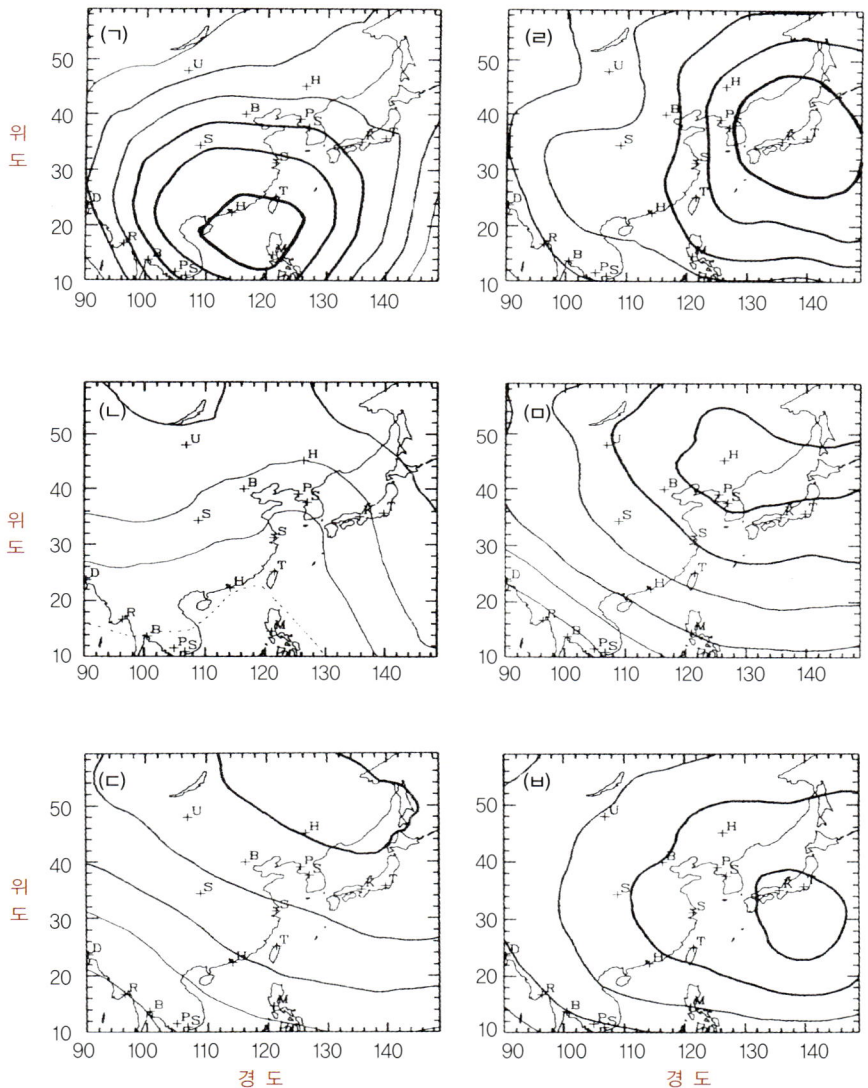

일본의 일식 기록들을 시대별로 6개 집단으로 나누었을 때의 평균식분도. 최적 관측지는 등고선의 중심부이다. (ㄱ) 628~709년 사이의 일식 10개 ; (ㄴ) 710~792년 사이의 일식 36개 ; (ㄷ) 794~1183년 사이의 일식 132개 ; (ㄹ) 1189~1326년 사이의 일식 38개 ; (ㅁ) 1343~1599년 사이의 일식 80개 ; (ㅂ) 1601~1899년 사이의 일식 119개.

삽입한 것으로 보인다.

일식 기록의 이러한 성질은 일본 사서만의 특이점이다. 우리 나라와 중국의 천문 기록을 살펴보면, 왕조 교체나 전란 등 혼란기에는 관측 기록의 개수가 현저히 줄어들며 기록 자체가 위축되는 경향을 보인다. 그런데 일본의 경우에는 정반대의 경향이 나타난다. 역사가 불분명한 시기나 정치적·사회적 혼란기에 여느 때보다 일식 기록의 수가 훨씬 늘어나는 것이다. 그리고 그 기록은 대부분 실측에 의한 것이 아님을 보여 준다. 이러한 시기에 나타나는 일본 사서의 기록은 신중한 자세로 대해야 할 것이다.

왜의 위치를 찾아서

일본의 일식 기록을 살펴본 원래의 의도는 삼국의 최적 일식 관측지가 중국 동부로 나온 결과를 이해하기 위해서였다. 《삼국사기》의 일식 관측지와 결부하여 주목할 만한 시기는 나라 시대 이전(628~709)이다. 이 시기의 일식 기록들은 《일본서기(日本書紀)》와 《속일본기》에 나오는데 그 실현율이 45%이다. 여전히 실현율은 낮지만 다른 시기와는 전혀 다른 특징이 하나 있다. 이때에 일어났던 일식들이 한곳에 강하게 집중된다는 사실이다. 그런데 문제는 그 집중지가 일본 열도의 어느 곳이 아니라 양자강 아래 남중국에서 필리핀에 이르는 남지나 해상 지역이라는 점에 있다(시대별 평균식분도에서 (ㄱ)그림 참조).

혹시 우연일까? 나는 모의실험을 통해 일본에서 관측한 일식들의 관측지가 우연히 남중국 해상으로 나올 가능성을 알아보았다. 그러나 실험 결과, 그럴 확률은 극히 낮게 나타났다. 일본 영토에서 관측한 일식들이라면 그 대부분이 야마토 시대의 일식들처럼 우연히 필리핀과 중국 대륙 남부연안 사이로 지나갈 가능성은 거의 없다는 것이다.

그렇다면 나라 시대 이전에 관측되었다고 쓰여 있는 일본 고대 사서의 일식 기록들은 그 결집도가 높다는 점에서 실측 자료로 판단되지만, 그것이 일본에서가 아닌 남지나해 근처에서 관측된 것이라 결론지을 수 있다. 그런데 이 자료가 어떻게 《일본서기》 등에 수록될 수 있었을지가 의문이다.

한편 이와 같이 일본, 즉 왜가 관측한 일식의 관측 위치도 정설화된 역사의 내용과는 다르지만 《삼국사기》를 통해 알 수 있는 백제와 신라의 일식 관측지와 일맥상통한다. 요컨대 백제와 신라와 왜가 일식 관측지에 있어서 그 종축이 나란히 중국 대륙 동부로 옮겨가 있는 것이다!

이 문제에 관하여 나는 몇몇 사람들로부터 질문을 받았다. "삼국과 왜의 최적 일식 관측지가 한반도나 일본 열도가 아닌 중국 대륙 동부로 나타나는 까닭은 지구 자전 속도의 변화 등을 잘못 고려했기 때문이 아닌가? 그러한 계산 오류 때문에 일식 관측지가 서쪽으로 이동되어 나타나는 것은 아닌가?"라는 것이었다. 그러나 이것은 명확히 아니라고 할 수 있다. 만약 그렇다면 삼국과 왜뿐만 아니라 같은 시기의 다른 나라 일식 기록에서도 최적 관측지가 역시 서쪽으로 이동되어 나타나야 할 것이다. 그러나 같은 시기의 하대 신라나 중국 왕조들의 일식 관측

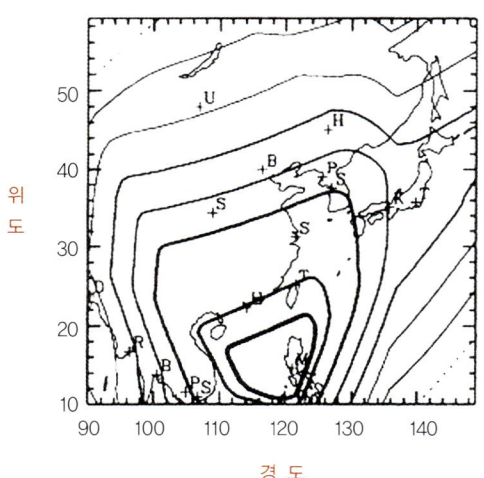

《일본서기》에 기록된 일식 11개 중 동아시아에서 실현된 5개 일식의 평균식분도. 최적 관측지가 필리핀에서 남중국 해상이다.

지를 계산해 보면, 그 위치는 기존 역사에서 알려진 위치와 그대로 일치한다. 따라서 우리 나라의 삼국과 《일본서기》의 왜의 관측지만 이동되어 나타나는 이 결과는 계산상의 잘못일 수 없다.

《삼국사기》와 《일본서기》가 편찬한 나라와 사람과 시기가 전혀 다른데도 그 안에 실린 자연 현상들끼리는 내용이 서로 부합한다는 사실은 매우 고무적인 결과이다. 서로 무관한 사서들이 이렇게 일치된 내용을 보이는 까닭이 무엇일까? 고대 사서에서 정치적·사회적인 내용은 그 왜곡을 파악하기 힘들지만, 자연 현상 기록은 객관적 사실을 알려 주기 때문에 사서의 신빙성을 판별해 낼 수 있다. 따라서 우리 나라와 일본 사서에 기록된 자연 현상 기록은 우리가 동북아시아의 과거 역사 중에 무언가를 아직 이해하지 못하고 있다는 사실을 대변해 준다.

《삼국사기》의 큰물 기록으로 추정한 관측자의 위치와 왜의 일식 관측지까지 구해 봄으로써, 나는 삼국의 일식 관측지에 대해 강한 자신감을 갖게 되었다. 그래서 마침내 삼국 시대의 천문 현상 기록과 일본의 일식 기록을 분석한 결과를 학계에 발표하기에 이르렀다.

일본의 일식 기록을 분석하기 시작할 때 먼저 서울대 동양사학과 김용덕 교수에게 일본사 자료에 대한 자문을 구했다. 연구를 마친 뒤에는 일본사를 전공한 국내 학자들의 모임인 일본역사연구회에서 내가 연구한 일본 일식 기록의 실현율과 최적 관측지에 대한 시대별 분석 결과를 발표했다. 이에 대해 연세대 박영재 교수, 서강대 윤병남 교수 등 여러 분이 긍정적인 해석을 해 주었다. 하지만 기존 역사와의 상충 문제는 여전히 흥미로운 미스터리로 남아 있다.

天文學史

3부
하늘을 사랑한 민족

|6| 우리의 옛 별이름
|7| 고인돌 별자리를 찾아서
|8| 2000년 전에 바라본 하늘 _ 천상열차분야지도

우리 민족은 고대로부터 천문학을 사랑해 왔다. 옛 왕조들은 하늘의 과학, 천문학을 국가의 최고 학문 중의 하나로 중시해 왔다. 비록 우리 선조가 남긴 많은 천문 유산 중 오늘날까지 남아 있는 것은 극히 일부분이지만, 여전히 양적으로 풍부한 많은 미개봉 유물과 기록이 우리의 진지한 연구를 기다리고 있다. 천문학을 연구하는 입장에서, 이만큼 풍부한 선대의 천문학적 자산과 오랜 전통을 가진 나라에서 태어났다는 것은 작지 않은 행운이다.

영국의 걸출한 과학사학자 조셉 니덤이라는 사람이 있다. 《중국의 과학과 문명》이라는 그의 영향력 있는 저서를 보면, 그 본문은 중국과 일본에 편향된 경향을 보임에도 불구하고, 책의 맨 마지막에 특별히 붙인 보충글에서 색다른 고백을 발견할 수 있다. 그 글의 앞머리를 옮기자면 다음과 같다.

> 이 책을 쓰고 있는 동안에 저자와 동료들의 마음에는 중국 문화권에 있는 모든 민족 중에서 한국인이 모든 종류의 과학적 문제에 대해 여러 세기 동안 가장 큰 관심을 지녀 왔다는 신념이 점점 더 커지게 되었다. 우리들은 18세기 예수회 선교사의 해시계에 대한 한국인의 관심과 한국에서 만든 놀라운 천문시계에 주목하였다. 또 7세기에 세워진 한국 천문대와 근대 한국의 관측기록 중 혜성 그림 등을 소개하였다.

한국에 대한 외국인들의 인식이 대개 그러하듯, 니덤 역시 처음엔 한국의 천문학사를 중국과 일본의 영향권 아래에 놓인 하나의 작은 '징검다리' 정도로 여겼던 것이다. 그러나 막상 연구가 진행되는 과정에서 접한 한국의 전통 과학의 깊이와 한국인의 과학에 대한 열정은 그의 선입견을 적잖이 무너뜨렸던 모양이다. 한국의 전통 과학에 대한 진심 어린 경의가 이 글에 담겨 있다.

뒤집어 생각하면 이는 그만큼 우리 과학의 역사에 대한 기존 연구와 국제적 인식이 얼마나 부족한지를 말해 주는 진술이기도 하다. 단적으로, 현재 한국 과학사를 연구하고 있는 국내 학자는 모두 합쳐 열 손가락 안에 꼽힐 정도이다. 이에 비해 중국에서는 박사급 연구원 수백 명이 과학사 분야에서 왕성하게 활동하고 있다. 중국이 동양 과학사를 제패하는 것은 시간 문제이다.

우리의 과학사 연구가 미진한 동안 나라 안팎에서는 어떤 일이 벌어졌는가. 현존 세계 최고(最古)의 천문대인 첨성대(633)는 천체를 관측하던 천문대가 아닌 종교적 제단이나 상징물이라는 시비에 휘말려 있다. 경주 불국사 석가탑에서 출토된 세계 최고의 목판 인쇄물인 무구정광대다라니경(751년 이전)이 중국의 것이라는 주장도 등장했다. 우리 민족이 세계 최초의 발명품이라고 자랑거리로 삼고 있는 측우기는 중국의 과학사 서적에 "본디 중국의 발명품으로서 남조선에서 발견되었다"라는 식으로 소개되어 있다. 게다가 서양 학자들까지 이러한 중국의 주장을 인정하기에 이르렀다.

우리는 서기 이전부터 조선 시대 말까지 2000년에 걸쳐 세계에서 가장 많은 고대 오로라 기록을 보유하고 있다. 그런데 영국의 스티븐슨이 서양에 소개한 책에 한국의 오로라 관측 기록은 일본 최초의 오로라 기록(620)보다 한참 뒤인 993년부터 나온다고 소개되어 있다. 고려 이전의 한국사 기록을 인정하지 않기 때문이다. 세계에서 가장 오래전 밤하늘의 모습을 담은 조선 초의 천상열차분야 지도에는 고구려의 천문도를 옮겨 새긴 것이라고 쓰여 있다. 그런데, 이것 또한 영국의 루퍼스가 한 논문에서 당나라에서 보낸 천문도가 그 원본일지 모른다는 추측을 한 뒤, 이를 근거로 중국 과학사 책에는 아예 '중국 황제의 하사품'을 새긴 것으로 둔갑해 올라가 있다. 또 니덤은 앞의 책에서 조선이 역서를 편찬한 사실을 두고 이런 말을 하기도 했다. "조선은 중국의 봉건적 제후국에 불과한 속국인데 황제국에서만 하도록 되어 있는 역법을 어떻게 독자적으로 개발하여 사용했는지 이해할 수 없다"는 것이다. 서양인들이 우리의 역사와 전통 과학을 바라보는 시각이 숨김없이 드러난다.

세계 최초 발명품인 고려 금속활자도 그 가치를 인정받지 못하고 있다. 직지심체요절(1377)이 구텐베르크의 성경보다 78년이나 앞서서 인쇄되었다는 사실이 1972년에 알려지기 전까지 이것은 거의 주목을 받지 못했다. 지금도 외국에서는 금속활자의 최초 발명자는 구텐베르크라고 교육하고 있으며, 고려 금속활자에 대해선 들어 볼 기회도 없는 실정이다. 우리의 금속활자의 발명은 역사의 한 켠에서 우연히 튀어나온 돌부리 정도로 인식되고 있다.

최근 일본의 역사 교과서 왜곡 문제로 온 국민이 분노를 터뜨렸지만, 사실 한국사의 왜곡은 일본에만 해당되지 않는다. 전세계에서 벌어지고 있는 우리 역사에 대한 왜곡과 그것이 퍼져 나가고 있는 양상을 보면 언젠가는 수습할 수 없는 상황에 이를 것이라는 생각이 든다. 과학사라는 학문이 한 나라의 과학 문화의 정체성을 파악하고 미래의 과학 발달의 진로를 결정하는 방향타라고 할 때, 이제는 온 국민이 우리의 과학사에 대해 각별한 관심을 갖고 이 문제를 풀어 나가야 할 때이다.

|6|
우리의 옛 별이름

> 천지가 혼합으로, 제일음이라. 하늘과 땅이 같이 없어, 뇌귀가
> 가득차올 때, 하늘과 땅이 한뭉텡이 되옵네다. 천지개벽 할 때도
> 없을 제일음이라. (…) 요하늘엔 별이 먼저 나삿는데, 갑을 동방
> 동산에 샛별과 삼태성이 뜨고 경신서방 서해엔 태백성이 뜨고
> 중앙 비린내엔 직녀성과 견우성이 뜨고 사오남방엔 노인성, 해
> 자북방엔 북두칠성이 떠올음네다.
>
> — 문창헌의 《풍속무음》 〈초감제본〉 중에서

    가을 밤. 하늘에는 별들이 한결 더 빛나 보인다. 우리 나라에서는 눈으로 쉽게 볼 수 있는 5등급보다 밝은 별이 사계절 동안 1400개 이상 떠오른다. 그 가운데 백조자리에는 데네브, 거문고자리에는 베가, 독수리자리에는 알테어, 전갈자리에는 안타레스가 빛난다. 한결같이 빛나는 저 별들은 예나 지금이나 하늘을 가로질러 왔으며 우리의 옛 선조도 바로 그 별들을 보며 세월을 보냈을 것이다. 동쪽 하늘에 찬란히 떠오르는 크고 작은 별들을 신비롭게 올려다보며 온갖 이야기를 나누고, 계절마다 꼬박꼬박 찾아드는 별과 별자리들에 이름을 붙여 친근해지고자 했을 것이다.

    그런데 우리의 선조가 부르던 별이름들은 현재 우리가 사용하고 있는 이런 서양 이름과는 전혀 달랐다. 물론 그중에는 오늘날까지도 사랑을 받으며 쓰이고 있는 이름도 극소수 있다. 그러나 겨우 북극성, 북두칠성, 견우성, 직녀성 정도이다. 이제 별로 쓰이지는 않지만 샛별(새벽 금성, 계명성), 개밥바라기 또는 어둠별

남포시 덕흥리 고분(408)에 그려진 견우와 직녀 그림. 은하수를 사이에 두고 있다.

(저녁 금성), 짚신할아비(견우성), 짚신할미(직녀성), 말굽칠성(왕관자리), 좀생이(묘성, 플레이아데스 성단), 꼬리별 또는 살별(혜성), 별무리(무더기로 보이는 많은 별들), 별똥별(유성), 별똥돌(운석), 미리내(은하수) 등 순우리말 이름도 겨우 몇 개 남아 있다.

북한에서는 우리말로 된 별이름이 더 많이 쓰이고 있다. 그들은 서양식 별이름은 물론 한자로 된 천문학 용어까지도 순우리말로 바꾸어 사용하려고 노력할 만큼 우리말에 대해 각별한 애착을 보이고 있다. 예를 들면 개기식을 옹근가림, 동반성을 따름별, 성운을 별구름, 유성을 별찌, 유성우를 별찌비, 운석을 별찌돌, 성단을 별떼, 신성을 새별, 은하군을 별구름 무리, 은하단을 별구름떼, 황도를 해길, 황도광을 해길빛이라고 부른다. 또 쌍성은 짝별, 구상성단은 둥근별떼 등으로 부른다.

2000년 동안이나 사랑받던 옛 별이름들이 사라졌다는 사실은 우리의 겉모습과 심성이 모두 변한 정도에 견주어 보면 그리 놀라운 일이 아니다. 다만 옛 사람들의 정신 세계가 생생히 살아 있는 그 이름들이 잊혀진 이유가 우리가 선조와

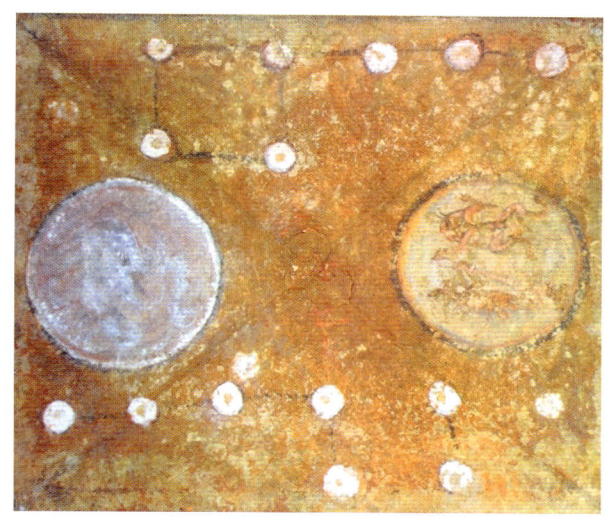

'北斗七靑'이 쓰여 있는 장천1호분(5세기 중엽)의 천장 별그림.

단절된 역사 속에 표류하고 있기 때문이 아닐까 하는 생각 때문에 안타까울 따름이다. 만약 우리가 그들의 정서에 공감할 수 있다면, 우리는 선조들의 여유롭고 의미로 가득찬 세계를 다시 찾을 수 있지 않을까.

역사 속에 쓰였던 별이름들은 어디서 와서 어떻게 우리 곁에 머물다가 떠난 것일까? 앞서 예를 들었듯이 우리에게는 선조가 만든 순우리말 별이름들이 몇몇 남아 있다. 그러나 기록으로 전해 오는 공식적인 별이름은 약 2000년 전쯤 중국에서 들어온 것들이다. 이 이름들을 한국, 중국, 일본 등이 오랫동안 함께 써 왔는데, 세 나라 모두 오늘날에는 그 대부분을 망각한 채 서양식 이름에 자리를 내준 현실은 비슷하다.

우리에게 옛 별자리 이름이 본격적으로 나타나기 시작하는 때는 삼국 시대이다. 특히 돌로 무덤의 방을 만들었던 고구려 고분의 벽이나 천장에 그려진 벽화에는 별그림과 함께 별자리 이름이 많이 등장한다. 현재 별그림이 발견된 고구려 고분은 24기(基)인데, 그중 서기 5세기부터는 한자로 쓴 별자리 이름이 나타나기 시작한다. 서기 408년에 지어진 남포시 강서구역 덕흥리 고분은 그중에서

덕화리 2호분(6세기) 현실 북쪽에 그려진 28수와 이름. 왼쪽 사진에서 북두칠성이 위아래로 가로지르고 있다.

도 가장 앞선다. 고분 안에는 북두칠성과 여러 별들이 그려져 있고, 그와 함께 '牽牛之象', '(織女)之象'이란 묵서가 은하수를 사이에 둔 견우와 직녀의 그림과 함께 자리잡고 있다.

5세기 중엽의 고분인 장천 1호분은 중국 집안시에 위치하고 있다. 그 현실 천장 북쪽에는 동그란 원들이 한 줄로 연결되어 그려진 북두칠성이 있고, 동쪽과 서쪽에는 해와 달이, 남쪽에도 선으로 이어진 일곱 별과 낱별 두 개가 있다. 그런데 이 그림 가운데에는 '北斗七靑'이란 한자가 쓰여 있다.

6세기에 지어진 평안남도 대동군 덕화리 2호 무덤은 더욱더 '별 천지'이다. 여기에선 북두칠성과 남두육성을 비롯하여 팔각 고임무덤 천정을 빙 둘러가며 약 72개의 별이 발견된다. 그 옆에 실성(室), 벽성(壁), 위성(胃), 정성(井), 류성(柳) 등과 같은 28수 별자리 이름이 한자로 차례로 쓰여 있다. 고분에 그려진 천문도는 단순히 방을 예쁘게 꾸미려고 장식한 그림이 아니다. 당시의 천문학 지식과 종교관, 고분 주인의 사회적 신분 등을 종합적으로 나타내는, 옛 사람들의 상징 세계를 구현한 의미 있는 자료이다. 앞으로 더 많은 발굴을 통해 당시 문화의 내용과 특징을 이해할 수 있기를 기대한다.

중국을 중심으로 한 동북아시아에서는 수천 년 전부터 하늘의 별에 이름을 붙이며 천문 사상을 키워 왔다. 7세기경부터는 중국에서 볼 수 있는 하늘의 별을 3

천상열차분야지도 태조(왼쪽)와 숙종(오른쪽) 석각본 천문도의 중앙 부분. 가운데 주극원의 내부를 자미원이라 부른다. 별그림과 별자리 이름이 새겨져 있다.

원과 28수의 구역으로 나누어 세분하는 전통이 세워졌다. 한나라 때부터 우리 나라에 본격적으로 들어오기 시작했던 중국의 별자리 지식이 가장 집약적으로 녹아 있는 자료는, 조선 태조 4년(1395)에 고구려 천문도를 토대로 새긴 천상열차분야지도(天象列次分野之圖)이다. 학문적인 가치는 잠시 미뤄 놓고서라도, 한눈에 보기에도 너무나 정교하고 아름다운 천문도이다. 이 그림에 숨어 있는 천문 지식과 우주관, 별자리, 과학성 등은 8장 〈2000년 전에 바라본 하늘〉에서 자세히 이야기하기로 한다.

천상열차분야지도를 보면 동양의 별자리 개념이 서양과 어떻게 다른지 알 수 있다. 천상열차분야지도와 함께 조선 초 세종대왕 때 이순지가 편집한 천문서인 《천문류초》에도 이러한 전통 천문 지식이 종합되어 있다. 동양의 별자리가 서양과 가장 큰 차이를 보이는 점은 세 단계로 구성된 별자리 체계이다. 서양에서처

《천문류초》에 실려 있는 동양 별자리에 대한 설명

정(精)		28수 · 3원	별자리 설명
동방	창룡 (蒼龍)	각 · 항 · 저 · 방 · 심 · 미 · 기 (角 · 亢 · 氐 · 房 · 心 · 尾 · 箕)	氐-용의 가슴, 房-배, 箕-배설물
북방	현무 (玄武)	두 · 우 · 녀 · 허 · 위 · 실 · 벽 (斗 · 牛 · 女 · 虛 · 危 · 室 · 壁)	斗-뱀과 거북이 얽힌 모양, 牛-뱀, 女-거북, 虛危室壁-뱀과 거북이 얽힌 올챙이 모양
서방	백호 (白虎)	규 · 루 · 위 · 묘 · 필 · 자 · 삼 (奎 · 婁 · 胃 · 昴 · 畢 · 觜 · 參)	奎-백호, 婁危昴-새끼 호랑이, 畢-호랑이, 觜-기린 머리, 參-기린 몸
남방	주조 (朱鳥)	정 · 귀 · 류 · 성 · 장 · 익 · 진 (井 · 鬼 · 柳 · 星 · 張 · 翼 · 軫)	井-새의 머리, 鬼-눈, 柳-부리, 星-목, 張-목에 먹이 넣는 곳, 翼-깃, 軫-꼬리
중궁	황룡 (黃龍)	자미 · 태미 · 천시 (紫微 · 太微 · 天市)	軒轅이 황룡. 星宿와 張宿를 머리로 베고 있고, 柳宿와 井宿에 꼬리가 걸려 있으며, 三台에 몸 을 비춤

럼 온 하늘의 별들을 곧 바로 88개의 별자리로 나누는 것과는 다른 개념이다. 《천문류초》에 정리된 동양 별자리의 체계를 살펴보자.

첫째 단계에서는 하늘을 크게 사방과 중앙의 다섯 구역으로 나누어 이곳에 있는 별들을 신령한 동물의 형상에 맞추었다. 중앙은 황금빛 용(中宮黃龍)으로, 그 다음은 동쪽에서 시작하여 시계 반대방향인 동북서남 방향에 각각 푸른 용(東方蒼龍), 거북과 뱀(北方玄武), 흰 호랑이(西方白虎), 붉은 새(南方朱鳥)의 모습을 부여했다. 하늘에 별자리들이 줄지어 떠오르는 장관을 보며, 동양의 선조들은 우람한 새나 거대한 용이 솟아오르는 모습을 떠올린 것이다.

둘째 단계에서는 다섯 별자리 구역을 다시 중궁(中宮) 3원과 사방(四方) 28수로 나누었다. 중앙의 3원은 자미원(紫微垣), 태미원(太微垣), 천시원(天市垣)을 말한다. 그 위치를 따져 보면 자미원은 북극 근처의 별들, 태미원은 서양식 별자리로 치면 사자자리와 머리털자리, 천시원은 뱀, 뱀주인, 헤르쿨레스자리 근처이다. 28수는 하늘에서 달이 지나가는 길을 따라 만든 개념이다. 이 길을 따라 대

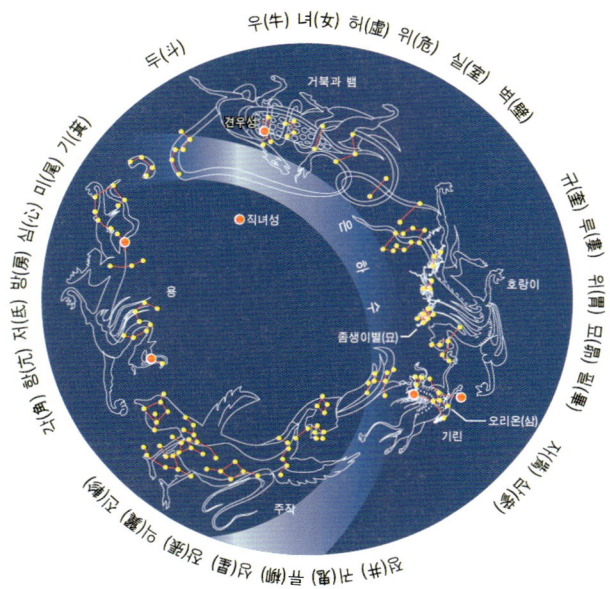

《천문류초》에 설명된 내용과 고구려 고분벽화들을 연관지어 복원한 사신(四神) 동물천문도(제공 : 양홍진, 그래픽 : 한국일보사 김부일).

표적인 별자리들을 동북서남 방향에 각각 7개씩 정하여 하늘의 지역을 나눈 것이다. 푸른 용이 날아오르는 동쪽에는 각·항·저·방·심·미·기(角·亢·氐·房·心·尾·箕) 수(宿)가, 뱀과 거북이 어우러져 생명의 씨앗이 깃들어 있는 북쪽에는 두·우·녀·허·위·실·벽(斗·牛·女·虛·危·室·壁) 수가 있다. 또 흰 호랑이가 있는 서쪽엔 규·루·위·묘·필·자·삼(奎·婁·胃·昴·畢·觜·參) 수, 붉은 새가 있는 남쪽에는 정·귀·류·성·장·익·진(井·鬼·柳·星·張·翼·軫) 수 등의 별자리들이 배정되어 있다.

 3원과 28수 역시 여러 별자리들을 집단으로 묶어 부르는 이름이다. 그래서 3원과 28수의 구역 안에 있는 별들은 또다시 여러 작은 별자리들로 세분화된다. 예를 들면 28수의 첫째인 각수라는 별자리 집단 안에는 45개의 별들이 평도, 천전, 진협 등 15개의 별자리들을 이루고 있다. 그중 밝은 별 2개로 된 별자리 하나가 각수(좌각)라는 지역 대표의 이름을 지니고 있다. 이와 같이 28수라는 별자리들은 예외적으로 낱별자리의 이름이면서 그 구역의 이름도 된다.

오늘날 북극성이라고 부르는 작은곰자리 α별은 자미원에 있는 구진(勾陳)1이다. 당시의 북극성은 자미원의 북극5인데 서양식으로는 작은곰자리에 있는 HR4893이라는 어두운 별이다. 겨울에 보이는 오리온자리는 삼수와 자수이고, 그 아래 큰개자리 α별(시리우스)은 정수에 속하는 천랑(天狼)으로, 큰개자리는 호(弧)와 군시(軍市)라고 불렸다. 마차부자리는 필수에 속하는 오거(五車)인데 그 속의 카펠라 별은 오거1이다. 가을밤에 빛나는 독수리자리 α별(알테어)은 우수에 있는 하고(河鼓)2 또는 견우(牽牛)이고, 거문고자리 α별(베가)은 직녀(織女)1이며, 백조자리 α별(데네브)은 녀수의 천진(天津)4이다. 이밖에도 천선(天船, 페르세우스자리), 북하(北河, 쌍둥이자리), 남하(南河, 작은개자리), 남문(南門, 센타우르스자리) 등이 있다.

그런데 이 중국식 별자리 이름은 대체 무슨 뜻일까. 바로 지상의 이름을 하늘에 옮겨 놓은 것들이다. 임금이 사는 궁궐과 여러 관리들의 이름, 곡식 창고, 궁궐 바깥을 감싸고 도는 강(은하수)과 그 위를 떠가는 배와 나루터, 하늘의 도시, 강 건너에 주둔하고 있는 군대와 여러 나라들의 이름을 하늘의 별자리에 붙여 놓았다. 이것은 하늘의 일, 하늘의 마음이 곧 땅에서의 일, 땅의 마음이라는 동양적 사고관을 그대로 보여 준다. 동양의 선조는 그만큼 인간과 우주를 따로 떼어 생각하지 않고 하나로 받아들이는 큰 마음을 지니고 있었다. 그들은 하늘을 땅의 거울처럼 여긴 것이다. 만약 머리 위에서 빛나는 저 별들에 '지리산'이나 '철수'처럼 지금 우리가 사는 이 땅과 사람의 이름을 붙여 불러 본다면 그 느낌이 페가수스니 알테어니 하는 이름으로 부를 때와 똑같을까? 우리 선조의 생활을 지배하던 별들의 세계에 다시금 관심을 가지고 그 맛을 느껴 본다면 얼마나 멋있는 일이겠는가!

7
고인돌 별자리를 찾아서

> 억겁의 세월을 뚫고 간직한 수많은 표시들
> 이 땅에 살다간 거룩하고 경이로운 신비
> 그 누가 우주 천체를 한눈에 그렸을까
> 하늘의 별떨기를 부려 놓은 듯
> — 이명호의 시 〈동촌리 고인돌 26호〉 중에서

천체를 그린 암각화?

선사 시대인들이 여러 가지 형상을 바위에 새긴 그림을 암각화라 부른다. 현재 남한의 16개 지역에서 암각화가 발견되었다. 그 대부분은 경상도 지방에서 발견되는데, 전라도와 충청도 동부지역에서도 일부 볼 수 있다.

암각화가 언제 새겨졌는지는 불확실하다. 대개 중기 청동기 시대에서 초기 철기 시대로 보는 견해가 많은데, 이는 고인돌 시대와 겹친다. 울산 대곡리와 천전리 암각화의 경우 신석기 시대까지 거슬러 올라간다는 견해도 있다. 이 암각화들에는 잘 알려진 울산 반구대 암각화처럼 사람, 짐승, 새나 물고기 그리고 간돌검 같은 물건이 새겨져 있다. 그리고 이런 그림과 함께 다양한 종류의 기하학적 무늬들도 나타난다. 그중 하나인 동심원 문양은 태양이나 달과 같은 천체를 표현한 것처럼 보인다. 울산 천전리, 고령 양전리, 함안 도항리 암각화 등이 그 예이다.

특히 함안 도항리 도동 암각화에 새겨진 그림은 흥미를 끈다. 여기엔 그리 크지 않은 바위 위에 많은 홈들이 빽빽이 파여 있는데, 군데군데 크고 작은 동심원들이 함께 새겨져 있다. 이 동심원들은 모두 크기가 제각각 다를 뿐만 아니라, 하나의 동심원 속에 겹겹이 들어 있는 원의 개수도 서로 다르다. 동심원들과 주변의 작은 홈들은 같은 시대에 새겨졌다고 생각된다. 동심원 안에는 작은 홈들을 거의 새기지 않은 세심한 배려가 엿보이기 때문이다. 문제는 이러한 동심원 문양이 이 바위 위에 한 군데가 아니라 여덟 군데에 새겨져 있다는 점이다. 해를 그릴 요량이었다면 단 하나의 동심원만으로도 충분했을 것이다. 때문에 이 동심원들을 태양이라기보다는 밝은 별들로 보는 것이 더 타당하지 않을까 싶다. 그리고 바위 전체에 새겨져 있는 작은 홈들은 수많은 어두운 별들을 나타낸 것이 아닐까. 동심원의 중심에도 별을 나타내는 작은 홈이 파여 있다.

    그렇다면 그들은 왜 밝은 별들을 단순히 큰 구멍으로 표현하지 않고 여러 겹의 동심원으로 표현했을까? 경험한 사람이 드물겠지만, 아주 특별한 기상 상태에서는 별들이 실제로 크고 작은 동심원으로 보이기도 한다. 나는 그러한 기상 상태를 내장산 백양사에 머물던 중 직접 경험한 적이 있다. 비가 개인 뒤 아주 청명한 밤하늘에 간간이 엷은 산 안개구름이 빠르게 스쳐 지나가는 경우였다. 이때 칠흑같이 어두운 밤하늘에 또렷하게 반짝이던 수백 개의 별들이 동시에 느닷없이 스프링처럼 눈앞으로 튀어나오는, 극히 인상적인 광경을 목격했다. 점으로 보이던 별이 갑자기 동심원으로 커지며 약간의 진동이 있은 후(따라서 여러 겹으

울산 반구대 바위그림(국보 제285호). 신석기에서 청동기 시대 사이의 작품이다.

로 보인다) 다시 빛나는 점으로 되돌아가는 일이 반복되었다. 별 하나에서가 아니라 수백 개의 별에서 동시에 이 현상이 일어난 것이다. 물론 밝은 별일수록 더 큰 동심원으로 나타났다. 아마 그 광경을 한 번 본 사람은 평생 그날 밤의 경험을 잊지 못할 것이다. 순간적으로 어지럼증을 느낄 수 있으니 조심해야 한다. 이러한 가능성에 비추어 보았을 때 함안 도항리 고인돌에 새겨진 동심원 암각화는 상징이 아닌 고대인의 실제 경험의 기록일 가능성이 높다고 생각한다.

이 함안 도항리 고인돌의 동심원 문양과 매우 흡사한, 나의 추정을 뒷받침하는 서양화가의 그림이 있다. 바로 〈별이 빛나는 밤(La Nuit Etoilee)〉이라는 고흐의 유명한 그림이다. 이 그림에는 여러 별들이 달과 함께 밤하늘에 떠 있는데 모두 동심원과 비슷한 모양을 하고 있다. 또 밝기에 따라 그 크기를 달리하고 있다. 그런데 별들 사이로 흡사 안개구름과 같은 것이 바람에 나뒹굴고 있다. 이 기법은 고흐의 그림들에서 종종 나타나는데, 나는 이것이 상징화된 고흐의 정신적 혼란이 아니라 그의 실제 경험에서 비롯되었다고 생각한다. 그리고 도항리 고인돌에 암각화를 새긴 선사 시대인이 일찍이 이와 같은 경험을 했고, 그 옛 '고흐'의 경험이 암각화로 표현되었다고 생각한다.

과연 함안 도항리 고인돌의 동심원 그림에는 진정 무슨 뜻이 담겨 있을까. 함안에 갈 기회가 있다면 이 암각화를 한번 찾아가 보고 고대인들이 출제한 이 문제에 대한 풀이에 동참해 보길 바란다. 앞으로 암각화에 대한 연구가 더욱 활발

동심원들이 새겨진 울산 천전리 바위그림(국보 제147호). 청동기 시대의 작품으로 알려져 있다.

동심원 암각화가 새겨진 함안 도항리 도동 고인돌.

히 진행되어 석기 시대와 청동기 시대인의 생활과 사고를 보다 잘 이해할 수 있는 날이 오기를 기대한다.

고인돌 천문학

1995년, 내 책상 위에는 조선 초의 천문도인 천상열차분야지도와 조선 말의 별목록 겸 별그림책인 《성경(星鏡)》에 관한 자료들이 잔뜩 펼쳐져 있었다. 당시 나는 조선 시대 천문도에 대한 연구를 마무리짓던 중이었다. 나는 돌아가신 유경로 선생님의 부탁으로 이 연구를 시작했다. 그러나 한편으론, 조선 시대의 천문학을 연구하고 이를 기반으로 고려 시대와 삼국 시대의 천문학으로 다시 거슬러 올라가 연구하려는 계획을 가지고 있었다.

특히 내가 마음에 둔 것은 고구려 고분벽화였다. 조만간 다시 삼국 시대 연구

고흐의 〈별이 빛나는 밤〉 (캔버스 유화, 1889년 6월, 생 레미, 뉴욕현대미술관). 고흐는 "나는 종교에 대해 처절한 욕구를 갖고 있다. 그런 밤이면 나는 별을 그리러 밖으로 나간다"라고 말했다.

를 시작할 경우 이번엔 고구려 고분벽화에 있는 천문도를 분석하려던 참이었다. 이것은 국사학과 노태돈 교수의 당부 때문이었다. 1993년 어느 날인가 그분이 나를 찾았다. 노 교수는 내게 고구려 고분 성수도에 대한 북한과 중국 논문들을 건네주며 천문학자의 연구가 필요하다는 조언을 해 주었다. 이 말을 기억하며 나는 일단 조선 시대 천문도에서부터 출발을 한 것이다.

그리고 3년이 훌쩍 지난 1996년 1월, 우연히 《한겨레신문》에서 북한 고인돌에 관한 기사를 보았다. 덮개돌에 별자리가 새겨진 고인돌이었다. 순간 여러 생각이 머릿속을 스치고 지나갔다. 원삼국 시대와 고조선 시대를 천문학적으로 접근할 수 있는 또 다른 길이 아닌가. 이전의 연구에서 사료가 부족하여 못다 푼 단군조선 시대에 대한 의문점을 좀더 해결할 수 있지 않을까. 그 뒤 별자리가 새겨진 북한의 고인돌들은 북한에서 출간된 《조선기술발전사》를 통해 자세히 확인되었다. 그리고 유홍준 교수의 《나의 북한문화유산 답사기》와 KBS의 〈역사스페셜〉을 통해서도 일반인들에게 널리 알려졌다.

왜 그동안 고인돌에 별자리가 새겨져 있을 수도 있다는 의심을 해 보지 않았을

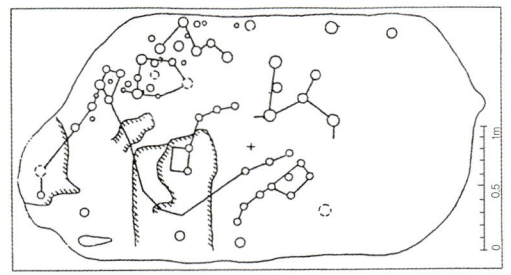
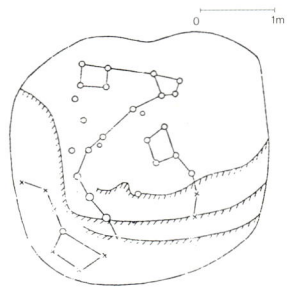

함경남도 함주군 지석리(왼쪽)와 평안남도 평원군 원화리(오른쪽) 고인돌의 덮개돌에 새겨진 별구멍 그림. 북한에서는 이 고인돌들이 각각 서기전 30세기와 25세기경에 세워졌다고 추정하고 있다.

까. 고구려와 고려의 고분벽화에서 우리는 이미 많은 별자리를 확인했다. 고인돌 역시 고대인의 무덤이므로, 그 위에 별자리를 새기는 전통이 선대에 이미 있었을 개연성이 충분했던 것이다. 왜 진작 그 생각을 하지 못했을까.

하지만 한편으론 의심도 들었다. 고인돌에 새겨진 그 홈들이 정말 별자리라 하더라도 실제로 고인돌 축조 당시에 새겨졌는지, 후대에 새겨졌는지 누가 알겠는가? 게다가 북한 학자들이 별자리의 세차운동을 이용해 추정했다는 고인돌 축조연대도 믿기 어려운 구석이 많았다.

아, 고인돌의 나라

나는 북한의 고인돌에 별자리가 새겨져 있다면 남한의 고인돌에도 틀림없이 별자리가 기록되어 있으리라 생각했다. 이를 확인하기 위해 직접 고인돌을 답사하기 시작했고 경북대 양홍진 군에게도 고인돌 조사를 당부했다. 틈나는 대로 주말을 이용해 전국에 산재한 고인돌을 하나하나 찾아다녔는데, 떠날 때엔 혹시나 하는 기대감에 부풀었다가 돌아올 땐 어깨가 처지기 일쑤였다. 강화도, 김포,

❶ 함안 군북면 동촌리 고인돌 ❷ 포항시 북구 칠포리 고인돌 ❸ 경남 거창 박물관의 고인돌
❹ 강원도 양구군 용하리 선돌 ❺ 인천광역시 서구 대곡동 고인돌 ❻ 대구광역시 동구의 고인돌
❼ 강원도 양구군 오유2리의 자연바위

하늘을 사랑한 민족 | 95

고창 고인돌군

　전남 화순과 고창지역, 주암댐 수몰지역에 있던 고인돌, 대구와 경남 거창, 함안 지역 등 여러 곳을 둘러보았다. 그러나 아쉽게도 좀처럼 성과가 나타나지 않았다. 대다수 고인돌에는 성혈이 없거나 있더라도 몇 개만 새겨져 있었다. 어쩌다 성혈이 여럿 파여 있는 고인돌에서도 별자리라는 확신이 드는 경우는 쉽게 찾을 수 없었다.

　전국의 고인돌을 찾아다니며 얻은 나의 느낌은 한마디로 '우리 나라는 거대한 고인돌 제국'이라는 것이었다. 무려 수만 기에 달하는 고인돌이 우리 국토 곳곳에 자리잡고 있었다. 세계 고인돌의 절반 이상이 바로 우리 나라에 모여 있다. 고창 고인돌군에 이르렀을 땐 마치 타임머신을 타고 원시 시대로 돌아간 듯한 기분이었다. 넓게 펼쳐진 풀밭 사이로 총총 모여 앉아 있는 고인돌들……. 나는 오래도록 그 자리를 뜨지 못했다.

　좁은 한반도 안에 이처럼 많은 고인돌이 밀집되어 있다는 것은 참으로 이채로

운 일이다. 이는 우리 선사 문화의 매우 중요한, 아마도 가장 중요한 특징이 아닌가 한다. 나는 고인돌을 우리 문명의 기원점으로 이어지는 징검다리라고 생각한다. 고인돌을 우리 역사의 사료로 잘만 이용한다면, 숨겨진 고대 문명의 기원과 내용을 밝히는 데 커다란 이정표를 세울 수 있을 것이다. 이는 과학·종교적인 측면뿐만 아니라 사회·정치를 아우르는 청동기 시대의 문화 전반의 내용을 우리에게 직접 전달해 줄 것이다. 고인돌은 우리의 대표적인 문화 유산인 동시에 세계적으로도 연구 가치가 높은 인류의 소중한 자산이라고 생각한다.

   그러나 수적 풍부함과 시대적 중요성에 비추어 보았을 때, 고인돌이 우리 나라 역사의 시원을 규명하고 내용을 구성하는 데에 충분한 역할을 하지 못하고 있는 듯하다. 기존의 고인돌 연구는 고인돌의 소재와 지역적 분포, 고인돌의 크기와 형태 등 외양에 대한 기술과 부장품 등에 한하여 주로 이루어져 왔다. 혹 안내판이 서 있는 고인돌을 찾아가더라도, 설명문에는 의례 그 고인돌이 있던 곳의 지명이나 축조 형식 정도만 소개되어 있을 뿐이다. 고인돌은 우리에게 그저 '존재한다' 는 사실 이외의 별다른 정보를 전해 주지 못하고 있는 것이다. 따라서 고인돌 자체에 내재된, 선사 시대인의 문화가 반영된 내용에 대한 연구가 상대적으로 더 요구되고 있다.

한편 이러한 상황 속에서 많은 고인돌들이 성가신 돌무더기 취급을 받으며 소리 없이 사라지거나 훼손되고 있다. 여러 해가 지난 답사 보고서를 길잡이 삼아 고인돌을 찾아가면 이제 더 이상 그곳에 없는 경우가 부지기수이다. 농사에 방해가 된다고, 공사에 걸림돌이 된다고 깨어져 파묻혔을 고인돌들을 생각하면 마음이 착잡하다. 혹은 그나마 다행한 경우지만 논밭과 도로의 바깥이나 박물관으로 이전된 고인돌 앞에 서면, 애초에 그들에게 부여되었던 하늘의 의미를 상실하고 풀이 죽어 있는 모습을 바라보게 된다. 고인돌이 왜 제자리에 그대로 서 있어야 하고, 그것이 우리 역사에 어떤 공헌을 할 수 있을지를 국민 모두가 하루 빨리 인식하길 바라는 마음이다.

더구나 이 고인돌은 이제 우리들만의 것이 아니다. 유네스코의 세계 문화 유산으로 등재되어 세계에서도 그 가치를 인정받은, 인류 모두의 특별한 자산이다. 그리고 세계 문화 유산으로서 고인돌들의 소재 파악과 보존도 중요하지만, 고인돌이 지니는 문화 유산으로서의 가치를 규명하는 일이 학계에 주어진 더욱 중요한 과제라고 생각한다. 양적인 고인돌의 왕국에서 더 나아가 고인돌의 문화사적 가치까지도 세계 최고 수준에 도달할 수 있는, 진정한 고인돌의 제국이 되기를 기대한다.

왜 고인돌에 별을 새겼을까

남한에서 고인돌이 세워진 때는 대략 서기전 10세기에서 서기 2세기 사이로 알려져 있다. 북한에서는 서기전 30세기까지 보고하기도 한다. 유럽 전역에도 고인돌이 퍼져 있다. 이것들의 축조시기는 대개 서기전 48세기에서 서기전 23세기 사이로 추정하고 있다.

세계 지도를 펴 놓고 고인돌의 분포지를 죽 이어 보면 하나의 긴 띠가 만들어진다. 유럽 스칸디나비아 반도를 한쪽 끝으로 하여 지중해 연안, 인도 대륙, 동남 아시아를 거쳐 중국 동북지방, 일본 규슈지방과 한반도에서 끝이 난다.

최근 북한에서 발견된 일부 고인돌들은 학계의 비상한 관심을 끌고 있다. 평남 증산군 용덕리 고인돌(B.C. 30세기경), 평남 평원군 원화리 고인돌(B.C. 25세기경), 함남 함주군 지석리 고인돌(B.C. 15세기경), 평남 상원군 용곡리 고인돌군(B.C. 30~B.C. 1세기) 등이다. 이들의 덮개돌에는 인위적으로 파낸 작은 홈들이 있는데, 이 홈들이 북두칠성과 같은 대표적 별자리들이라는 보고가 나온 것이다.

그간 고인돌에 새겨진 홈은 생산과 풍요, 자손 기원 등을 기원하는 민간신앙이나 원시종교의 흔적, 불씨 제작에 사용된 홈이나 장식적인 표식 등으로 해석되어 왔다. 그래서 '성혈(性穴)'이나 '알구멍' 등으로 불렸다. 영어로는 'cup mark' 등으로 불린다. 대체로 지름은 3~10cm 정도, 깊이는 0.5~10cm 정도이다. 대개 그 깊이가 적잖이 깊고 안쪽 면이 매끄럽게 갈아져 있어 자갈이 빠져 나가거나 침식이 되어 생긴 자연적인 홈과 쉽게 구별된다. 또 홈 내부와 그 모서리, 즉 주변의 암석 표면과의 경계가 자연스레 풍화되어 최근에 판 홈은 판별해 낼 수 있다. 그러나 고인돌 표면이 심하게 풍화, 침식되었거나 깨져 나가서 성혈이 유실되거나 불확실한 경우도 있다. 성혈은 주로 고인돌에 새겨져 있지만 선돌, 자연암반 등에도 나타난다. 간혹 비석이나 석탑, 초석 등 후대의 것에 성혈이 새겨져 있는 경우도 있다.

그런데 그 홈들 중 일부는 하늘의 별자리를 새긴 일종의 천문 기록임이 밝혀진 것이다. 고인돌에 왜 별자리 문양을 새겼을까. 별자리 문양은 고대인들의 죽음과 탄생에 대한 관념을 반영한다고 풀이할 수 있다. 또한 무덤 주인의 사회적 신분을 상징하는 것으로도 볼 수 있다.

고인돌과 같은 거대한 바위를 이용하여 별자리를 기록하는 방법에는 두 가지

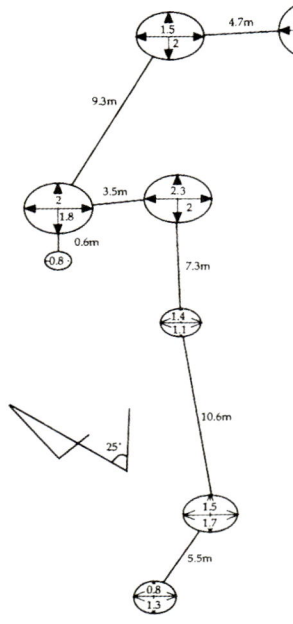

하남시 교산동 칠성바위의 배치도.

가 있다. 하나는 바위에 직접 별자리를 새겨 넣는 것이고, 다른 하나는 바위 자체를 하나의 별로 간주하여 바위들을 별자리 모양으로 배치하는 방법이다.

바위 자체를 별로 간주해 별자리로 배치한 대표적인 경우로는, 비록 후대인 고려 시대에 만들어졌다고 추정되기는 하지만, 전남 화순 운주사의 칠성석이 있다. 칠성석은 바위 7개를 각각 둥그런 원반 모양으로 깎아 다듬은 뒤 북두칠성 꼴로 늘어놓은 것이다. 칠성석은 운주사 입구의 계곡 경사면에 놓여 있다. 7개 돌은 저마다 크기가 다른데, 북두칠성을 이루는 별들의 밝기를 반영하여 돌의 크기를 달리 했다고 생각된다. 별자리의 모양은 하늘을 올려다보았을 때의 모습이 아닌 물위나 거울에 비추어 볼 때와 같은, 뒤집힌 모습이다(11장 〈천문 유적과 유물〉 중 천문도 부분 참조).

이와 같이 바위를 늘어놓아 별자리를 나타내는 전통은 고인돌 시대까지 거슬러 올라갈 수 있다. 우리 나라에는 '칠성바위'가 있는 마을이 많다. 이런 이름으로 불리는 바위들을 살펴보면 고인돌군인 경우가 많다. 또 동네 이름이 '칠성마을' 또는 '칠성부락'인 곳도 많다. 이런 이름이 붙은 마을 안에는 종종 고인돌이 6~7개씩 있는데 그중에는 정말 북두칠성 모양으로 놓여 있는 돌들도 있다. 하남시 교산동 토성에 있는 칠성바위는 바위 7개를 약 30여m 길이로 늘어놓아 배치해 놓았는데, 운주사 칠성석처럼 북두칠성을 뒤집어 놓은 모양을 하고 있다. 이 지역이 백제 초기 도성인 위례성으로 지목되기도 한다는 점을 고려한다면, 초기 백제 시대의 유물일 가능성도 있다.

아득이 고인돌의 별자리 돌판

　남한에서 별자리가 새겨진 고인돌을 찾아내리라던 꿈은 좀처럼 이뤄지지 않았다. 고인돌 답사가 그다지 진척을 보이지 않는 가운데 시간은 자꾸만 흘러갔다. 얼마 뒤에는 고인돌 연구를 잠시 중단해야 하는 상황을 맞게 되었다. 1999년 가을, 나는 연구년을 맞아 캐나다로 건너갔고 1년간 토론토 대학에 머물면서 우주론 연구에 전념했다.

　그런데 이상하게도 고인돌과 떨어져 있게 되자 오히려 고인돌 연구의 필요성이 더욱 강하게 느껴지기 시작했다. 2000년 9월, 나는 귀국하자마자 고인돌에 관한 문헌조사를 본격적으로 시작했다. 그리고 바로 첫 번째 연구 성과를 얻게 되었다. 고인돌에 남겨진 고대 천문학을 확인한 것이다.

　나는 문헌 조사를 하다가 충북대 이융조 교수가 쓴 발굴 보고서 하나를 특히 눈여겨보게 되었다. 이 보고서는 1978년에 발표되었는데, 대청댐 수몰지역에 있던 충북 청원군 문의면 아득이 마을 고인돌에 대한 조사 내용을 담고 있었다. 그런데 보고서를 훑어 나가던 나의 시선이 한 그림에서 멈췄다. 그것은 아득이 마을의 고인돌 바로 옆에서 출토된 돌판에 새겨진 홈들을 모사한 그림이었다. 그 그림을 보는 순간 나는 내 눈을 의심하지 않을 수 없었다. 그것은 천문도였다. 그림 속엔 아무런 연결선 표시가 없었지만 틀림없는 천문도였다. 보고서를 작성한 이융조 교수도 이것이 별자리일 가능성이 있다고 짧게 언급하고 있었다.

　나는 흥분된 마음을 가라앉히고 이것이 분명 별자리 그림임을 객관적으로 증명할 방법을 생각했다. 일단 조사를 더 해 보기로 하고 전부터 안면이 있던 종교학과 김일권 박사에게 연락해 최근에 쓴 논문들을 보내 달라고 요청했다. 그가 가져온 여러 편의 논문 중에는 반가운 논문이 들어 있었다. 〈별자리형 바위구멍에 대한 고찰〉이라는 제목으로, 성혈이 파여 있는 고인돌 및 자연바위에 대한 기존의 연구를 종합하고 분석한 논문이었다. 그 논문은 남한의 고인돌에 새겨진 구멍들이 별자리일 가능성을 검토하고, 특히 별자리로 추정되는 몇 가지 경우에 대한 향후 연구도 강조하고 있었다. 중요한 것은, 이 논문에서 그가 가장 강조한 것도 바로 아득이 마을 고인돌의 돌판이라는 사실이었다.

나는 문헌 조사를 통해 아득이 돌판 외에도 북두칠성과 남두육성으로 보이는 홈이 새겨진 양구군 용하리 선돌, 경기도 서곡리 고려 벽화묘의 그림처럼 북두칠성과 삼성을 연상시키는 성혈들이 새겨진 양구군 오유2리의 자연바위 등을 발견했다. 이 자료들을 통해 바위에 별자리를 새기는 고대의 전통을 어느 정도 확인할 수 있었다. 그리고 아득이 고인돌의 천문도에 대해 학계에 보고할 필요성을 느끼고 논문을 쓰기 시작했다.

이 논문을 천문학회에서 발표하기 전, 학회에 전시할 사진을 찍고 실물도 직접 볼 겸 충북대를 방문했다. 아득이 마을 고인돌의 돌판 실물이 그곳 박물관에 소장되어 있기 때문이었다. 갑자기 찾아든 나를 우종윤 학예관은 친절하게 맞아 주었다. 내가 그곳에 찾아간 이유를 말하자 그는 아직 일반에 전시되지 않고 있던 그 문제의 돌판을 직접 수장고에서 찾아와 내게 보여 주었다. 우 학예관의 손에 들려 온 돌판을 보는 순간 전율을 느꼈다. 수천 년을 땅속에서 지낸 돌판, 까마득한 옛날 지금 내 눈앞에 놓인 이 돌 위에 홈들을 하나하나 섬세히 새겼을 선배 천문학자를 떠올리자 나는 말할 수 없는 감격을 느꼈다.

우 학예관은 돌판을 보여 주고 마침 유물 사진을 촬영 중이던 분에게 부탁하여 사진까지 찍어 주었다. 또 온 김에 이융조 교수를 꼭 만나고 가라며 직접 전화를 걸어 연락을 해 주기도 했다. 그의 연구실까지 안내해 주겠다며 박물관을 함께 나서는 그 고마운 배려에 어쩔 줄 몰라하고 있는데, 이때 우 학예관이 건네준 이야기는 깊은 여운을 남겼다. "이융조 교수님께서 이 아득이 고인돌을 발굴하실 때 저도 참여했습니다. 당시 저는 대학생이었죠. 그때가 12월이라 몹시 추웠는데도 그 꽁꽁 얼어붙은 고인돌 주변의 땅을 모두 파 냈습니다. 그리고 거기에서 나온 것들은 조그만 돌조각까지 일일이 다 물로 씻어서 살펴보았습니다." 그로부터 22년의 세월이 흐른 뒤 한 천문학자가 바로 자신의 손으로 씻어 낸 그 유물이 천문도라며 불쑥 찾아온 것이다.

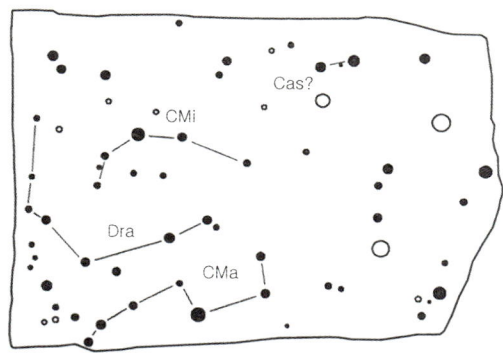

청원 아득이 고인돌의 발굴 당시의 모습(위)과 출토된 돌판 홈의 분포(아래, 뒤집어 그렸음). 돌판의 홈들에 큰곰자리(CMa), 작은곰자리(CMi), 용자리(Dra), 카시오페아자리(Cas) 등을 대응시켜 보았다. 함남 지석리 고인돌(94쪽 그림, 서기전 30세기?)의 별자리 새김과 비슷한 모양을 하고 있다.

고고미술사학과에서 만난 이융조 교수는 열정이 대단한 분이었다. 고인돌에서 수 미터 떨어진 땅속에 묻혀 있던 돌판을 발견하고, 얕게 파여 얼핏 그냥 지나치기 쉬운 홈을 예사로이 대하지 않은 것은 그의 철저한 발굴 정신 때문이었음을 알 수 있었다.

그런데 그와의 대화에서 뜻밖의 사실을 알게 되었다. 그는 당시 교육대의 이용복 교수와 바로 그 돌판의 별자리에 대해 연구를 하고 있었던 것이다. 천문학

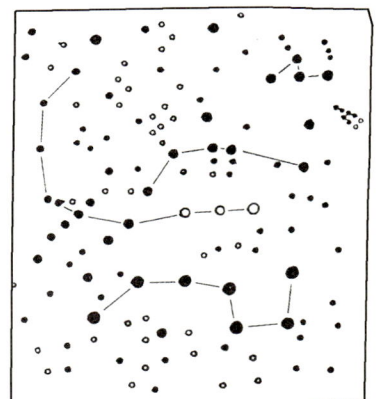 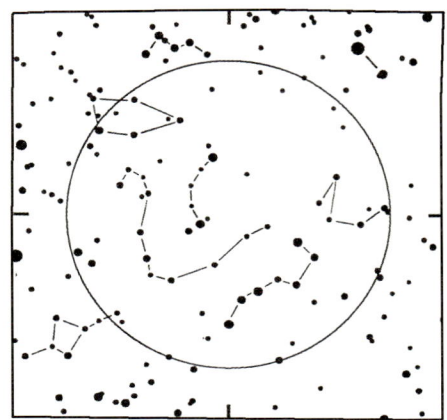

평양 진파리 4호분(6세기 초) 천장에 그려진 별그림(왼쪽)과 서기전 500년 북극 근처의 4.5등급보다 밝은 별들의 분포. 아득이 돌판의 천문도와 별들의 분포가 비슷하다.

자인 이용복 교수 또한 그 돌판의 홈들이 천문도임을 알아보았고, 결과적으로 우리는 서로 다른 곳에서 비슷한 연구를 진행하고 있었던 셈이다. 우리는 어차피 같은 문제를 다루고 있었으므로, 연구 역량을 한데 모으는 것이 학문 발전에 도움이 되리라 생각하고 공동연구를 하기로 결정했다. 그리고 곧 아득이 고인돌 돌판 천문도에 대한 논문을 함께 마무리지었다. 평소 친분이 깊던 이용복 교수와는 이 돌판 천문도 이후에도 고인돌 연구를 계속하기로 하고 함께 답사를 다녔다.

우리가 아득이 돌판 천문도에 집중한 까닭은 다른 고인돌과 비교해 유물로서의 가치에 차별성이 있기 때문이었다. 아득이 돌판 천문도는 분명 청동기 시대의 작품이다. 땅속에 묻혀 있던 매장유물인 만큼 고인돌 상판의 성혈과는 달리 후대에 새겨졌을 가능성이 없다. 따라서 이것은 청동기 시대 또는 고조선 시대의 문화와 과학을 직접 엿볼 수 있는 기념비적인 유물이다. 이것을 통해 우리나라에 최소한 청동기 시대에 별자리에 대한 상당한 관찰과 지식이 이미 있었음이 밝혀진 것이다.

연구 중에 발견한 재미있는 사실이 있다. 이 남한의 아득이 돌판에 나타난 별 분포 형태가 북한에서도 비슷하게 발견되고 있다는 점이다. 서기 6세기 초에 세워진 평양의 진파리 4호 무덤 천장의 별들, 그리고 북한에서 서기전 30세기경의 것으로 추정하는 함남 지석리 고인돌의 덮개돌에 새겨진 별자리 그림이 바로 그것이다. 이들과 아득이 돌판의 별 분포 모양은 상당히 유사하다. 시간적으로 보면 수천 년의 시간차가 벌어지는 유물들이지만, 그 기나긴 세월 동안 별자리에 대한 공통된 인식과 전승이 있었음을 알 수 있다.

천문 지식이란 자연 현상에 대한 관찰과 그 현실적 응용(정치, 종교, 농경)이 이루어졌다는 측면에서 당대의 가장 중요한 과학의 하나이다. 바로 이 때문에 옛 별자리 지식은 우리 나라의 형성과 그 문화의 기원을 밝혀 주는 중요한 자료가 될 수 있다. 특히, 지금까지 발견된 고인돌의 별자리 그림과 아득이 돌판 천문도는 일찍부터 우리 나라에 독자적인 천문학이 자라고 있었음을 증언하고 있다. 삼국 시대에 전래된 중국 한나라의 천문학만으로 우리 나라 천문 지식의 기원을 설명할 수 없게 된 것이다. 이는 삼국 시대에 중국 천문학이 들어오기 전, 이미 우리에겐 고유한 천문 지식이 발생하고 전승되었음을 말해 주는 중요한 근거라 할 수 있다.

중국 천문학이 유입된 시기 이후의 별자리 그림들도 이제 다시 살펴보면 이 같은 사실을 곳곳에서 재확인할 수 있다. 고구려 고분의 별그림에는 중국식 28수 별자리와는 다른 방식으로 연결된 별자리들이 여럿 나타나 있다. 또 별자리 배치를 보면 중국의 천문 방위 개념과는 다른 우리의 고유한 특성이 남아 있었음을 알 수 있다.

고인돌을 위하여

고인돌의 명제 네 가지
· 고인돌은 암석이다.
· 고인돌은 무덤이다.
· 고인돌은 고고학적 유물이다.
· 고인돌은 천문학적 유물이다.

2001년에 접어들면서 나의 고인돌 연구는 다시 새로운 국면을 맞게 되었다. 나는 아득이 돌판 천문도의 발견에 이어 우리 나라 고인돌을 보다 다각도로 연구해야 할 필요성을 느꼈다. 천문학에서 나아가 보다 다양한 학문들의 공조 연구를 통해 청동기 시대의 역사를 복원하고자 했다. 고인돌과 관련된 여러 분야의 학문적 특성을 살리면 더욱 풍요로운 결과를 얻을 수 있지 않겠는가.

우선 고인돌이 암석으로 이루어진 유물이라는 점에 착안해 고인돌의 석질과 무게, 채석지, 이동거리 등을 밝히는 연구가 필요하다고 보았다. 그래서 지질학자 이인성 교수에게 암석학적인 고찰을 부탁했다. 또 고인돌의 기능은 무덤이니 당시의 묘제 문화나 고대 종교와도 깊은 관련성이 있을 것이다. 이에 대한 연구는 종교학자인 김일권 박사가 맡았다. 고인돌 연구에 있어 고고학자의 참여는 무엇보다 중요하다. 국내외 고인돌의 양식과 분포의 차이를 연구하고 고인돌의 소재 파악과 답사를 위해 고고학자 임효재 교수가 동참했다. 물론 나는 여기에서 고인돌에 부여된 천문학적 내용을 찾아내는 역할을 맡았다. 결국 네 개 분야의 연구가 동시에 이루어지는 하나의 전문가 팀을 구성할 수 있었다. 고인돌이라는 문화재의 외형뿐만 아니라 내적 성질과 가치를 입체적으로 규명할 수 있게 된, 사뭇 기대되는 모임이었다.

우리는 지금까지 나온 국내의 고인돌 발굴 조사 보고서들을 빠짐없이 살핀 후 성혈이 보고된 고인돌의 목록을 따로 만들었다. 나는 그 명단에 오른 고인돌들

함안 동촌리의 고인돌. 북두칠성과 좀생이(플레이아데스 성단)와 같은 성혈군이 새겨져 있다.

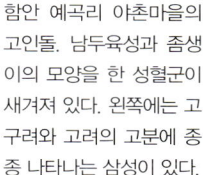

함안 예곡리 야촌마을의 고인돌. 남두육성과 좀생이의 모양을 한 성혈군이 새겨져 있다. 왼쪽에는 고구려와 고려의 고분에 종종 나타나는 삼성이 있다.

을 직접 답사했다. 이전처럼 무작정 고인돌을 찾아가는 것이 아니라, 흥미로운 성혈이 있다는 확신을 가지고 가는 답사였다. 대개는 혼자 답사했지만, 때로는 양홍진 군이나 가까운 동료들과 동행하기도 했다. 고인돌 답사란 찾기 쉬운 도로 주변 논밭이나 민가뿐만 아니라 높직한 산꼭대기에서 질척대는 갈대숲 습지까지도 헤매고 다녀야 하는, 적잖이 고된 일이어서 이따금 길동무라도 있을 땐 한결 힘이 솟곤 했다.

답사지 중 가장 인상에 남는 곳은 단연 함안이었다. 함안은 성혈이 있는 고인돌이 많기도 했지만, 고인돌에 대한 지역민의 애정이 그 어디보다도 진하게 느껴지는 곳이었다. 그곳 향토 사학자들은 고인돌에 깊은 관심을 쏟아 이미 훌륭한 답사 보고서를 완성해 놓고 있었다. 또 고인돌들을 정성스레 보호하고 있는 덕분에 나의 답사도 매우 수월하게 진행될 수 있었다.

최근 다시 함안을 찾았을 때에는 아라가야 향토사 연구회 조희영 회장의 안내를 받았다. 그는 안내받는 사람이 미안할 정도로 온종일 시간을 내어 자상하게 답사를 도와 주고, 열정을 쏟아 만든 도록들을 건네주었다. 자신이 이미 수없이 다녀가 본 그 고인돌들을 어루만질 때면 그의 얼굴엔 어김없이 환한 웃음이 피어났다. 그때마다 안면에 절로 번지며 새겨지는 깊은 주름이, 그날 오전에 가 본 도항리 고인돌의 암각화보다 더 소중한 문화재라는 생각이 들었다.

고인돌 연구는 지금도 진행 중이다. 모든 이들이 공들인 보람이 있어 고인돌에 새겨진 홈들에서 천문학과 관련된 흥미로운 사실들이 발견되고 있다. 이미 별자리로 볼 수 있는 홈들이 새겨진 고인돌도 여럿 발견되었다. 그러나 청동기 시대 당시에 새겨졌다는 확신을 얻기 위해서는 보다 의미 있는 관찰과 분석이 필요하다. 즉, 여러 지역에 흩어져 있는 고인돌들을 종합적으로 분석한 뒤 홈들이 이루는 문양의 공통성을 찾아내야 한다. 그리고 공통된 문양의 의미를 이해해 나가 고대의 문화적인 특성을 확인해야 한다.

고인돌 성혈 조사에서 발견된 중요한 결과가 하나 있다. 고인돌의 덮개돌은 인근의 강이나 지형을 고려하여 배치되었기 때문에 장축이 동서남북에 대한 일정한 방향성을 보이지 않는다. 그러나 덮개돌 위의 성혈은 남동쪽에 새겨지는 경향이 강하다는 사실이 밝혀졌다. 이러한 경향은 남한의 고인돌에서 전반적으로 나타나는 특성이다. 고인돌 자체는 지리적 환경을 따르면서도 그 위에 새긴 성혈은 특별히 천문 방위를 고려했다는 사실은 주목할 만하다. 성혈들이 천문을 상징하는 문양으로 쓰였을 가능성이 매우 높다고 하겠다. 고인돌과 선돌, 그리고 그들에 새겨진 별그림은 청동기 시대의 조상들이 직접 남긴 지적 기록이다. 앞으로 우리 역사의 여백으로 남아 있는 고인돌 시대, 즉 고조선 시대의 문화와 역사를 밝히는 많은 단서를 얻을 수 있기를 기대한다.

| 8 |
2000년 전에 바라본 하늘
_천상열차분야지도

> 우리 태조께서 천명을 받으신 초기에 평양의 舊本 천문도를
> 바친 자가 있었다. 서운관에서는 이 천문도가 세월이 오래
> 되어 별의 위치에 차이가 생겼으니 마땅히 다시 계산하여
> 사계절의 昏과 曉의 中星을 정해야겠다고 하니 전하께서 옳
> 다고 했다.
> — 《增補文獻備考》 象緯考 中星篇의 천상열차분야지도 설명에서

남병길의 《성경》

 단군조선과 삼국 시대의 천문 기록을 연구하고 있을 때 내게 다음과 같이 말한 사람이 있었다. "이렇게 역사가 불분명하고 자료도 빈약한 시대 대신에 조선 시대 후기의 천문학을 연구하는 것이 어떠냐"는 충고였다. 그러나 그렇듯 '불분명하고 자료도 빈약한 역사'이기 때문에 오히려 그 연구를 원했던 나는 그 제안에 별 흥미를 느끼지 못했다. 역사가 분명하게 알려진 조선 시대를 새삼 천문 기록으로 재론한다는 것은 별 의미가 없어 보였다.
 그러던 1994년의 어느 날 유경로 선생님으로부터 부탁을 하나 받았다. 당신이 20년 전에 했던 연구 한 가지를 다시 해 달라는 것이었다. 그것은 바로 1861년 조선 후기에 남병길이 편찬한 《성경(星鏡)》에 대한 연구였다. 《성경》은 별과 별자리들을 옛날식 이름으로 목록을 만들고 그림을 그려 놓은 천문서이다. 유 선생

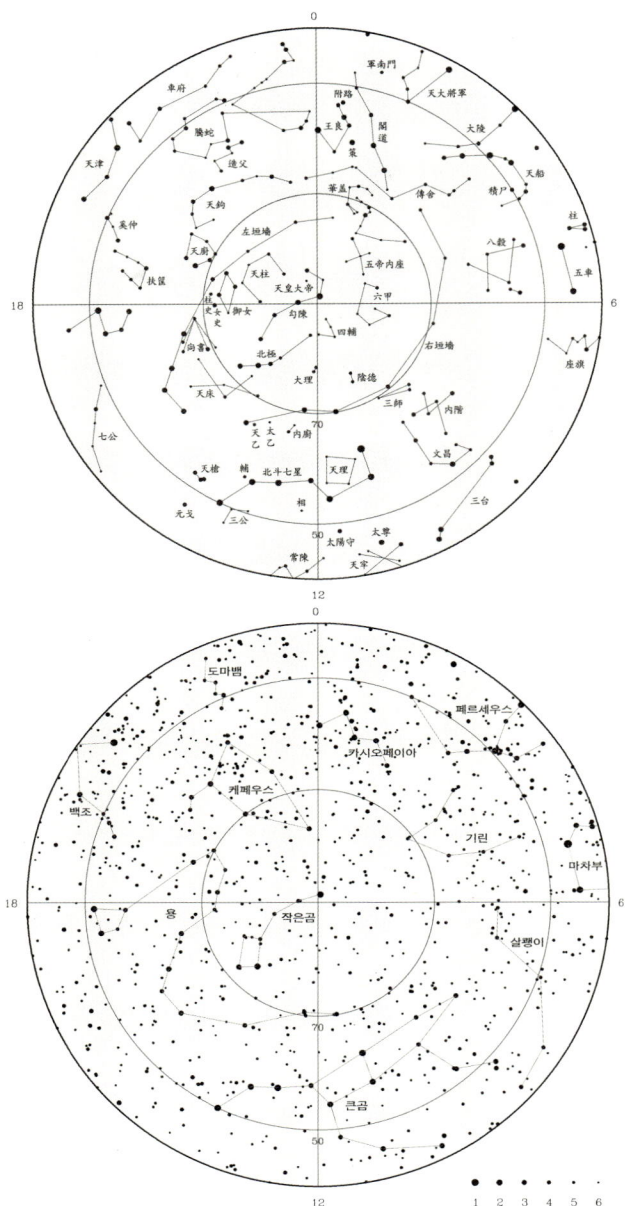

적위 40° 이상에 있는, 북극 주변의 별들. 위쪽은 《성경》의 별, 아래쪽은 《밝은 별목록》에 있는 별 가운데 등급이 6.25보다 밝은 별들의 분포. 등급에 따라 별의 크기를 다르게 그렸다. 별의 위치는 1861년의 위치이다. 원 둘레의 숫자는 적경을, 원 안의 숫자는 적위를 나타낸다.

님은 이 책에 나오는 옛 별들을 현재 쓰고 있는 서양식 이름의 별들과 동정(同定, identification)하는 작업을 하셨던 것이다.

　조선 후기 당시 중국에서는 서양인 선교사인 남회인(F. Verbiest)과 대진현(I. Koegler), 중국인 주여경 등이 예로부터 전해 오던 중국의 별자리들을 새로 관측하여 별목록을 만들었다. 《성경》은 이 중국의 별목록에 나와 있는 별 1449개에 대해 세차운동을 보정하여 1861년의 위치로 옮겨 새로 만든, 우리 나라 최초의 별목록 겸 별자리 그림책이다. 이 《성경》을 이용해 선조들이 부르던 별이름이 오늘날 우리가 알고 있는 어느 별의 이름에 해당하는지 아는 것은, 앞으로 고대 동양 천문학을 하는 모든 이의 연구에 기초가 되는 작업이라 생각하여 이 일을 시작했다.

　그런데 막상 시작하고 보니 생각보다 훨씬 힘든 일이었다. 많은 별들의 좌표를 입력하고, 컴퓨터 계산을 통해 《성경》과 현대 목록에 나와 있는 별들의 위치와 밝기를 서로 비교해야만 했다. 또 이를 다시 성도에서 하나하나 재확인하여 대조표를 만들어야 하는 길고 고된 과정이 기다리고 있었다. 다행히 지도학생이었던 안상현 군이 자료 입력과 성표 제작 등 힘든 일을 거들어 주어 이 일을 마칠 수 있었다. 옆의 그림은 그러한 작업 끝에 얻은 성과 중 일부를 옮긴 것이다. 북극 근처의 별자리를 성경에 나타난 동양식과 현대 천문학이 채택한 서양식으로 그려 비교해 보았다.

　한편 《성경》이라는 책 제목은 나에게 특별한 느낌을 주었다. 남병길은 성도와 별의 목록을 만들면서 왜 그것을 '별거울' 이라고 이름지었을까? 그는 별자리를 그린 책이 하늘의 별을 비춘 거울과 같다고 본 것이다. 이런 거울 속을 들여다보면 수많은 별들이 담겨 있을 것이다. 나는 이 이름에서 우리 선조가 별과 하늘을 인식해 왔던 방식을 확인할 수 있었다. 즉, 우리 나라에는 오래전부터 천문도의 별자리를 뒤집어 그리는 전통이 면면히 흘러 왔다. 청동기 시대의 고인돌과 삼국 시대의 고분벽화에서 이미 그러한 전통이 엿보인다. 하늘의 별자리를 눈에 보이는 대로 그리지 않고 종종 뒤집어 그린 이유를 남병길의 《성경》 제목이 설명하고 있는 것이다. 거울에 비춘 별자리는 뒤집혀 보이기 때문이다.

한양 천도와 천상열차분야지도

《성경》에 나오는 별자리 그림은 소위 신법 천문도라 불린다. 수천 년간 내려오던 중국의 옛 별자리와 이름은 그대로 쓰고, 대신 별의 위치와 별자리의 모양은 당시에 새로 관측하여 수정한 천문도라는 말이다. 나는 《성경》의 별자리 동정 작업을 하면서 자연스레 천상열차분야지도에 관심을 갖게 되었다. 천상열차분야지도는 조선 태조 4년(1395)에 돌에 새겨 제작한 천문도이다. 우리 나라 전통 과학사상 기념비적인 유물로서, 조선 시대의 지식인이라면 누구나 필수적으로 갖추어야 했던 하늘에 관한 지식을 총집약해 놓은 천문도이다. 1994년은 서울 정도 600년이라 해서 나라가 한참 떠들썩하던 때였다. 그런데 그 다음해인 1995년은 바로 이 천상열차분야지도가 만들어진 지 꼭 600년을 맞는 해였다. 이 역사적인 유물이 600번째 생일을 맞는데 국내에서 아무 관심도 보이지 않는다면 이를 물려받은 후대의 도리가 아니라는 생각이 들어서 기념학술대회를 개최하기로 마음먹었다.

이 학술대회를 준비하면서, 나는 천상열차분야지도에 대한 연구를 별도로 시작했다. 그런데 예상과는 달리 지금까지 이 천문도에 대한 연구가 그리 많지 않았다는 사실을 알게 되었다. 그나마 나와 있는 연구 결과들도 서로 상충된 내용이 많아 결과적으로 천상열차분야지도의 역사적·과학적 가치가 국내에서 평가절하되어 있었다.

천상열차분야지도 태조본
(국보 제228호, 덕수궁 궁중유물전시관)

천상열차분야지도의 정체는?

천상열차분야지도에는 그 제작 유래에 대한 그림 설명이 있다. 이 천문도를 만들 때 조선 초의 대유학자 양촌 권근이 적은 것이다. 설명에 따르면 천상열차분야지도는 고구려 석각 천문도의 인본을 원본으로 삼고, 당시 하늘의 모습을 참조하여 천문도를 일부 고쳐 새긴 것이라고 한다.

여기에서 학계의 논란이 일었다. 설명대로 이 천문도가 정말 고구려 천문도를 새겼는가 하는 점과, 이것이 제작된 태조 때 실제로 당시의 하늘을 직접 관측하여 이 천문도의 원본 일부를 수정했는가 하는 문제가 논쟁의 초점이었다. 학계에서는 권근이 써 놓은 천문도의 유래를 부정하는 의견이 강했다. 고구려의 천문 지식 수준으로 전천 성도를 만들었을리 없다는 이유에서였다. 또 조선 초에도 역시 새로 별자리를 관측하여 천문도를 고칠 만한 기술과 여유가 없었으리라는 것이었다. 그래서 천상열차분야지도는 조선 이태조의 혁명을 합리화하려는 정치적 목적의 산물이고, 옛 중국의 천문도 자료를 취합하여 만든 것에 불과하

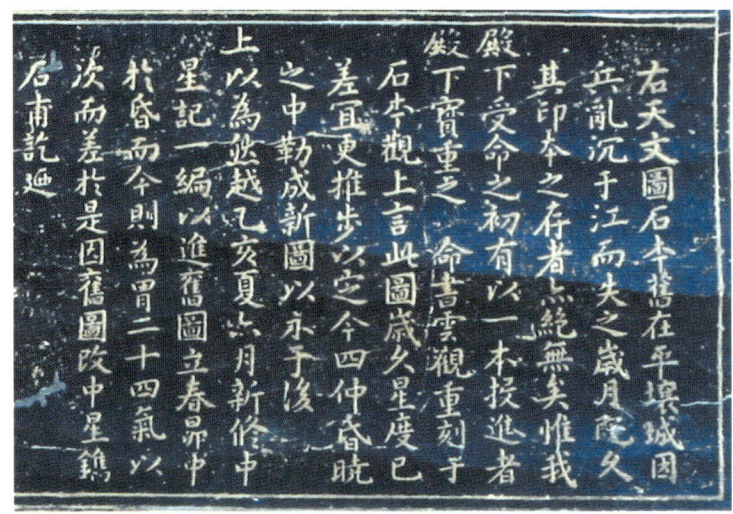

천상열차분야지도의 그림 설명 중 천문도의 유래를 말한 부분.

다는 주장도 있었다. 대유학자 양촌은 그림 설명에서 거짓말을 한 것일까?

한편 루퍼스(Rufus)라는 영국학자는 통일 신라 때 당나라 천문도가 유입되었다는 《삼국사기》의 기록을 근거로, 조선 초에 고구려에서 전래되었다는 천문도 원본이 있었다면 그것은 당나라에서 보낸 천문도일 수도 있다는 가능성을 제시했다. 그런데 천문도가 전래되었다는 기록은 고구려가 망한 지 24년이나 지난 뒤의 것이고, 고구려와 당은 서로 전쟁 중인 적대국이었으므로 이 추측은 잘못된 것임이 분명하다. 그런데도 중국에서는 루퍼스의 논문을 근거로 아예 천상열차분야지도의 원본이 '중국 황제가 고구려에 하사한 중국 천문도'인 것으로 규정짓고 있는 실정이다.

문제는 이러한 주장들이 대개 객관적인 분석에 따른 결론이 아니라는 점에 있다. 즉, 이 같은 주장 대부분이 천문도보다는 그림 설명을 연구하면서 얻어 낸 결론들이고, 그 과정 또한 개인적인 추측들에 의한 산물인 경우가 많다는 것이 근본적인 문제로 보였다. 역사는 사료와 그에 대한 합리적 해석 위에 서 있지만, 해석의 합리성이란 절대적이지 못하다. 진실에 근접한 결론을 얻어 내려면 무엇보다 개인의 오류나 편견을 최대한 배제하고, 가능한 한 자료와 유물에 직접 기초하여 누구나 같은 결론을 얻을 수밖에 없는 객관적인 분석 방법을 사용해야 한다.

천문도의 별자리 그림이 어느 때의 밤하늘을 그린 것인가에 대한 의견도 분분했다. 루퍼스와 작고한 이은성 교수는 서기전 1세기에서~서기 2세기경으로 추정한 반면, 박성환 씨와 북한의 리준걸 씨는 서기 5~6세기경으로, 박명순 씨는 조선 초기로 각각 그 관측 연대를 추정했다. 이 같은 상황에서 나는 그림 설명만을 가지고 왈가왈부할 것이 아니라, 중앙에 그려진 천문도 자체를 분석함으로써 중국 천문도의 모방 여부나 조선 초의 수정 여부를 판별하고 관측 연대를 측정해야 한다고 생각했다.

처음 《성경》의 별을 동정하는 작업으로부터 시작한 연구가 천상열차분야지도에 새겨진 전통 별자리를 서양 별자리와 동정하는 작업으로 흘러갔고, 어느새 그 별그림을 분석하는 연구에까지 이르게 되었다.《성경》과 천상열차분야지도를 통해 나는 몇 년 전까지만 해도 나와 거리가 멀다고 느꼈던 조선 시대 내부로 들어서게 된 것이다.

가장 오래된 밤하늘 별자리 그림

지구의 자전축, 즉 북극은 2만5천8백 년을 주기로 별들 사이를 서서히 옮겨가며 하늘에서 원을 그린다. 이 변화를 세차운동이라고 한다. 이 점을 이용해 옛 천문도에 그려진 별자리들의 위치를 북극과 적도의 위치와 비교하면 그 천문도가 어느 시대의 밤하늘을 나타내는지 알 수 있다.

천상열차분야지도 연구에서 밝혀 낸 첫 번째 사실은 바로 이 방법을 통해서였다. 천문도의 별그림이 나타내고 있는 시점을 측정한 결과, 천문도 중앙부인 북극 주변은 조선 시대 초 근처로, 그 바깥에 있는 대부분의 별들은 서기 1세기경인 고구려 시대 초로 그 시기가 밝혀졌다. 동서를 막론하고 일찍이 이만큼 이른 시기의 온 하늘의 별자리를 한데 모아 그린 성도는 없었다(그 뒤로 일본 기토라 고분의 천장 천문도가 비슷한 시기의 하늘 모습을 그린 것으로 알려졌다. 모두 남극 주변은 제외된 천문도이다). 천상열차분야지도가 관측 연대상으로 세계에서 가장 오래된 전천 성도라는 것이다.

관측자의 위치도 그림 설명과 어긋나지 않았다. 연구 결과, 관측 시점이 조선 초인 천문도 중앙부의 관측 지점은 한양의 위도 38°로 측정되었다. 또 관측 시점이 고구려 시대 초인 바깥쪽의 관측 지점은 고구려 강역의 위도인 39~40°임이 확인되었다. 이는 원 천문도가 고구려의 것이고, 조선 초에 천문도의 가운데 부분인 북극 주변을 고쳐 그렸다는 말이 된다. 권근의 그림 설명과 일치한다.

천상열차분야지도 연구에서 얻어 낸 두 번째 사실은 덕수궁에서 나왔다. 덕수궁 궁중유물전시관에 가면 태조대 석각본이 서 있다. 이 석각본의 양쪽 면에는

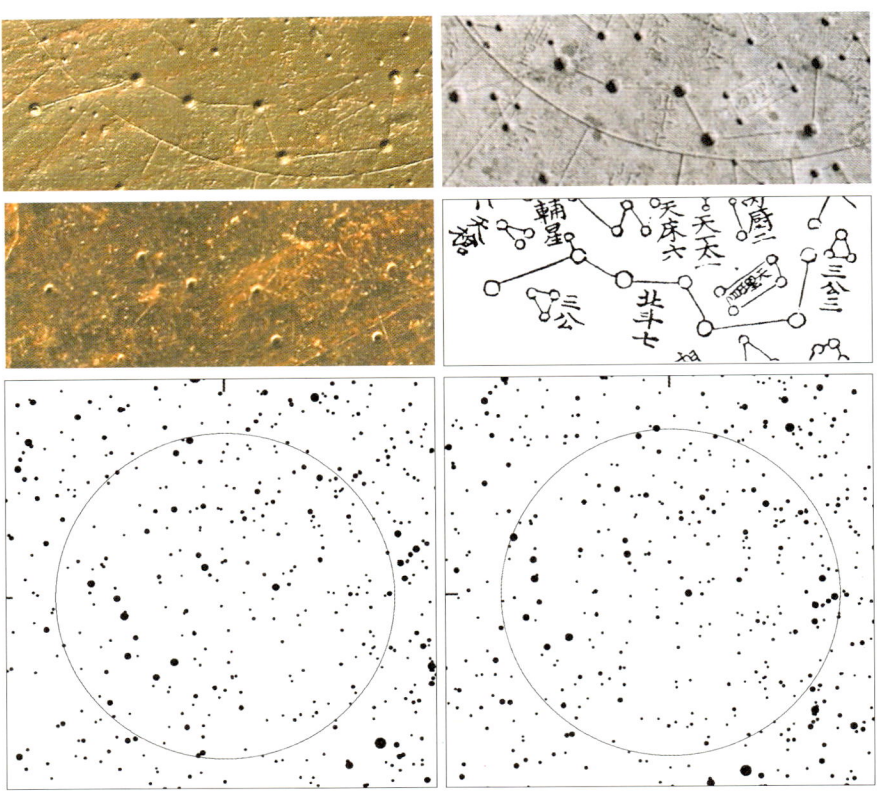

(위) 왼쪽 위에서 시계 방향으로 태조본 앞면, 숙종본, 중국의 천문서인 보천가, 태조본 뒷면의 북두칠성 사진. 잘 살펴보면 태조본 뒷면의 북두칠성은 보천가의 것과 모양이 같으며, 태조본 앞면이나 숙종본의 것과 다르다. 다른 별자리도 마찬가지이다.
(아래) 서기 1세기(왼쪽)와 1395년(오른쪽)에 북극 근처 밤하늘의 별들의 모습. 원은 지지 않는 별들의 한계를 나타내고 북극은 원의 중심에 있다. 세차운동에 의해 별들이 북극에 대해 이동하는 것을 볼 수 있다.

각각 천문도가 하나씩 새겨져 있는데, 마모가 심한 쪽을 흔히 뒷면이라 부른다. 이 앞뒷면에 새겨진 천문도의 정체가 천문학사가들 사이에 논란거리가 되어 왔다. 언제 무엇을 토대로 그린 천문도인지가 문제였다.

그동안 이 앞뒷면의 천문도들은 배열만 다를 뿐 내용은 같다고 알려져 왔다. 그런데 이 석각본 앞뒷면의 별그림이 실은 서로 다르다는 사실이 밝혀졌다. 그림이 워낙 세밀하기도 하지만 뒷면의 마모가 심해서 그간 간과되었던 것이다. 마모가 심한 뒷면의 별자리는 모양이 중국 수나라 때 천문서인 보천가의 별자리와 같았고, 반면 앞면의 별자리는 새로운 모양을 하고 있었다. 태조본 뒷면의 천문도가 왜 보천가의 별그림과 같은지는 앞으로 후속 연구가 더 있어야 할 것이다. 다만 여기서 주목해야 할 점은 우리 나라의 전통 천문 지식을 대표하는 조선의 구법 천문도가 모두 천상열차분야지도 태조본 앞면의 별그림을 따랐다는 사실이다.

숙종 때에 다시 새겨진 천상열차분야지도 숙종 석각본의 천문도와 도설의 배열은 태조본 뒷면의 구성을 따랐지만 별그림은 태조본 앞면의 천문도와 같다. 태조본 앞면은 탑본용으로 판 것일까? 또 태조본 뒷면은 연습용으로 판 것일까? 실제로 뒷면 모서리에는 연습으로 새겨 본 듯한 별자리들이 있다.

천상열차분야지도에 대해 밝혀진 세 번째 사실. 이것은 천상열차분야지도가 독자적인 관측으로 만들어진 천문도에서 유래되었음을 증명하는 결정적 단서이다. 천상열차분야지도에 새겨진 별들은 실제 별의 밝기에 맞추어 그 크기도 각각 다르게 표현되어 있다. 그런데 별의 실제 밝기를 반영해 표현한 정도가 보천가를 포함한 중국의 그 어떤 성도보다도 더 정확하다는 사실이 밝혀졌다.

118쪽의 두 그림에서 천상열차분야지도의 별의 밝기 구분이 보천가에 비해 얼마나 정확한지를 보였다. 이는 천상열차분야지도가 중국 천문도를 베낀 것일 수 없음을 입증하며, 독자적이고 보다 정확한 관측에 기초한 천문도라는 사실을 말해 준다.

본 주제에선 조금 벗어나는 문제이지만, 연구 중에 알게 된 사실 한 가지를 덧붙여 본다. 우리 나라에는 돌로 만들어진 태조본과 숙종본 이외에도 많은 고탁본과 필사본 천상열차분야지도가 있다. 가끔 〈TV쇼 진품명품〉에 나오는 고천문도들이다. 그중 서울대 안에 있는 규장각이나 성신여대 박물관 등에 가면 소위 목판 인쇄본 또는 목판 탁본이라고 불리는, 바탕 전체가 검은 천상열차분야지도를 볼 수 있다. 그런데 이것이 사실은 목판본이 아니라 숙종 석각본을 탑본한 것

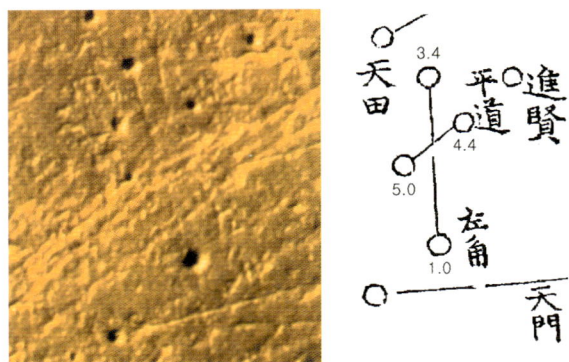

각수(좌각)와 평도를 이루는 별의 크기 비교. 천상열차분야지도 태조본(왼쪽 사진)은 각수의 두 별(1, 3등성)과 평도의 두 별(4, 5등성)의 밝기를 중국의 보천가(오른쪽 사진)에 비해 크기 차이로 잘 구별하고 있다.

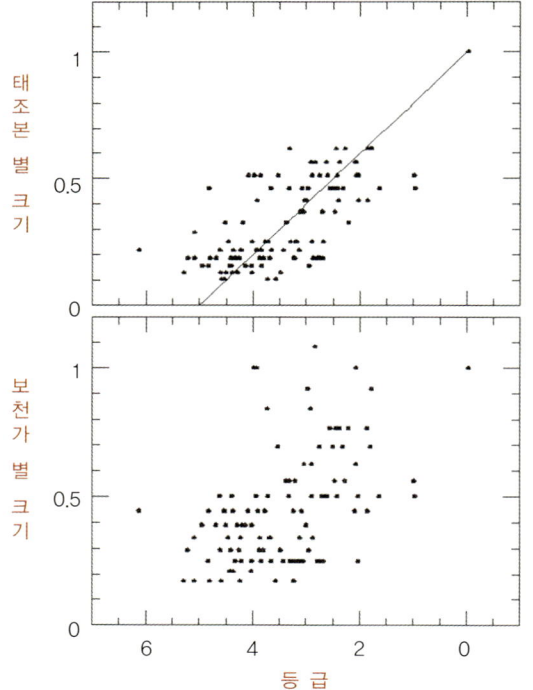

동정이 된 별들의 실제 등급(가로축)과 천문도의 홈 크기(세로축)와의 관계. 태조본 천상열차분야지도가 보천가보다 훨씬 정확한 상관관계를 보인다. 즉, 천상열차분야지도에 새겨진 별들의 크기는 별의 밝기를 잘 반영해 주고 있다.

고탁본(왼쪽 위, 서울대 규장각)과 필사본 천상열차분야지도 (오른쪽 위와 왼쪽 아래 – 성신여대 박물관, 오른쪽 아래 – 고려대 박물관).

이라는 사실이 연구 도중 밝혀졌다. 육안으로 보아도 숙종본 표면에 나 있는 여러 균열과 돌이 떨어져 나간 부분 등이 이 탁본들에 그대로 나타나 있음을 쉽게 확인할 수 있는데도 지금까지 목판본으로 잘못 알려져 왔던 것이다. 역시 실물에 근거하지 않은 추정이 진실을 가로막은 게 아닐까 싶다.

통도사 동판 천문도. 조선 효종 3년(1652)에 삼각산 문수암에서 비구니 선화자(仙化子)가 제작. 주극원 안에 자미원의 별자리들을 거의 모두 새기고, 둘레에는 28수를 나타냈다.

일본 최초의 천문도는 천상열차분야지도의 후예

1995년 봄은 내가 한창 천상열차분야지도 연구에 심혈을 기울이던 때였다. 그 무렵 한국외대의 박성래 교수를 초청하여 학과에서 강연을 듣게 되었다. 박 교수는 그날 강연을 마친 뒤 나에게 물음표 하나를 얹어 주었다. 일본 최초의 천문도는 천상열차지도(1670)와 천문분야지도(1676)인데, 이름으로 미루어 보아 아무래도 천상열차분야지도의 영향을 받은 것 같으니 한번 연구해 보라는 것이었다.

나는 천문학과의 적외선 망원경 검출기를 제작해 주기 위해 가끔씩 들르는 동경대의 우에노 교수에게 그 일본 천문도의 사진들을 구해 달라고 부탁했다. 그는 다시 과학사를 전공한 일본의 친구에게 연락을 취했고, 얼마 뒤 친구에게서 구한 도록 한 권을 들고 나를 찾아왔다. 그 안에는 천문분야지도의 천연색 사진이 실려 있었다.

일본의 천문분야지도(왼쪽, 1676)와 조선의 천상열차분야지도(가운데, 1395)에 있는 종대부(네 별로 이루어진 마름모꼴 별자리). 중국 순우천문도(오른쪽, 1247)에는 종대부가 없다.

그런데 천문도를 자세히 들여다보니 흥미로운 사실을 발견할 수 있었다. 조선의 천상열차분야지도에는 '종대부(宗大夫)'라는 별 4개로 이루어진 별자리가 하나 있다. 이것은 중국의 어느 천문도에도 없는 조선 고유의 별자리이다. 그런데 일본의 천문분야지도에 바로 이 별자리가 있는 것이 아닌가! 천상열차분야지도가 14세기에 만들어진 것임을 상기해 볼 때, 또 조선만의 고유 별자리가 포함되어 있고 그 이름과 연결선까지 같다는 사실에서 17세기에 제작된 일본의 천문분야지도가 조선의 천상열차분야지도를 참조하여 만들어졌음이 증명된 것이다.

종대부를 천문분야지도에서 발견하자 지난번 박성래 교수의 강연이 생각났다. 천문분야지도는 삽천춘해(澁川春海)가 제작한 것인데, 그는 1684년에 정향력을 만들어 일본 최초의 달력을 만든 사람이었다. 당시 박 교수의 강연 내용은 춘해가 조선의 선비로부터 역법을 배운 사람에게서 공부하여 정향력을 만들었다는 일본측 기록이 있는데, 그 선비가 누구인지를 추적해 보니 조선의 진사였던 나산 박안기였다는 것이었다. 좀 어이없는 사실은 '조선의 객(客) 나산'이라는 기록이 '조선의 용나산(容螺山)'으로 와전되어 그의 이름이 일본의 인명사전과 국사사전에 모두 '용나산'으로 적혀 있다는 점이다. 아무튼 조선 선비에게서 역법과 천문을 전수받은 일본 사람이 만든 천문도에 조선 천문도인 천상열차분야지도의 영향이 발견되는 것은 당연하다고 하겠다.

　1995년 11월 11일, 예정대로 「天象列次分野之圖」石刻 600주년 기념 학술대회'가 서울대에서 열렸다. 유경로, 나일성, 박성래, 남문현, 이용삼 교수 등과 나의 연구 결과들이 이 자리에서 함께 발표되었다. 이 학술대회는 천문학계와 일반인에게 천상열차분야지도의 존재를 널리 알리고, 그 과학사적 가치를 규명하는 계기가 되었다.

4부
전통 과학과 현대 과학의 연결

|9| 고대 문화를 빛내는 우리의 태양 관측

_현대 천문·기상학적 응용

|9| 고대 문화를 빛내는 우리의 태양 관측
_ 현대 천문·기상학적 응용

> 하늘의 현상은 천체의 운행과 도수로 나타난다. 그러므로 觀象
> 監에 직을 가진 자에게는 오직 관측하고 증험하는 일이 가장 중
> 요하다. (…) 先人의 업적이 무너지고 끊어질까 두려워하며 상
> 가야 할 것을 생각하여야 할 것이다.
>
> – 남병길의 《星鏡》(1861) 발문에서

태양 활동에 대한 기록 유산

우리의 선조가 얼마나 천문을 철저히 관찰해 온 민족이었는지는 태양 활동에 대한 고대 관측 자료에서도 잘 드러난다. 지구상의 모든 민족 중에 우리의 선조가 태양 활동에 대해 가장 많은 관측 기록을 남겼다면 믿기지 않을 것이다. 그러나 이것은 국내에는 잘 알려져 있지 않지만, 외국에서는 이미 인정된 사실이다. 우리 선조가 남겨 준 태양 활동에 관한 옛 기록으로는 태양흑점과 오로라에 관한 기록, 지구의 기후 변화 기록 등이 있다.

그렇다면 왜 옛 사람들은 태양의 움직임을 이렇게 열심히 관측하고 기록했을까? 그것은 자연을 배우고 더불어 살고자 하는 고대인의 마음 때문이다. 《고려사》에는 고려 시대의 천문 기록을 모아 놓은 〈천문지〉가 있다. 이 〈천문지〉의 앞머리를 보면 《주역》을 인용하면서 다음과 같이 편찬 이유를 밝히고 있다.

> "하늘은 그 표시한 징상에 의하여 길흉을 나타내는 바
> 어진 사람은 이것을 본받는다."

이는 "하늘은 인간 세상을 비추는 거울이어서 세상의 잘됨과 잘못됨을 하늘의 변화로서 표현한다. 따라서 지혜로운 사람은 자신을 늘 하늘에 비추어 그 뜻을 헤아리고 겸허히 본을 받는다"는 뜻이다. 이 때문에 선인들은 예로부터 하늘과 땅을 관찰하고 기록으로 남겼으며, 이를 존중하여 빠짐없이 보존했다는 것이다.

두 번째 물음이 있다. 옛 사람들은 과연 어떻게 태양을 관측했을까 하는 의문이다. 옛 기록에는 태양 표면의 흑점뿐만 아니라 일식, 태양의 색깔과 밝기의 변화, 해 앞을 지나가는 행성, 해 바로 옆의 기체, 햇무리나 햇귀, 무지개와 '여러 개의 해가 나타남' 과 같은 햇빛의 굴절 현상 등이 철저하게 관측되어 있다. 대체 이들은 그 섬세한 관측을 어떤 방법으로 했을까?

해 주변의 모습은 대낮에 맨눈으로 관찰할 수 있었을 것이다. 기상 조건이 특별할 때 나타나는 현상들까지 다양하게 기록된 점으로 보아 아주 철저한 육안 관측이 행해졌다고 생각된다. 해 표면의 흑점이나 행성은 주로 햇볕이 아주 약한 해뜰녘이나 해질녘에 발견할 수 있었을 것이다. 맨눈으로 흑점을 볼 수 있는지 내가 직접 확인해 보기도 했는데, 지평선 가까이에 해가 걸려 있는 경우 큰 흑점은 육안으로도 찾을 수 있었다. 행성이 태양 앞을 지나가는 현상도 이런 때에 육안으로 관찰할 수 있었을 것이다. 물론 반투명한 수정이나 유리를 이용했을 가능성도 충분히 있다. 실제로 조선의 실학자 이규경(1788~?)에 의하면 태양은 오수정(검은 수정)을 통해 관측했다고 한다.

그런데 이렇게 철저하게 관측되고 보존되어 온 우리의 고대 태양 관측 기록이 아쉽게도 아직 세상으로부터 충분히 인정받지 못하고 있다. 태양의 흑점은 흔히 서양의 요하네스 파브리치우스와 갈릴레오 갈릴레이가 1611년에 처음 발견했다고 이야기되고 있다. 그러나 중국의 경우 적어도 한나라 때인 서기전 28년부

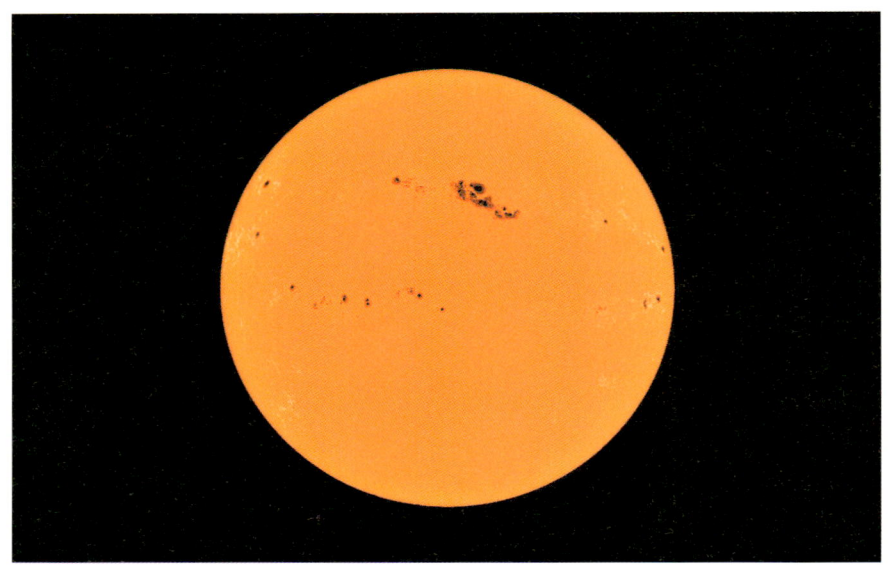

(위) 2001년 3월 29일 태양 표면에 나타난 흑점군. 이 정도 크기의 흑점은 해질녘에 맨눈으로도 쉽게 볼 수 있다.
(아래) 밤하늘에 나타난 오로라. 2001년 10월 21일.

터 흑점을 분명히 묘사한 기록이 나온다. 우리도 서기 640년 고구려의 기록에 흑점과 관련된 표현이 있고, 고려 숙종 10년(1105)부터는 분명한 흑점 기록이 많이 나오기 시작한다. 《고려사》〈천문지〉에서 태양흑점은 흑자(黑子)로 표기되어 있다. 고려는 당시 이웃한 중국의 송나라나 만주의 금나라, 몽고의 원나라보다 훨씬 많은 흑점 기록을 남겼다.

이제 오로라 현상으로 눈을 돌려 보자. 태양 활동에 대한 지구 자기권의 반응을 나타내는 오로라 기록이 우리 역사에서 처음 나오는 때는 고구려 시조 동명성왕 3년(서기전 35)이다. 《삼국사기》의 〈고구려본기〉를 펼쳐 보면,

"골령의 남쪽에 신비로운 빛이 나타났는데 그 빛이 푸르고 붉었다."

는 기록이 나와 있다. 오로라를 관측한 것으로 인정받고 있는 우리 나라 최초의 기록이다. 이 기록을 필두로 조선 중·후기인 서기 1747년까지 우리 고대 사서에 남겨진 오로라 기록이 무려 700개 이상에 달한다. 반면에 같은 시기까지 중국, 일본이 관측한 오로라 기록은 각각 294개와 50개에 불과하다. 오로라 현상만큼은 서양에서도 서기전 수세기부터 많은 기록을 남겨 왔다. 그러나 유럽의 모든 민족이 남긴 오로라 기록을 통틀어도 1700년까지 총 594개 정도이다. 전통 시대 우리의 오로라 기록은 한 나라의 기록으로서는 세계 어느 나라와도 비교할 수 없을 만큼 많은 것이다.

망원경 관측이 이루어지기 이전의 이런 옛 기록은 과연 믿을 만한 자료일까? 1000~2000년 동안의 태양의 움직임을 충실히 나타낼 수 있을까? 사실 우리는 옛 동양의 문화를 과소평가하는 경향이 있다. 불과 100년 전의 문화도 다시 땅속에 묻어 놔도 상관없는 열등한 지식쯤으로 생각한다. 특히 과학성에 있어서 더욱 그러하다. 그러나 당시에는 물론, 오늘날의 관점에서도 고대의 천문 관측 기록은 과학적으로 매우 가치가 있다. 현대 천문학에서 풀지 못하고 있는 우주의 신

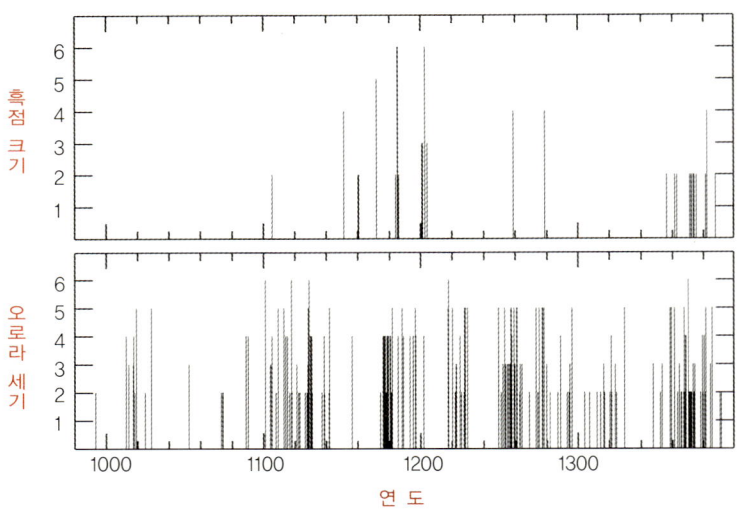

고려 시대에 관측된 태양흑자(黑子)와 적기(赤氣) 현상 기록을 시간에 따라 막대로 표시한 그림. 흑점의 크기와 오로라 현상의 강도에 따라 막대의 높이를 다섯 단계로 구별했다.

비 중에는 장기간에 걸친 천문 관측 자료가 있어야만 대답을 찾을 수 있는 문제들이 많다. 태양 활동의 직접적 지표인 흑점의 경우 서양의 관측 역사는 채 400년에도 못 미친다. 이는 태양활동의 장주기 변화를 살펴보는 데에 매우 부족한 기간이다. 따라서 중국과 한국의 흑점과 오로라 기록은 태양 활동의 장기적 변화를 알아 내고, 그로부터 태양 활동의 원인을 규명하는 데에 매우 요긴하게 사용될 수 있는 귀중한 자료이다.

태양흑점과 오로라를 관측한 기록

흑점과 오로라를 관측한 우리의 고대 기록을 좀더 구체적으로 들여다보자. 《고려사》〈천문지〉나 《증보문헌비고》에는 고려 시대에 관측된 태양흑점 기록이

46일에 걸쳐 35개가 실려 있다. 이 기록들에는 흑점이 그 크기에 따라 다섯 가지로 나뉘어 있다. 흑점이 있다는 사실만을 적거나, 크기가 오얏(자두 : 李), 계란(雞), 복숭아(桃), 배(梨)만하다고 표현한 것들이다. 이 순서는 관측된 흑점의 크기를 상대적으로 이 물체들의 크기에 비유한 것으로 생각된다. 때로는 흑점의 모양을 묘사하면서 사람과 같다고 표현한 기록도 있다.

그런데 이 기록들을 분석해 보면 약 11년마다 기록이 반복되는 주기성을 발견할 수 있다. 이는 현재 알려져 있는 흑점과 태양 활동의 단주기 평균 11년과 일치한다. 따라서 기록된 태양 표면의 '흑자'가 흑점임을 알 수 있다. 흑점의 개수가 약 11년마다 변한다는 사실은 서양의 관측 기록을 토대로 1843년에야 밝혀졌으며, 이보다 더 긴 주기성이 있는지는 아직 확실히 밝혀져 있지 않다. 앞으로 서양에서 관측을 시작하기 이전에 한국과 중국에서 기록한 흑점 관측 자료를 고려하여 태양 활동의 장주기 변화를 살펴볼 필요가 있다.

오로라 기록이 실려 있는 《고려사》의 〈천문지〉와 〈오행지(五行志)〉를 펼쳐 보자. 여기에는 고려 시대에 관측된 오로라 기록 232개가 수록되어 있다. 고대에 오로라는 기(氣), 침(祲), 운(雲) 등으로 기록되었다. 그 색깔은 대부분 붉은 색(赤色)으로 적혀 있고, 일부는 흰빛, 푸른빛, 자줏빛, 노란빛, 오색(五色), 피빛 등으로 표현되기도 했다. 한 기록 안에서도 오로라의 색깔이 여러 가지로 변하는 경우가 많았다.

고려 시대의 오로라 기록은 대부분 〈오행지〉에 실려 있다. 그중에서도 땅의 다섯 재료인 물 · 불 · 나무 · 쇠 · 흙 가운데 대개 불에 속하는 적기(赤氣)로 기록되어 있다. 흑점의 크기를 구별한 것처럼 오로라 활동의 세기도 여러 가지 표현으로 구별해 놓았다. 단순히 적기가 있었다는 경우에서부터 그 밝기나 색 또는 분포 범위를 설명하면서 "불과 같았다(火, 火焰, 烈火)", "하늘에 닿았다(竟天, 衝天, 連天)", "하늘에 퍼졌다(亘天)", "온 하늘에 가득했다(滿天, 漫天)" 등 다양한 표현을 이용해서 오로라 현상을 세분화했다. 마찬가지로 오로라의 강도를 나타내기 위해 길이의 단위인 척(尺)이나 장(丈)으로 오로라의 범위를 기술하거나, 때로는 배(梨), 바리때(鉢)와 같은 물건과 크기를 비교해 놓기도 했다.

오로라의 모양을 표현하는 방법은 자세하고 화려하다. 불꽃, 노을, 무지개, 누각, 방패, 비단이나 베폭, 용, 뱀, 새 등의 묘사가 나타나 있고, 실제로 눈앞에 오로라가 펼쳐진 기분이 들 만큼 실감나게 표현되어 있다. 예를 들면 이런 것들이다.

"밤에 붉은 빛이 비단과 같이 땅으로부터 하늘에 뻗쳤다 (《삼국사기》, 478. 2.)."

"백기가 하늘까지 닿았는데 모양이 자라 같았다. 또 청자색기가 그 사이를 관통하더니 얼마 뒤에 흩어졌다(《고려사》, 1052. 7. 18.)."

"밤에 적기가 북방의 자미궁에서 생겨 서북과 동북방으로 온 하늘에 베폭을 펼친 듯 퍼졌다 흩어지고 또 적기가 서북방에도 나타났다 (《고려사》, 1117. 12. 16.)."

"적흑기가 동북방에 나타났는데 둥근 둘레가 20척쯤이고 뭉치고 엉켜 풀리지 않다가 광채를 내었는데 마치 새가 나래를 터는 것 같다가 흩어졌다 (《고려사》, 1130. 6. 19.)."

"서북방에 붉은 요기가 있어 길이가 30척쯤 되는데, 용과 뱀과 같이 공중에 가로놓였다(《고려사》, 1260. 8. 7.)."

이들 기록 중엔 오로라가 관측된 방향을 함께 적은 것들도 많다. 대개 팔방위법에 따라 방향을 표현했지만, 가끔은 별자리로 그 위치를 설명한 것도 있다. 이들 기록을 보면 대개 북쪽에서 오로라가 나타난 경우가 많다. 강한 오로라일 경우 더욱 그렇다. 반면에 하룻밤에도 그 방향이 계속 바뀌는 상황을 자세히 설명한 기록들도 적지 않다. 시간적으로는 단순히 밤이라고만 적은 경우가 대부분이지만 일부는 초경, 이경, 삼경 또는 해질녘, 밤새도록, 새벽이라고 더 상세히 관측 시각을 알려 주는 것들도 있다. 오로라의 지속 시간도 잠시 또는 오랫동안, 사흘간 등으로 기록한 것들이 보인다. 초생이나 그믐 때에 주로 이런 적기 기록이 나오고, 보름 때는 거의 관측되지 않았던 점을 보면, 이 빛이 달빛에 의해 쉽게 숨겨지는 미약한 빛임을 알 수 있다.

오로라 기록의 주기성

고려 시대 오로라 기록의 주기성을 살펴보면 역시 태양흑점 주기인 약 11년과 일치한다. 이로써 적기, 적침 등으로 표현된 기록들이 태양 활동의 변화에 의해 조절되는 오로라임이 증명된다. 만약 고려의 일관(日官)들이 자신이 관측한 자료를 분석했더라면, 서양에서 태양 활동 주기를 발견한 때보다 최소한 500년 이상을 앞질러 이 사실을 알아 냈을 것이다.

고려 시대 오로라 기록은 흑점 기록과 강한 상관관계를 보이고 있다. 세기가 약한 오로라들이 주로 관측되었던 시기는 태양흑점 기록이 별로 없을 때와 일치한다. 즉 태양 활동이 약할 때 오로라의 세기도 약했던 것이다. 반대로 세기가 강하게 묘사된 오로라들은 흑점 기록이 나타나기 시작한 지 약 1~2년 후에 주로 나타난다. 즉, 태양 표면에 흑점이 가장 왕성하게 생성되었던 시점에 오로라의 세기도 강했던 것이다.

잠시 고려 시대의 이웃나라로 눈을 돌려 보자. 고려와 같은 시대에 있었던 중국의 송(宋), 만주의 금(金), 몽고의 원(元) 등의 나라들은 모두 합쳐 흑점 기록 36개와 오로라 기록 69개를 남겼다. 그런데 이 나라들의 기록에서는 태양 활동의 11년 주기성이 보이지 않는다. 이는 중국 등 주변의 왕조들이 단명해 온 역사와 무관하지 않은 듯하다. 왕조들의 잦은 부침(浮沈)으로 인해 안정된 기반 위에서

_흑점과 오로라 사이의 상관성은?

고려 시대 기록에 나타나는 흑점과 오로라 사이의 이러한 상관성은 무엇을 뜻할까? 다행히 이를 설명해 줄 수 있는 이론이 최근 학계에서 밝혀졌다. 용광로와 같이 뜨거운 기체 덩어리인 태양에서는 평소 뜨거운 물질이 표면으로부터 불어 나온다. 이를 태양풍이라 한다. 그런데 태양 표면에 흑점이 나타나면, 종종 흑점 위에서 폭발이 일어나면서 이 뜨거운 물질이 한꺼번에 터져 나온다. 분출된 물질은 태양풍을 타고 퍼져 나가다가 지구에 부딪치면서 지구의 자기권을 뒤흔들게 되는데 이 현상을 이른바 자기폭풍이라고 한다. 태양에서 불어 온 이 물질이 지구의 자기장을 따라 극지방으로 떨어져 들어오다가 지구 대기의 물질과 부딪치면서 푸르고 붉은 빛을 띠게 되는데 이것이 바로 오로라이다. 태양은 11년을 주기로 활발해지며 흑점이 표면에 자주 떠오른다. 따라서 지구에서도 11년마다 강한 자기폭풍과 밝은 오로라가 빈번히 일어나게 되는 것이다. 실제로는 흑점이 가장 많이 나타난 해에서 1~2년 뒤에 자기폭풍이 가장 극심하다는 사실이 밝혀졌다.

한편 태양 활동이 둔해져서 흑점이 거의 나타나지 않는 시기에는 태양자기장의 N극이나 S극이 크게 확장된다. 이곳을 코로나 구멍이라고 한다. 태양 표면의 물질은 코로나 구멍을 통해 바깥으로 빠져 나올 수 있다. 이 물질이 지구공전 궤도면을 타고 오다가 지구에 부딪치면 약한 자기폭풍을 일으킨다. 그런데 태양은 약 한 달을 주기로 자전하므로 코로나 구멍이 지구를 향하는 때가 주기적으로 반복된다. 따라서 태양이 자전할 때마다 지구에는 약한 자기폭풍과 오로라가 반복적으로 일어난다. 이런 자기폭풍을 반복적 자기폭풍, 앞의 경우에서처럼 태양 표면의 폭발에 의한 것을 비반복적 자기폭풍이라고 부른다. 모두 최근에 알려진 사실이다.

이런 실상에 비추어 보면 고려 시대의 오로라 기록에서 세기가 약하게 묘사된 오로라들은 바로 반복성 자기폭풍에 의한 것, 세기가 강한 것은 태양 활동이 강할 때 일어나는 비반복성 자기폭풍에 의한 것이라 볼 수 있다. 이들 기록에 나타난 오로라와 태양 흑점의 상관성이 명확하게 설명될 뿐만 아니라, 이 시대의 오로라 기록이 얼마나 정확한 관측에 의한 것인지를 다시금 확인시켜 주는 내용이다. 또한 고대 오로라 기록이 앞으로도 태양 활동과 지구의 변화를 이해하는 데에 매우 중요한 자료로 쓰일 수 있음을 말해 준다.

꾸준히 지속되어야 할 천문 관측 또한 수시로 맥이 끊겨 그 일관성이 떨어지게 된 것으로 보인다. 이에 비해 우리의 옛 왕조들은 통치 기간이 길었고, 각 왕조마다 천문 관측에 깊은 관심을 갖고 중요 관청에서 안정적·체계적으로 천문 관측을 할 수 있도록 지원함으로써 그만큼 신빙성이 높고 정확한 자료를 남길 수 있었던 것이다. 또 중국의 경우 천문학의 정치적 효용이 강조되어 역법이 천문가들의 주연구 과제였던 데에 비해, 우리 나라의 천문학은 하늘의 변화를 철저히 관측하고 기록하는 데에 더 힘을 기울였던 점에서도 그 이유를 찾을 수 있다.

(위) 태양 표면에서 자기장을 따라 물질이 분출되는 모습을 찍은 사진.
(아래) 태양풍과 지구자기권의 반응을 보여 주는 그림. 태양의 크기는 과장되게 그렸다.

전통 과학과 현대 과학의 연결

고려와 조선 시대에는 어떻게 한반도에서 오로라가 관측될 수 있었을까? 그 까닭은 지구자기장의 극이 이동하기 때문이다. 오늘날 지자기 북극은 캐나다 북쪽인 서경 105°, 북위 79°에 있다. 지자기극은 매우 복잡하게 이동하는데, 대체로 5년에 서쪽으로 1°씩 옮겨 가고 있다. 고려와 조선 시대의 오로라 기록을 보면 당시 지자기 북극이 한반도 가까이 있었음을 알 수 있다. 외국의 과학자들은 이미 오래전부터 세계 각국이 남긴 고대 오로라 자료를 이용해 태양 활동의 장기적

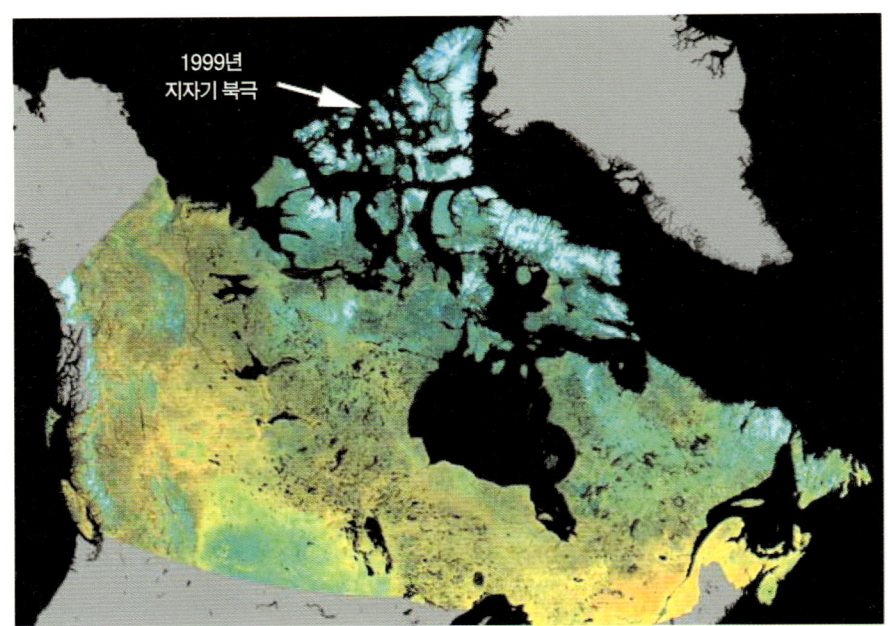

1999년 지자기 북극의 위치.

변화, 지구자기장의 세기 변화와 자극 위치의 이동을 연구해 왔다. 그들의 연구에는 우리 나라의 오로라 기록도 이용되어 왔으나, 매우 부실하게 조사된 기존 자료를 이용하고 있는 실정이다. 이에 비해 우리는 상당한 분량의 고대 오로라 자료를 갖고 있고, 더구나 그 관측 기록의 정확도가 높음에도, 그것을 이용한 연구는 물론이고 지금까지 자료 조사조차 스스로 해 본 적이 없었다.

앞서 소개했던 일식, 월식, 행성식, 성식(星蝕) 기록도 마찬가지 과제를 던져 준다. 이들 기록은 장기간에 걸친 지구 자전 속도의 변화, 달과 행성의 운동 등을 알려 주고 있다. 혜성이 나타나고 유성과 운석이 떨어지는 현상을 관찰한 고대의 기록들은 태양계 환경이 지난 수천 년 동안 어떻게 변화했으며, 태양계 천체들이 어떻게 진화하고 있는지 보여 준다. 《삼국사기》에서부터 나오기 시작하는 우리 나라의 혜성 관측 기록에는 핼리(E. Halley)가 1758년의 혜성을 예측함으로

써 유명해진 헬리 혜성이 이미 꾸준히 나타나고 있기도 하다. 또 객성(客星) 기록 등은 신성, 초신성, 불규칙 변광성에 대한 중요한 관측 자료들이다.

지금까지 설명한 바와 같이 한·중·일 삼국은 지난 1000~3000년간 많은 고대 천문 기록을 남겨 왔다. 그중에서도 우리 선조가 남긴 천문 자료가 중국과 일본의 것보다 신뢰도가 높은 소중한 유산으로 확인되고 있다. 앞으로 우리의 고대 자연 현상 관찰 기록이 현대 과학에 적지 않은 공헌을 하게 될 것을 믿어 의심치 않는다. 다만 이 분야에 대한 연구가 국내에서 아직 미진한 점이 안타까울 따름이다.

사실 지금은 이 분야에 대한 연구가 행해질 만한 여건이 전혀 마련되지 못하고 있다. 우리 나라에는 이러한 경계학문 분야를 연구하는 학자가 몸담을 기관이 거의 없으며, 이 분야에 대한 정부의 학술 지원도 극히 인색한 형편이기 때문이다. 또한 천문학계나 역사학계에서도, 심지어 과학사학계에서도 이 분야를 해당 학문 분야로 인정하는 데에는 여전히 높은 벽이 존재한다. 이 분야의 연구를 한

보현산 천문대 1.8m 망원경의 관측 모습. 우리 나라의 현대 천문학을 과거의 전통과 연결하려는 노력이 이루어지고 있다.

낱 시간 낭비나 학문적 외도에 불과하다고 보는 주위의 시선 속에서 극소수 학자들이 취미 삼아 연구를 해야 하는 처지이다. 심지어 최근에는 외국의 과학 학술지에 실린 논문만을 업적으로 평가하는 유행이 퍼지면서, 이 분야의 연구는 학술적 업적으로도 인정받지 못하고 있는 실정이다. 이 분야에 대한 지원이 아니라 오히려 도태를 유도하는 것이 엄연한 현실이다.

이러한 여건 속에서도 희망을 더듬을 수 있는 유일한 한 가지 변화는, 이 분야에 헌신하겠다고 하나 둘씩 나서는 학생들이 있다는 사실이다. 불투명한 미래에도 불구하고 순수한 마음으로 학자의 길에 들어서는 젊은 후배들을 맞이하면, 기특하고 대견한 마음에 앞서 죄를 지은 듯한 기분이 든다. 그 학생들이 독자적인 연구를 하게 될 머지않은 장래에 우리 사회의 격려와 지원을 받을 수 있게 되기를 간절히 희망한다. 그럼으로써 역사 속에 묻혀 잊혀져 온 전통 과학의 장구한 흐름 위에 우리의 현대 과학을 다시금 싣게 되기를 기대한다.

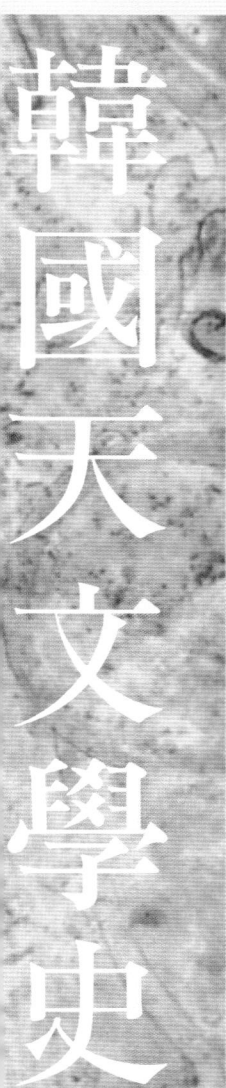

韓國天文學史

5부
우리역사 속에 스며 온 천문학

| 10 | 전통 천문학의 발달과 의의
| 11 | 천문 유적과 유물
| 12 | 고대 천문 관측 자료
| 13 | 우주론 | 14 | 민속과 천문

이 책은 우리 나라의 역사와 천문학사에 대한 나의 연구 과정을 내용으로 했다. 내가 독자에게 전하고 싶은 것은 연구의 결과라는 화려한 전시물보다는, 땅과 하늘을 뒤지고 책과 사람들을 만나며 결과를 얻어나가는 경로와 그 즐거움이기 때문이다. 그러나 앞에서 이야기한 개별 주제들 사이의 연관성을 보다 깊이 이해하기 위해서는 한국 천문학사의 전체적인 흐름을 알아둘 필요가 있다. 이러한 뜻에서 간략하게나마 한국 천문학의 자취를 시대와 결과물별로 돌아보는 내용을 여기에 싣는다.

　전통 시대의 천문학을 살펴볼 수 있는 문화재 또는 자료는 네 가지 정도이다. 첫째는 고구려 고분이나 경주 첨성대, 옛 천문도나 해시계와 같은 유적·유물. 둘째는 사서 등에 전해 오는 고대 천문 현상 관측 기록. 셋째는 사서와 옛 학자들의 문집 등에 나오는 천문 관련 기사나 천문학적 지식과 해석에 관한 내용들. 마지막으로 민간에 전해 오는 민담, 속담, 풍습을 타고 내려오는 무형적 천문 전통을 들 수 있다. 이러한 출처들로부터 얻은 천문 관련 자료들을 현대적 관점에서 분야에 따라 다시 분류하면 ① 천문 사상, ② 고대 천문 관측 자료, ③ 천문 관측 의기(儀器), ④ 역법, ⑤ 천문학자, ⑥ 천문 관련 제도, ⑦ 민속 속의 천문학 등으로 나눌 수 있다. 이러한 현전 문화재들을 통해 우리의 전통 천문학이 각 분야별로 어떻게 발달해 왔으며, 그 수준이 어떠했는지를 가늠해 볼 수 있을 것이다.

　그러나 전통 과학을 살펴보고자 하는 우리의 궁극적 관심사는 우리 나라에서 전통 과학이 어떠한 필요에 의해 언제 시작되었으며, 그 발전과 굴곡의 양상과 계기들이 무엇이었고, 현재의 과학과 어떻게 연결되고 있느냐이다. 그것은 현대 사회가 문화 발달의 수단과 양식에 있어 비록 전통 시대와 다른 면이 많지만, 궁극적으로는 예나 지금이나 과학을 비롯한 다양한 문화를 유지, 발전시키고자 하는 목적이 동일하다는 점에서 반드시 제기해야 할 물음이다. 또 과학이 흥하고 쇠하는 과거사를 돌이켜보는 일은 오늘날 과학을 하는 사람들에게 여전히 많은 시사점을 던져 주기도 한다. 이 같은 이해의 바탕 위에서 우리 나라의 천문학이 발달해 온 과정과 그 의의를 전체적 관점에서 간단하게 조명한 뒤, 위에서 언급한 분류대로 우리 나라 전통 천문학의 내용을 소개하고자 한다.

10
전통 천문학의 발달과 의의

고대 천문학의 기원

　고대 역사에서 천문학이 발달하게 된 배경은 실용성과 상징적인 필요에 의한 것으로 해석할 수 있다. 천문 현상 중 가장 두드러진 현상인 해와 달과 별들의 움직임을 주목하면 쉽게 그 주기성과 방향성을 발견할 수 있다. 이러한 천체들의 위치 변화를 지켜봄으로써 일 년 중의 시기, 즉 절기나 하루 중의 시간 그리고 방위를 알 수 있게 된다. 이와 같이 시각과 절기, 방위를 정확히 알아 내는 일은 농경민이나 유목민 또는 해양민 모두의 필수적인 과제였다. 따라서 당시의 지식인과 지배계층은 자연히 이에 관련된 과제를 책임져야 할 의무와 동시에 특권과 상징성을 지니게 되었을 것이다. 이러한 배경에서 우리 나라가 위치한 동북아시아에서도 수천 년 전부터 천문학이 정치와 종교에 결부된 제왕의 학문으로 발달해 왔다.

　천문 현상에 대한 관심은 또한 고대인의 정신적 세계와도 관련이 있다. 해와 달의 움직임, 계절에 따른 별자리의 변화, 유성과 혜성의 출현 등과 같이 생생하고도 경이로운 천문 현상에 대한 이해는 고대인에게 가장 중요한 정신적 문제 가운데 하나였을 것이다. 천문 현상을 관찰하고 이용한 사례가 세계의 고대 문명권에서 공통적으로 발견되는 이유도 이러한 인류 공통의 성향에서 기인했으리라 생각된다.

　우리 나라에서 고대 천문학이 발달해 온 과정의 특징을 보면 중국 문화권 안에서 주변국들과 긴밀한 관계를 유지해 왔다는 사실을 가장 먼저 지적할 수 있다. 지역적으로 중국을 중심으로 한 정치적·문화적 공동체 안에 있었던 만큼 당연한 결과라 할 수 있다. 때문에 약 2000년 전부터 상고할 수 있는 우리의 천문학이 체계적으로 시작된 시점도, 중국식 별자리와 같은 천문 지식이나 천문 제도의 전래 또는 불교를 통해 중국을 거쳐 들어온 인도와 서양 천문학의 전래 등으로 설명되었다. 특히 한사군 시대(B.C. 108~A.D. 312)가 기폭제였다는 것이 학계의 정설이다. 그 밑바탕에는 우리 역사상 천문학의 전래 기록과 유물이 남아 있는 삼국 시대 이후와는 달리, 그 이전 시기의 천문학 수준을 말해 줄 사료나 유물이 너무나 부족하다는 데 그 원인이 있다. 이러한 상황에서 최근 우리 천문과학의 기원에 독자적인 흐름이 있었음을 말해 주는 증거들이 청동기 시대 고인돌에서 발견되고 있다.[1] 이에 대해서는 다음 장에서 다룰 것이다.

우리의 전통 천문학 발달 과정에서 보이는 또 한 가지 특징은 천문학의 수행이 각 왕조들의 중요한 임무로 인식되었기 때문에, 매우 높은 지위가 부여된 천문 관청과 관리를 통해 지속적이고 철저한 천문 관측이 이루어졌다는 점이다. 이는 조선 시대의 관제에서 관상감이 정일품 영의정을 영사(領事)로 한 대규모 조직으로 구성되었던 점을 통해서도 알 수 있다.[2]

이러한 옛 왕조들의 적극적인 지원에 힘입어 우리 나라는 중국과 함께 2000년이 넘는 기간 동안 천문 현상을 체계적으로 관측하여 방대한 기록을 남길 수 있었다. 또한 그 질에 있어서도 신뢰성과 이용 가치가 매우 높은 관측 자료를 보유한 나라가 되었다.

---

1. 조선기술발전사 편찬위원회, 《조선기술발전사(원시·고대편)》, 백산자료 영인(1997) ; 박창범·이용복·이융조, 〈정원 아득이 고인돌 유적에서 발굴된 별자리판 연구〉, 《한국과학사학회지》, 제23권, 3~18쪽(2001).
2. 유경로, 《한국천문학사 연구》, 녹두, 14·28~30쪽(1999).

전통 천문학의 역사에서 본받을 점

한편 우리의 전통 천문학이 발달해 온 데에는 중요한 내부적·외부적 계기들이 있었다. 내부적으로는 통치자인 왕의 의지와 왕조의 안정이 결정적인 요인으로 작용했다. 조선왕조의 최전성기라 할 만한 15세기에 세종대왕의 의지에 따라 천체 관측 기기의 제작과 역법의 완성, 천문서의 발간과 연구, 천문학자의 양성 등이 강력히 추진되었다. 이를 통해 우리 나라의 천문학이 세계 최고 수준에 도달했음은 주목할 만한 사실이다. 또한 각 왕조들이 500~1000년의 오랜 기간 동안 지속되면서 천문 관련 관청이 꾸준한 연구와 천체 관측 임무를 수행했다는 점은, 타민족에서는 유례를 찾아볼 수 없는 일이자 우리 나라 천문학의 중요한 특징이 되었다.

천문학 발전의 외부적인 계기로는 국제적 교류를 통한 새로운 천문 지식과 제도의 수용을 들 수 있다. 사료에 따르면, 늦어도 삼국 시대 초기부터 이미 중국의 천문 지식과 제도를 수용하고 있었다. 한편 중국과는 다른 유형의 천문 관측과 기록이 수행되었다는 증거들도 있지만, 적어도 중국 천문학이 삼국의 천문학에 큰 영향을 미친 것만은 분명한 사실이다. 건축 양식에 중국식 우주구조론이 엿보이는 유적이나 고구려 고분의 천문도 등에서 그러한 영향을 확인할 수 있다. 이때의 천문학은 우리 나라의 전통 천문 지식을 대표하게 되었고, 조선 후기에 서양 천문학이 전래될 때까지도 지대한 영향을 끼쳤다. 또한 삼국 시대부터 조선 시대 후반까지 우리 나라의 천문학은 일본의 천문 기술과 사상에도 결정적인 영향을 미쳤다.

우리 나라의 천문학이 세계 최고의 수준에 이르렀던 세종 시대는 전세계 문명권의 천문 지식을 흡수하고 꽃피운 시기이기도 하다. 고대 이집트·그리스·로마로 이어진 서방 라틴 세계의 과학은 아랍으로 흘러들어 이슬람 과학의 부흥을 불러왔고, 이는 다시 중국(송)과 몽고(원)의 과학에도 그대로 받아들여졌다. 세종 시대인 15세기는 서양의 중세가 끝나가는 시기이며, 근대 과학의 여명은 아직 밝아오지 않았던 때였다. 또한 아랍 세계의 찬란한 과학 문명은 꺼져 가고 있었다. 중국의 전통 과학은 송과 원 시대의 발전을 지나서 명에 이르러 혼돈 상태를 맞았다. 세종은 이슬람 과학으로 계승된 서방의 과학과 중국을 중심으로 한 동아시아의 전통 과학을 적극적으로 선별하고 흡수했다. 15세기 초 세종이 이 모든 것을 아시아 대륙의 동쪽 끝에서 용융시킴으로써 천문 의기, 관측, 역법 분야를 아우른 세계 최고의 천문학이 발달했던 것이다.[3]

조선의 전통 천문학은 임진년(1592)과 정유년(1597)의 왜란으로 인해 대부분의 천문 의기가 소실되자 큰 타격을 받았다. 소실되었던 관천의상을 선조대에서 정조대까지 약 200년의 세월에 걸쳐 복구하면서 조선의 천문학은 비로소 회복되었다. 그러나 17세기에 들어서 이미 중국을 통해 전래되기 시작한 서양 천문학은 조선의 학자들이 천문을 대하는 기본 자세부터 바꾸어 놓는 계기가 되었다. 즉, 하늘의 천체들이 운행하는 현상을 더욱 정교하게 묘사할 수 있는 모형을 만들려는 노력 대신, 그러한 운행의 이면에 있는 자연의 실상을 이해하고자 하는 관심의 변화와 확장을 불러왔다. 프톨레마이오스와 티코 브라헤의 우주구조론, 망원경을 사용한 갈릴레오의 관측 등이 소개되면서 우리 나라의 천문학은 전통적 천문 지식을 넘어서서 새로운 발전을 이루기 시작했다. 이렇게 전래된 서양 천문 지식과 방법은 이제 현대 천문학이라는 이름으로 불리며 전문적인 천문학자들의 연구 분야로 자리잡은 가운데, 우리의 천문학은 다시금 세계와 어깨를 나란히 하고 있다. 한편 민간에서는 인간과 자연의 상호 의지와 교류라는 전통 천문관이 현대 서양의 천문학적 지식과 뒤섞여 현재에 이르고 있다.

---

3. Jun, S. W., "A Modern Light on the Science and Technology during Sejong's Period," eds. Sim, K. J. and Park, C., Korea Astronomy Observatory, pp. 5~7(2001).

11
천문 유적과 유물

전통 천문학을 엿볼 수 있는 유적이나 유물로는 고대 천문대, 천체 관측과 시간 측정 의기나 천문도 등이 있다. 이에 대해서는 한국 과학사에 지대한 업적을 남겨 온 여러 과학사 학자들의 저서나 문화재 소개서 등에 자세한 내용이 소개되어 있다.[4]

천문대

우리 나라의 고대 천문 관측대

천문 관측을 수행하는 공식적 장소로서의 천문대를 살펴보면, 단군조선 시대의 천문 제단으로 알려져 있는 강화도 마니산 참성단, 고구려의 천문대로 추정되는 평양성의 첨성대, 신라 선덕여왕 때(633년경) 축조된 경주 첨성대, 개성 만월대 서쪽에 있는 고려의 첨성당, 경복궁 안에 있던 대간의대(大簡儀臺, 임진왜란 때 파손), 조선의 세종대왕 때 세워졌다고 추정되며 현재 비원 옆에 위치한 소간

---

4. 유경로, 《한국천문학사 연구》, 녹두(1999) : 전상운, 《한국과학사》, 사이언스북스(2000) : 송상용 외, 《우리의 과학문화재》, 한국과학기술진흥재단(1994) : 나일성, 《한국천문학사》, 서울대학교출판부(2000) : 유경로·박창범, 《한국의 천문도》, 천문우주기획(1995) : 남문현, 《한국의 물시계》, 건국대학교출판부(1995).

마니산 참성단 아래에 펼쳐진 강화도의 서부.

의대, 숙종 14년(1688)에 세워져 현재 창경궁에 있는 관천대(觀天臺) 등이 있다.

참성단(塹星壇, 塹城壇)은 해발 468m인 강화도 마니산 정상에 있다. 그 위치는 동경 126° 25′ 54.2″, 북위 37° 36′ 46.2″이다. 위쪽 제단은 길이가 6.6m인 정사각형인데 서서북(300°) 방향을 바라보고 있다. 참성단에 관한 공식 기록은 《고려사》에 처음 나온다. 〈지리지〉를 보면 강화현은 원래 고구려의 혈구군이었는데, 신라 경덕왕이 해구군으로 고친 뒤, 고려 초에 강화현으로 바뀌었다고 한다. 또 참성단에 대해서는,

> 마리산(摩利山)은 강화의 남쪽에 있다. 산마루에 참성단이 있는데 세간에 전하기를 단군이 하늘에 제사를 지내던 단이라고 한다.

고 기록하고 있다. 《세종실록》 〈지리지〉에도 같은 내용과 함께 더 자세한 설명이 쓰여 있다.

> 참성단은 돌로 쌓아서 단의 높이가 10척이며, 위는 모지고 아래는 둥글

며, 단 위의 네 면은 각기 6척 6촌이고, 아래의 너비가 각기 15척이다. 세상에 전하기를, "조선 단군(檀君)이 하늘에 제사 지내던 석단(石壇)이라" 한다. 예로부터 매년 봄·가을에 대언(代言)을 보내어 하늘의 별들에 제사를 지내었다. 금상(今上) 12년 경술에 비로소 2품 이상의 관원을 보내기 시작했다.

따라서 참성단은 천원지방(天圓地方)의 고대 우주구조관을 따라 지은 천문 관측대였음을 알 수 있다. 실제로 고려 시대 때 몽고의 침공을 피해 강화도로 피난을 갔을 당시에 천문 관측을 수행했던 첨성대로도 추정된다. 또 조선 시대에 편찬된 《서운관지(書雲觀志)》에는 혜성 등의 관측을 위해 관상감 관원이 파견되었던 기록이 있다.

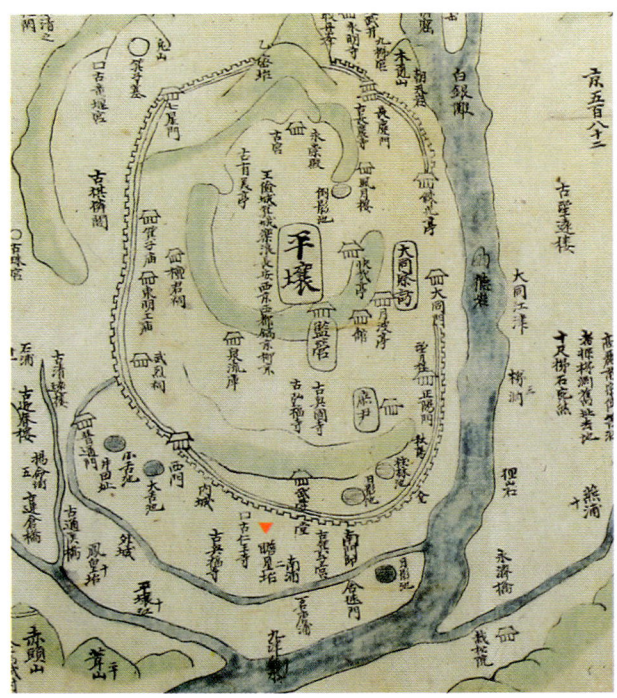

고구려 첨성대의 위치가 표시되어 있는 평양전도(18세기 중엽).

《세종실록》〈지리지〉 평양부에는 "평양성 안에 있는 연못 옆에 첨성대가 있었다"는 기록이 있다. 실제로 18세기 중엽에 제작된 평양전도에는 평양 남쪽의 외성과 내성 사이에 첨성대 위치가 표시되어 있어 그 존재를 확인할 수 있다.[5] 그러나 이 천문대가 고구려 시대에 지어진 것인지, 고려 시대나 세종 이전의 조선 시대에 지어진 것인지는 알 수 없다.

우주의 섭리를 겹겹이 두른 경주 첨성대

경주 반월성 동북쪽에 있는 신라 첨성대는 현존하는 세계에서 가장 오래된 고대 천문대이다. 우아한 미와 천문 지식의 융합과 조화를 한눈에 볼 수 있는 천문 관측대이기도 하다. 몸통을 원으로, 머리를 정사각형으로 만들어 당시의 우주구조론이었던 "하늘은 둥글고 땅은 모나다(天圓地方)"는 생각을 담고 있다. 원형 몸통부에서 정자꼴 머리부까지 29층으로 석재를 쌓아 음력 한 달의 날수, 즉 초생달에서 다음 번 초생달까지의 날수(29.5일)와 일치시켰다. 정자석을 한 층으로 볼 경우 정자석과 몸통부의 층 수는 28수 별자리 개수와 일치한다. 또한 원형 몸통부의 석재는 총 27층으로 구성하여 달이 공전하여 하늘의 같은 별자리에 되돌아오는 주기(27.3일)에 맞추었다. 또 몸통부 중간에 있는 창의 아래와 위의 층 수를 각각 12층으로 하여 1년 12달과 24절기를 상징하도록 만들었고, 기단석에도 12개 석재를 사용했다.[6]

원형 몸통부 하부의 6층을 이루고 있는 돌 수는 각각 16, 15, 15, 16, 16, 15개이다. 이는 동지~소한, 소한~대한, 대한~입춘, 입춘~우수, 우수~경칩, 경

---

5. 이찬, 《한국의 고지도》, 범우사(1991).
6. 홍사준, 〈첨성대〉, 연제고고논집 《고고미술자료》, 제12집(1967) ; 전상운, 《한국과학사》, 사이언스북스(2000).

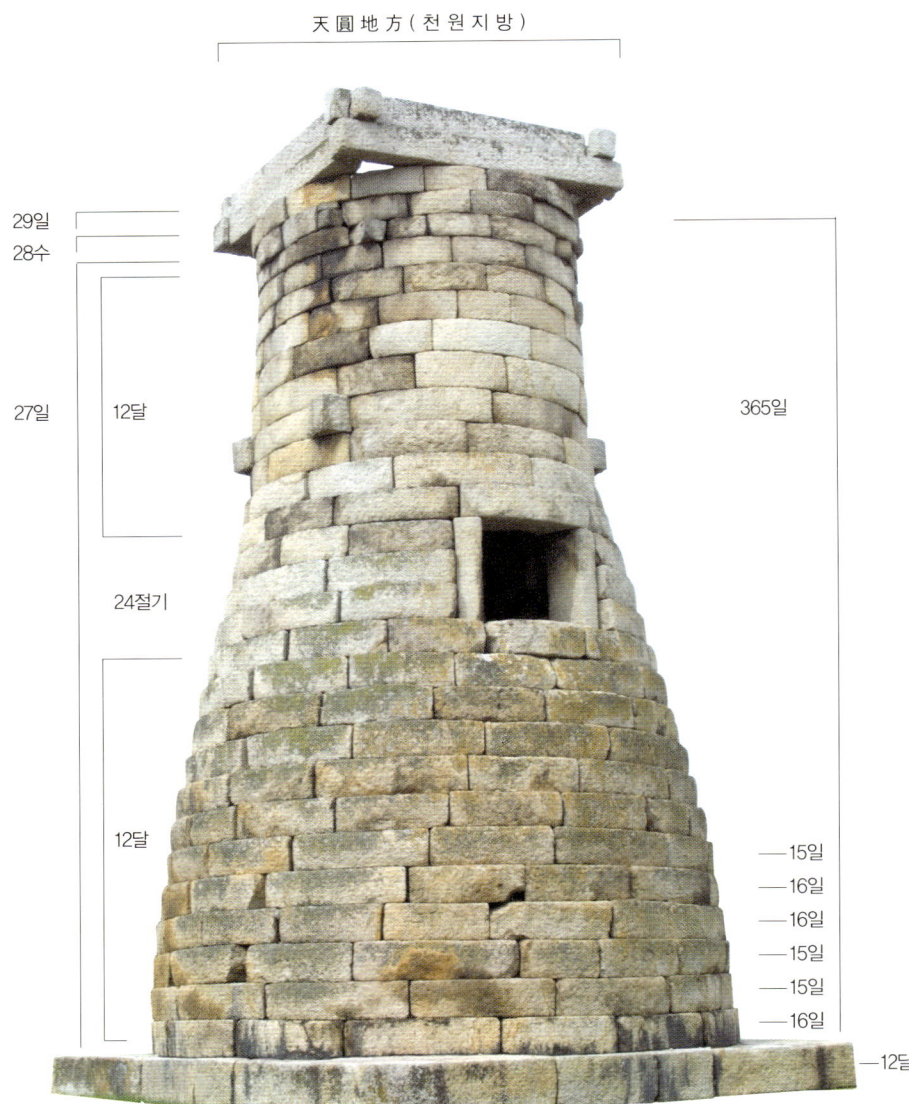

신라의 경주 첨성대(국보 제31호).

칩~춘분 사이의 날수와 같다.[7] 첨성대의 몸통부에는 석재가 몇 개나 사용되었을까? 몸통부에는 구조적 안정을 위해 정자석 6개가 안쪽부터 빗장처럼 끼워져 튀어나와 있다. 이 정자석들을 빼면 옆에서 보이는 몸통부 석재의 총수는 364개이다. 그런데 27단인 몸통부의 26단 안쪽 위에는 판석이 하나 걸쳐져 있어 27단과 나란히 몸통부 상부를 이루고 있다. 위에 덮인 이 판석까지 더하여 모두 365개의 석재가 첨성대 몸통부의 외부를 구성하고 있다. 즉, 1년의 날수에 정확히 맞추어 석재를 쌓아 축조한 것이다.

몸통부 가운데의 창문과 맨 위쪽에 얹혀진 정자석은 네 방위에서 시계 방향으로 16° 돌려 맞춰져 있다. 첨성대는 궁궐 안이나 가까이에 지어졌던 고려와 조선 시대의 천문대와 마찬가지로 궁궐의 평지에 축조되어 있다. 높이는 9.5m로, 높이가 2~4m 정도인 고려 시대와 조선 시대의 현존 천문대들보다 규모가 훨씬 크다. 따라서 첨성대가 평지에 있다는 점, 크기가 현대 대형 천문대에 비해 작다는 점 등을 들어 천문 관측 장소로 부적합하다는 일부의 시각은 그릇된 것이다.

이 경주 첨성대는 백제 점성대(占星臺)의 영향을 받았다고 한다. 첨성대의 영향을 받아 일본에서는 점성대(675)가, 중국의 당나라에서는 주공측경대(周公測景臺, 723)가 축조되었다. 첨성대에 깃들어 있는 고도의 천문 지식과 첨성대 축조 직후 주변국들에서 지어진 천문대의 역할, 또 옛 문헌의 내용 등으로 미루어 보아 첨성대는 하대 신라 당시 천문 관측이 수행되었던 천문대라고 생각된다.

첨성대는 반월성 가운데 우뚝 서 있고

첨성대에 관한 가장 오랜 기록은 《삼국유사》에 있는 "선덕여왕 때 돌을 다듬어

---

7. 김용운, 〈한중일 과학기술문화 읽기〉, 《디자인문화비평》, 04호, 278쪽(2001).

첨성대를 쌓았다"는 짤막한 기록이다. 또《세종대왕실록》〈지리지〉경주부에는 "첨성대. 당 태종 정관 7년(633)에 신라 선덕여왕이 쌓은 것이다. 돌을 쌓아 만들었는데 위는 방형, 아래는 원형으로 높이가 19척 5촌, 위의 둘레가 21척 6촌, 아래 둘레가 35척 7촌이다. 그 가운데를 통하게 하여 사람이 가운데로 올라가게 되어 있다"라는 설명이 나와 있다.《증보문헌비고》는 의상(儀象)에서 "선덕왕 16년(647)에 첨성대를 만들었다. 돌을 다듬어 대를 쌓았는데, 위는 네모지고 아래는 둥글며, 높이가 19척이다. 그 속이 뚫려서 사람이 안으로 들어가 오르내리며 천문을 관측했다"고 기록했다.《동경잡기》의 고적조에도 비슷한 소개가 있다. 이 책에는 첨성대를 읊은 시 세 편이 실려 있다. 다음은 그중 안축(安軸)이 읊은 시이다.

전대의 흥망에 세월은 지났는데,	前代興亡歲月經
석대는 천 척이나 푸른 하늘에 우뚝 솟아 있네.	石臺千尺聳靑冥
어떤 사람이 오늘날 천상을 살핀다면,	何人今日觀天象
한 점의 문성(文星)은 사성(使星)되었다 하리라.	一點文星作使星

포은 정몽주의 눈에 비친 첨성대는 어떠했을까.

첨성대는 반월성 가운데 우뚝 서 있고,	瞻星臺兀月城中
옥피리 소리는 만고의 풍치를 머금었네.	玉笛聲含萬古風
문물은 이미 신라를 따라 다 갔건만,	文物已隨羅代盡
오호라! 산수는 예나 이제나 똑같네.	嗚呼山水古今同

매계 조위는 이렇게 노래한다.

벼와 기장 휘청휘청 밭둑길에 그늘지고, 그 가운데 첨성대 높이가 백 척일세. 뿌리는 땅속 깊이 뻗쳐 있고, 그림자는 청산과 마주 구름 밖에 뾰쪽하네.

치병(齒餠)⁸⁾으로 임금을 정하던 당년은 민심이 순후했고, 희화 씨의 역상도 차례로 베풀었네. 규표를 세워 그림자를 재어 해와 달을 관측하고, 대에 올라 구름을 바라보고 별을 점쳤네. 천문이 도수에 맞아 태계(泰階)⁹⁾가 평온하고, 낭럽(狼鬣)¹⁰⁾이 나타나지 않아 하늘이 맑았네. (…) 겁화에도 타지 않고 저만 홀로 서 있어, 포갠 돌이 우뚝이 풍우에도 까딱없네. 노국의 관대(觀臺)는 지금 남아 있는지? 신라 때의 제작 한번 정말 감탄할 만하구나!

모두 옛 석조 천문대인 첨성대의 모습과 기능을 설명하고 그 유구함을 노래한 시이다. 19척 남짓한 첨성대의 높이를 100~1000척으로 과장한 점이 흥미롭다.

고려와 조선의 천문대

개성부 읍지인 《중경지(中京誌)》에는 "첨성당(瞻星堂)은 만월당 서쪽에 있다"라는 기록이 있다. 고려 왕궁이었던 만월대의 서쪽에는 지금도 고려 시대 천문대의 축대 부분이 남아 있다. 다섯 개의 사각기둥이 동서남북 네 방위에 맞춰진 네모난 상판을 받치고 있다. 기반석 위에 남아 있는 부분의 높이가 약 2.8m이며, 축대 상판에는 관측 기구를 고정하는 데에 쓰였다고 생각되는 크고 작은 구멍이 여럿 있다. 《고려사》에 기록된 많은 천문 관측이 이와 같은 천문대에서 수행되었다고 추정된다.

조선 시대에 들어 세종은 재위 16년(1434)에 대규모의 간의대를 세웠다. 실록

---

8. 신라 유리이사금과 탈해이사금이 왕위를 서로 양보할 때에 떡을 씹어 잇자국이 많은 사람을 왕위에 오르게 한 이야기.
9. 천자·여왕·제후·삼공·경대부 계급, 그리고 원사와 서인 계급을 상징하는 별들의 이름. 이 별들이 편평하면 풍년이 들고 천하가 태평하다고 한다.
10. 이리의 갈기. 불길한 별.

고려 천문대인 개성 첨성당의 축대 부분.[11]

은 "호조 판서 안순(安純)에게 명하여 후원 경회루 북쪽에 돌을 쌓아 대를 만드니 높이는 31척(9.5m)이고 길이는 47척(14.4m), 넓이는 32척(9.8m)인데 돌로 난간을 두르고 간의를 엎드려 놓았다"고 설명해 놓았다. 이 경복궁 대간의대는 혼천의(渾天儀), 혼상(渾象), 규표 등 천문 관측 의기가 설치되고 관측이 수행되었으나 임진왜란 때 파괴되어 아쉬움을 남긴다. 같은 때에 북부 광화방 관상감 터에 설치된 소간의대는 7단으로 되어 있는데, 현재 비원 옆 현대건설 사옥 앞으로 옮겨져 있다. 조선 시대에 설치된 것으로 현존하는 또 하나의 천문대는 숙종 14년(1688) 세종대 소간의대의 전통을 이어받아 축조된 관천대이다. 현재 창경궁에 있으며 높이 2.2m, 5단 화강암 석대로 지어져 있다. 상단부 가운데에는 작은 석대가 위아래로 포개져 있다. 그 위에는 관측 기구를 올려 놓고 고정하는 데 쓰였던 구멍이 있다.

이외에도 조선 시대에 지어진 천문대가 여럿 있었으나 근대 이후 모두 파괴되거나 유실되어 전해지지 않는다. 그중 일부의 모습은 옛 기록이나 고지도를 통해서나 볼 수 있어 아쉬움을 갖게 한다. 그 한 예로는 동궐도(東闕圖)에 그려진 관천대가 있다. 동궐도는 경복궁의 동쪽에 있는 창덕궁와 창경궁을 함께 그린 궁궐도인데, 1820년대 후반에 그려졌다고 추정된다. 그런데 동궐도의 창경궁 안에 관천대 그림이 있다. 동궐도에 그려진 이 관천대는, 창경궁이 동물원이

---

11. 조선유물유적도감 편찬위원회, 《북한의 문화재와 문화유적 IV》, 서울대학교출판부(2000).

(위) 비원 옆 조선 시대의 소간의대(왼쪽)와 창경궁 안 조선 시대의 관천대(오른쪽, 보물 제851호).
(아래) 동궐도에 그려진 창경궁 관천대.

되면서 일제에 의해 옮겨졌다가 현재 동궐도의 그림 위치에 다시 자리를 잡은 창경궁 관천대와 축조 형식이 거의 일치하여 동일물로 생각된다. 한편 경희궁과 그 주변을 그린 서궐도안(西闕圖案)에도 누국(漏局) 옆에 일영대(日影臺)라는 돌계단이 있는데, 이름과 달리 그 모습은 동궐도의 관천대와 비슷하다. 우리나라에서 2000년이 넘는 기간 동안 왕조들의 깊은 관심 아래 천문학이 발전해 온 사실은 오늘날까지 남아 전해 오는 이러한 천문대들의 존재를 통해서도 잘 입증되고 있다.

시간 측정 기기와 역법

시간 측정 기기

일상 생활과 농업, 천체 관측 등을 위해서는 시간을 정확히 잴 필요가 있다. 우리 나라에서는 이 같은 현실적 필요에 의해 예로부터 다양한 종류의 시간 측정 의기가 만들어졌다. 시간 측정 의기는 사용 목적에 따라 일상 생활에서 하루나 일 년 중의 시각을 알고자 할 때 쓰는 일반 시계와 천체 관측에 이용하는 천문시계로 나눌 수 있다. 유물로 전해 오는 일반 시계는 시간 측정 방법에 따라

경주에서 출토된 신라 시대의 평면 해시계(왼쪽, 경주박물관)와 평면 석각 해시계(오른쪽, 온양 민속박물관).

해시계와 물시계로 나누어진다. 천문시계로는 천체의 운행 관측에 사용되었던 전통적인 중국식 혼천의와 그 전통을 이어받아 혼천의와 일반 시계를 결합시킨 시계 등이 있다.

해시계는 가장 역사가 오래된 시계이다. 중국에서는 기원전 10세기 이전부터 사용되어 왔다. 《삼국사기》에

고려 시대의 평면 해시계.

나오는 서기 1세기 초의 일자(日者)나 일관부에 대한 기록을 통해 우리 나라에서도 기원전부터 표(表, 막대기, gnomon) 등을 사용하여 시간을 측정해 왔다고 추정된다. 삼국 시대의 유물로는 경주박물관에 보관되어 있는 서기 6, 7세기경의 해시계 파편이 있다. 이 해시계는 경주 성벽 아래에서 출토되었다. 이 시계의 시반은 원을 24등분하여 중심에서 선을 긋고 각 방향에 글자를 새겼는데, 현재 자시에서 묘시에 이르는 부분이 남아 있다. 온양 민속박물관의 석각 해시계는 신라 시대 해시계의 전통을 이어받은 평면 해시계이다.

고려 시대의 시계에 대한 직접적인 기록은 없다. 그러나 《고려사》〈역지〉에 해시계와 물시계를 사용하여 시간을 결정하는 법이 상세히 나와 있고, 일식 시간을 예보한 기록을 보아 분명히 전문적인 시간 측정이 이루어졌다고 추정된다. 위의 사진은 고려 시대의 평면 석각 해시계이다.[12]

오늘날까지 그 수가 많이 전해 오는 해시계들은 해시계가 본격적으로 만들어

---

12. 전상운, 《시간과 시계 그리고 역사》, 월간시계사(1994).

조선 시대의 앙부일구(성신여대 박물관).

민간에서 사용하던 조선 시대의 해시계
(온양 민속박물관).

부채 끝에 매달아 썼던 조선 시대의 휴대용
해시계(성신여대 박물관).

저 일반인들도 사용하던 조선 시대의 것들이다. 《세종실록》에 따르면 세종 19년 (1437) 정초, 장영실 등이 앙부일구(仰釜日晷, 오목 해시계)를 제작하여 공중 해시계를 설치했다. 현존하는 앙부일구는 덕수궁 궁중유물전시관, 서울대·고려대·성신여대 박물관, 기상청 등에 소장되어 있다. 이것들은 모두 17세기 이후에 만들어졌지만 기본 형식이 동일한 점으로 보아 세종 때의 전통을 이어받은 것들로 추정된다.

우리 고유의 해시계인 앙부일구는 원나라 때 곽수경이 제작한 '앙의'라는 천문 관측 의기의 반구형 모양을 채택하고, 영침(影針)에서 드리워진 해 그림자가 오목한 시반(時盤)에 떨어지는 위치로부터 시간을 측정하도록 되어 있다. 시반에는 가로 방향으로 13개 줄이 서로 나란히 그어져 있는데 해의 고도를 이용하여 일 년 중 24절기를 알아 내는 데에 쓰인다. 또 이에 수직한 세로 선들을 가로지르며 해 그림자가 가로 방향으로 이동하는 것을 보고 하루 중의 시각을 알아 내게 되어 있다. 앙부일구를 제작하려면 관측지의 북극고도 또는 위도를 알아야 하는데, 대부분의 유물에 북극고도가 새겨져 있다.

앙부일구, 즉 오목 해시계는 해 그림자가 떨어지는 면을 오목하게 만들어 시반에서 해가 직선상으로 움직이도록 했다. 반면에 평면 해시계는 시반을 평면으로 만들어 해 그림자가 곡선을 따라 움직이도록 했다. 평면 해시계 또한 오늘날

18세기 초에 관상감에서 만든 신법지평일구(보물 제840호)의 탁본. 한양을 기준으로 하여 만든 조선의 서양식 해시계이다. 옆면에 "新法地平日晷 漢陽北極出地三十七度三十九分"이라는 글이 새겨져 있다.

까지 다수 전해지고 있다. 평면 해시계는 주로 세종대에 만들어진 것과 서양 천문학이 들어온 이후에 만들어진 것들로 구분된다.

그중 신법지평일구는 원래 서양인 선교사 아담 샬(Johann Adam Schall von Bell, 湯若望)의 시헌력법에 따라 명나라 이천경이 1636년에 만들었다. 소현세자가 청나라에서 귀국할 때인 1645년에 가져왔다고 추측된다. 이 유물은 흰 대리석으로 만들어졌는데, 현재 보물 제839호로 지정되어 덕수궁 궁중유물전시관에 보관되어 있다. 같은 전시관에는 보물 제840호인 신법지평일구가 함께 있는데, 18세기 초 관상감에서 검은 대리석으로 만든 것이다. 이것은 한양의 북극고도 37°39′을 기준으로 하여 만든 조선의 서양식 해시계이다. 신법지평일구는 앙부일구의 시반면의 계절선과 시각선들을 평면 위에 전개하여 펼쳐 놓은 평면 해시계이다. 따라서 이 해시계는 서양식 해시계와 우리 전통 해시계인 앙부일구를 한데 결합한 것이라고 할 수 있다. 시반면 위에는 '신법지평일구'라는 이름과 영침을 꽂았던 흔적이 남아 있다.

덕수궁에 남아 있는 조선 시대의 물시계(국보 제229호). 중종 31년(1536)에 제작되었다.

물시계는 물통에서 떨어지는 물의 양을 이용하여 밤에도 시간을 잴 수 있기 때문에 해시계와 함께 널리 사용되었다.[13] 서기 671년에 제작된 일본 최초의 물시계인 누각(漏刻)은 백제 천문학의 영향을 받았다고 알려

송이영의 혼천 천문시계(국보 제230호, 고려대 박물관)[14]

져 있다. 《삼국사기》를 보면 성덕왕 17년(718)에 신라에서 누각이라는 물시계가 만들어졌다는 기록이 있다. 조선 때는 태조 7년(1398) 경루라는 표준 물시계가 만들어져 밤의 시각을 알렸다. 또한 세종 때에는 장영실이 만든 자격루(1434), 옥루(1438) 등과 같은 자동 물시계가 사용되었다. 중종 31년(1536)에는 장영실의 자격루를 복원, 개조하여 조선 말까지 사용했는데 현재 덕수궁에 그 유품이 보존되어 있다. 이 자격루는 그 규모가 클 뿐만 아니라 정교하고 아름답게 제작된 귀중한 유물이다. 우리 나라 만 원권 지폐의 앞면을 장식하고 있다.

천문시계는 중국의 혼천의에서 유래했다. 혼천의란 전통적 우주구조론에 입각하여 만들어진, 천체들의 운행을 관측하는 기구이다. 우리 나라에서 혼천의에

---

13. 우리 나라 물시계에 대한 종합적 연구서로는 다음이 있다. 남문현, 《한국의 물시계》, 건국대학교출판부(1995).
14. 송상용 외, 《우리의 과학문화재》, 한국과학기술진흥재단(1994).

조선 시대의 천문시계. 놋쇠 원반 안에는 별자리가, 둘레에는 12시가 새겨져 있다. 회전하는 조준 막대가 달려 있어 하늘의 별자리를 맞춰 시간을 잴 수 있다(덕수궁 궁중유물전시관).

대한 기록은 조선 시대 《세종실록》에 처음 나온다. 세종 19년(1437) 기사에 여러 천문 의기가 완성되었다는 기록이 있는데, 그중에 물의 힘으로 움직이는 혼천시계가 있다.[15] 혼천의가 천체 관측 기구인데에 반하여, 세종 때에 제작된 천문시계는 천체의 운행을 수력 장치를 이용해 재현하면서 동시에 시간을 알려 주는 시계였다. 세종 때의 혼천시계는 그 뒤에 보수, 복제되다가 임진왜란 때에 소실되었다. 그리고 다시 복구되지 못하다가 효종 8년(1657)에 최유지가 전통 수격식 혼천시계, 즉 선기옥형(璿璣玉衡)을 다시 만들었다. 현종 10년(1669)에 이르러서는 송이영이 전통 혼천의와 서양식 자명종을 연결하여 독자적인 혼천시계를 만

---

15. 전상운, 《시간과 시계 그리고 역사》, 월간시계사, 116쪽(1994).

들었다. 송이영의 혼천시계는 국보 제230호로 지정되어 현재 고려대 박물관에 보관되어 있다. 나무 장 속에 설치되어 있는 이 천문시계는 그 왼쪽에는 지름이 약 40cm인 혼천의를, 오른쪽에는 정교한 시계 장치를 두고 있다. 혼천의는 천체의 운행을 재현하기 위하여 육합의(六合儀), 삼진의(三辰儀), 지구의(地球儀)의 세 천체 모형으로 구성되어 있다. 육합의와 삼진의는 천구와 백도, 황도의 움직임을 표현한다. 17세기의 최신 세계지도가 반영된 지구의는 시계 장치와 연결되어 하루에 한 번 회전하며 지구의 움직임을 표현한다. 혼천의는 시계장치와 톱니바퀴로 연결되어 있다. 그 시계 장치는 두 개의 추에 의해 움직이는데 쇠공을 굴려 종을 치게 하는 등 매우 창의적인 천문시계이다.[16]

역법의 변천[17]

어느 나라에서나 하루의 시간과 일 년 중의 절기를 알아 내는 일은 국가의 중요한 임무이다. 고대부터 인류는 시간을 알아 내기 위하여 해, 달, 별과 같은 천체의 움직임을 관찰하여 그 주기성을 이용해 왔다. 그리고 천체의 주기적 운동을 법칙화해 앞으로의 변화를 예측을 할 수 있는 정량적 천문학을 발달시켰는데 그것이 바로 역법이다.

이러한 역사적 배경으로 인해 세계 어느 나라에서나 천체의 주기적 운동으로

---

16. Needham, J., Gwei-Djen, L., Cambridge, J. H., Major, J. S. *The Hall of Heavenly Records—Korean Astronomical Instruments and Clocks 1380~1780*, Cambridge Univ. Press(1986).
17. 우리 나라 역법의 변천에 대해서는 다음 문헌을 참고하기 바란다. 유경로,《한국천문학사 연구》, 녹두(1999) ; 정성희,〈조선후기의 우주관과 역법〉, 한국정신문화연구원(2001) ; 송두종·안영숙 편집,《한국천문력 및 고천문학》, 천문대, 경문사(1997) ; 한보식,《달력 이야기》, 영남대학교출판부(1994).
    중국의 역법 변천과 그 역할에 대해서는 다음 문헌에서 명쾌한 설명을 볼 수 있다. 이문규,《고대 중국인이 바라본 하늘의 세계》, 문학과지성사(2000).
    동양 천문학사에서의 역법의 중요성에도 불구하고, 이 책에서는 이를 간단히 다루었다. 자세한 설명은 위에 언급한 문헌을 참고하기 바란다.

써 하루와 한 달, 일 년의 길이를 정의하게 되었다. 해가 떠서 남중을 반복하는 주기인 태양일을 하루의 길이로 삼고, 초생달이 뜨는 주기인 태음월(삭망월)을 달의 길이로 정했다. 또 계절이 돌아오는 주기인 태양년(회귀년)을 일년의 길이로 삼았다. 그런데 태양년은 태음월의 정수배가 아니고, 태양년과 태음월 모두 태양일의 정수배가 아니다.[18]

따라서 모년 모월 모일을 쓰는 역법은 필연적으로 불완전하여 일정 시간이 지나면 역법을 고쳐 써야만 하는 문제가 생긴다. 이러한 까닭으로 세계 각국은 역사적으로 역법을 여러 번 바꿔 사용해 왔다. 우리 나라를 비롯한 동양의 여러 나라에서 써 오고 있는 음력이란, 달의 삭망주기를 따르면서도 가끔 윤달을 넣어

_현대 과학에서 시간은 어떻게 측정할까?

가장 먼저 꼽을 수 있는 시간 측정법은 원자시계를 이용하는 방법이다. 기저 상태에 있는 세슘 동위원소 ^{133}Cs의 초미세 준위 사이의 천이에서 나오는 빛이 9,192,631,770번 진동하는 기간을 원자시간으로 1초로 정의한다.

둘째, 하늘의 천장에 한 은하가 지구가 자전함에 따라 다시 제자리에 나타나는 데 걸리는 시간을 세계시(Universal time)로 1일이라 정의한다.

셋째, 지구가 목성의 공전궤도면을 북에서 남쪽으로 통과하는 주기를 역표시(ephemeris time)로 1년이라 정의한다.

원자시계에서는 전자기력이 작용하며, 세계시에서는 지구의 자전, 즉 관성력이 작용한다. 역표시에서는 중력이 작용한다. 세슘 원자시계는 1967년에 국제적으로 시간 측정기로서 공인되었다.

---

18. 1 태양년은 365.2422일이고, 1 태음월은 29.53059일이다.

계절의 변화를 따르도록 한 태음태양력(太陰太陽曆)이다. 반면에 오늘날 전세계적으로 쓰이고 있는 그레고리력은 달의 위상이 차고 기우는 주기를 전혀 고려하지 않고 계절의 변화만을 따라서 만든 태양력이다. 꽤 정확한 역이지만 역시 불완전하여 윤일을 넣는 규칙이 있으며, 현대에 와서는 가끔 윤초를 넣어 시간을 보정하기도 한다.

삼국 시대 이전에 쓰인 역은 상고할 길이 없다. 삼국 시대부터 우리 나라에는 중국의 역법이 지대한 영향을 미쳤다. 삼국 시대에 쓰인 역법을 분명히 확인할 수 있는 유물은 삼국 시대의 왕릉 가운데 유일하게 무덤 주인이 확인된 공주 무령왕릉에서 출토된 지석이다. 이 지석의 역일을 통해 백제 말기에 쓰인 역의 하

지석에 "영동대장군 백제 사마왕이 62세 되는 계묘년(523) 5월 병술 초7일 임진날에 돌아가시니 을사년(525) 8월 12일에 대묘에 안장하고 다음과 같이 문서를 작성한다"고 새겨져 있다 (국보 제 163호).

나가 남송의 원가력(남송에서 445~509년 시행)이었음이 밝혀졌다.《삼국사기》백제전에는 무령왕 23년(523)조에 "여름 5월에 왕께서 돌아가셨다. 시호를 무령이라 했다"고 기록되어 있어 지석의 기록과 일치한다.《주서(周書)》백제전에도 백제가 원가력을 썼다는 기록이 있다.《일본서기》에 따르면 백제는 성왕 32년(554)에 일본으로 역박사 고덕왕손을 보냈고, 무왕 3년(602)에도 관륵이 역본과 천문서를 전했는데, 2년 뒤인 604년부터 일본은 원가력을 쓰기 시작했다.

한편, 고구려 광개토대왕 비문의 연대는 북위의 역을 쓰고 있다.[19]《삼국사기》〈고구려본기〉영류왕 7년(624)에 당에서 역서를 구했다는 기록이 있으나, 그 이상 고구려의 역법을 살펴볼 기록이나 유물은 없다.

《삼국사기》에 따르면 신라는 문무왕 14년(674) 때 대내마 덕복이 당에서 일력 만드는 법을 배워 와 새 역으로 고쳐 썼다고 한다. 그 역은 인덕력(당에서 665~728년 시행)이었다. 이 기록은 이미 그 이전에 역이 쓰이고 있었음을 뜻하나 무엇인지는 알 수 없다. 그 뒤 당의 선명력(당에서 822~892년 시행)이 들어와 사용되었다. 선명력은 발해를 통해 일본에도 전해졌다. 한편《삼국사기》애장왕 2년(801)에 일식을 예측한 기록이 있는 점을 볼 때, 늦어도 이 시기에는 해와 달의 운행을 계산할 수 있었음이 확실하다.

고려 시대에 사용된 역은《고려사》〈역지〉에 상세히 설명되어 있다. 고려 초기에는 신라 때 쓰던 선명력을 계속 사용했다. 현종 13년(1022)에 송의 건흥력을 들여왔으나 쓰지 않다가 문종 6년(1052)에 김성택이 십정력, 이인현이 칠요력, 한위행이 경행력, 양원호가 둔갑력, 김정이 태일력 등을 편찬하기도 했다. 이 역들은 이름만 전해질 뿐 그 내용은 전해지지 않는다. 충렬왕 7년에 원나라 사신이 곽수경이 만든 수시력(원에서 1281~1367년 시행)을 전해 주었는데 바로 쓰지 못하다가, 충선왕 때 최성지가 원에서 역법을 배워 오면서 수시력을 사용하게 되

---

19. 유경로,《한국천문학사 연구》, 녹두, 8쪽(1999).

_우리 나라의 연호 문제

전통 시대에는 임금의 재위 연대에 붙이는 칭호로서 연호가 사용되었다. 연호는 어느 특정 해부터 햇수를 세기 위해 사용했는데, 대개 한 왕이 재위에 올랐을 때 새로 사용하곤 했다. 예를 들면 고구려 광개토대왕이 영락(永樂), 백제 위덕왕이 건흥(建興), 신라 지증왕이 연수(延壽)란 연호를 사용했다. 그러나 우리 나라에서는 대부분의 시기에 중국의 연호를 사용했다. 이에 대해 일본 역사가들은 우리 선조가 사대 사상에 빠져서 자주 독립 정신이 없었기 때문이라고 비판해 왔다. 우리 학계에도 그런 주장이 적잖이 영향을 미친 것으로 보인다.

또 중국 연호가 쓰여 있는 우리의 유물이 중국의 것으로 오해받는 경우도 많았다. 세종 때의 측우기가 바로 그 예이다. 이에 대해 한국외대 박성래 교수의 지적을 귀담아들을 만하다. 우리가 중국의 연호를 자주 사용해 온 까닭을 중국의 달력을 매해 쉽게 구해 쓸 수 있었고, 중국 문화권과의 교류에 있어 편의를 고려했던 데에서 찾아야 한다는 것이다. 우리 고유의 연호를 쓴 시기가 대개 중국과 교류가 없거나 사이가 나쁘던 때, 또는 중국의 나라들이 혼란을 겪던 때였다는 사실은 이 해석과 부합한다.

오늘날 우리는 역의 기원 시점, 달의 이름, 길이 등에 유럽인의 역사적 배경이 짙게 묻어 있는 서양력을 쓰고 있다. 또 하루의 시간은 일본 동경에서 바라보는 해의 운동에 따른 시간을 받아들여 사용하고 있다. 그래서 춘분날 낮 12시 정오에 동경에서는 해가 남중하지만, 서울에서는 약 30분 뒤에야 남중한다. 그러나 우리가 서양력을 채택하고, 동경 표준시를 쓰는 것이 서구인과 일본인에 대한 숭배심 때문이라고 보는 현대인은 아무도 없을 것이다. 혹 그렇게 해석하는 역사학자가 1000년 뒤에 나올지는 모르겠지만 말이다. 우리가 음력과 단기를 버리고 서력을 쓰고 있는 이유는, 오늘날 세계인의 대다수가 쓰고 있는 서력을 사용하는 것이 세계 속에서 활동하는 국민의 생활에 편리하기 때문이다. 중국과 빈번한 교류를 해 온 우리 선조들이 중국의 역과 연호를 채택해 온 주 목적을 똑같은 이유에서 찾아야 할 것이다.

었다. 공민왕 19년(1370)에 명의 대통력(1368~1644)이 들어왔으나 이는 내용상 수시력과 거의 같다.

조선은 국초에 수시력, 대통력, 선명력을 함께 사용하다가 세종 때에 이순지, 김담 등이 수시력과 대통력의 장점을 취하여 만든 역서 칠정산내편을 시행했다(1433). 이것은 관측 지점을 한양에 둔 자주적인 역서이다. 또 아랍의 회회력을 보정하는 한편, 역시 한양을 관측지로 한 칠정산외편도 편찬했다. 효종 4년(1653)에는 서양 역법을 사용한 청의 시헌력(1645~1741)을 시행했다. 그러나 오성법에 대한 수치표가 없어 오행성에 대한 계산은 칠정산을 따르다가 1705년에 이르러서야 모든 역계산을 시헌력에 맞출 수 있었다. 정조 6년(1782)에는 시헌력법에 의한 천세력이 간행되었다. 그 뒤 조선은 1896년에 이르러 음양력을 버리고 서양식 태양력을 공식 채택하기에 이른다. 태양력 시행을 알리는 당시 관보의 내용은 다음과 같다.

(조선) 개국 504년(1895) 11월 17일을 505년(1896) 1월 1일로 한다.

즉, 음력 1895년 11월 17일을 양력 1896년 1월 1일로 정한 것이다. 그러나 음력은 민속 절기나 생일과 어우러져 있기 때문에 민간에서는 이를 지키지 않을 수 없었다. 또한 농사일의 시점과 계절의 중요한 변화를 여전히 24절기로 파악했기 때문에 이 역시 지키지 않을 수 없었다. 따라서 현재에 이르기까지 음력과 절기는 서양식 태양력 달력에도 반드시 병기해야 할 역으로 남아 있다. 해방 이후 역의 기원을 단군조선 개국 원년으로 한 단기를 사용해 오다가, 1961년 12월 국가재건 최고회의에서 '연호에 관한 법률'을 결의함으로써 공식 문서에서 단군 기원을 버리고 서력 기원을 사용하도록 했다. 이로 말미암아 단기는 서기와 한동안 같이 쓰이다가 이제는 거의 사라졌다.

천문도

청동기 시대의 천문도

천체를 관측하려면 천문도가 필요하다. 발견된 유물 중 가장 오래된 별자리 그림을 볼 수 있는 것은 고인돌과 선돌이며, 현재 이에 대한 연구가 진행 중이다. 이중 주목할 만한 것은 충북 청원군 아득이 마을 고인돌에서 출토된 별자리판이다. 이는 길이가 약 30cm 정도인 돌판인데 북두칠성, 작은곰자리, 용자리 등의 별자리들이 작은 홈으로 새겨져 있다.[20]

아득이 고인돌 별자리판의 내용과 그 가치에 대해서는 앞에서 자세히 설명했다. 이외에도 북한에서 고인돌 덮개돌에 새겨진 별그림이 여럿 보고된 바 있다.

충북 청원군 아득이 마을 고인돌에서 출토된 별자리가 새겨진 돌판(충북대 박물관).

---

[20]. 박창범·이용복·이융조,〈청원 아득이 고인돌 유적에서 발굴된 별자리판 연구〉,《한국과학사학회지》, 제23권, 3~18쪽(2001).

(왼쪽) 안악 3호분(357) 앞간 천장. 별그림이 발견된 가장 오래된 고구려 고분이다.
(오른쪽) 덕흥리 고분(408) 앞간 천장. 별자리 이름이 쓰여진 고분으로는 가장 오래된 것이다.

이 청동기 시대 고인돌과 선돌들에 새겨진 천문도들은 우리 나라 천문과학의 기원을 직접적으로 밝힐 수 있는 중요한 유산이다.

삼국 시대의 천문도

《삼국사기》에 나타나는 각종 천문 현상 기록의 내용으로 보아 우리 나라에서는 늦어도 서기전 1세기인 삼국 시대부터 천문도가 천체 관측에 쓰였다고 추정된다. 서기 4세기 중엽부터는 고구려의 석실 고분벽화에 천문도들이 그려져 있어 당시에 알려진 별자리들을 직접 확인할 수 있다. 현재까지 별자리가 확인된 고구려 고분은 24기에 이른다.[21] 고분벽화의 별자리 그림은 해와 달과 북두칠성 등을 간단히 그린 것부터 100개가 훨씬 넘는 별들을 그린 것까지 다양하다. 그중에서도 가장 최초의 것은 357년에 축조된 안악 3호분의 별그림이다. 덕흥리 고분(408)에는 견우, 직녀와 같은 별자리 이름이 한자로 나오기 시작하며, 덕화리

(위) 덕화리 2호분(5세기 말~6세기 초) 안간 천장. 28수 별자리와 이름이 쓰여 있다.
(아래) 진파리 4호분(6세기 초)의 안간 천장. 별자리의 금분이 대부분 떨어져 나갔으나 136개의 별들이 확인된다.

21. 김일권, 〈고구려 고분 벽화의 별자리 그림 考定〉, 《白山學報》, 제 47호, 51~106쪽(1996).

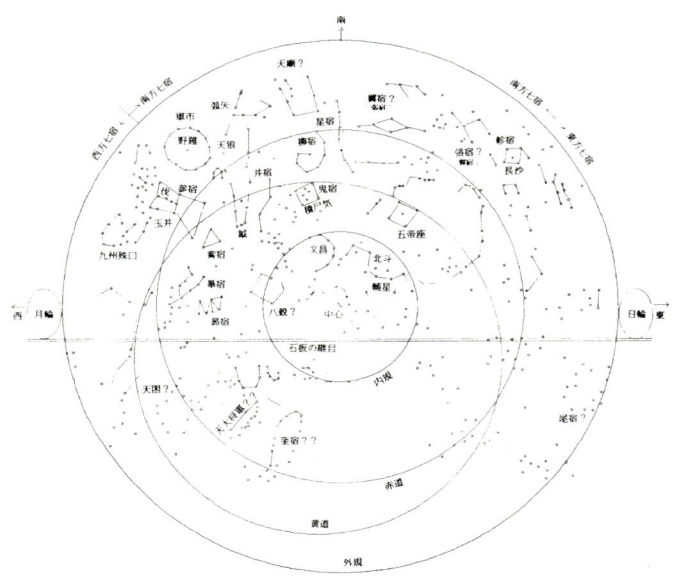

기토라 고분 천장의 별그림(7세기 후반). 관측자의 위도가 고구려 강역의 위도와 일치한다. 아래 그림은 중국식 전통 별자리와의 동정 결과이다.[22]

2호분(5세기 말~6세기 초)에는 28수의 한자 이름이 쓰여 있다. 특히 평양의 진파리 4호분(6세기 초)의 천장 그림에는 136개 이상의 별들이 크고 작은 원들로 그려져 있는데, 북극 주변의 별자리들을 별의 밝기에 따라 구별하여 그린 것으로 보인다.

삼국 시대의 천문도에 대한 기록 중 하나로는 조선 초 양촌 권근이 쓴 천상열차분야지도 그림 설명의 내용 중 "옛 평양성에 천문도가 있었다"는 석문을 들 수 있다. 고구려 평양성에 석각 천문도가 있었으나 전쟁으로 잃어 버리고, 오랜 세월이 흐른 뒤 그 인본만이 남아 이를 바탕으로 조선 초에 천상열차분야지도를 새겼다는 내용이다. 따라서 고구려의 천문도는 천상열차분야지도를 통해서도 볼 수 있다. 천상열차분야지도는 1세기경 하늘의 별자리를 보여 주는 천문도이다.

한편 7세기 후반에 축조되었다고 추정되는 일본 나라현 아스카(明日香)의 기토라 고분의 천장 별그림 역시 고구려의 천문 지식과 주변국으로의 전파를 보여 주는 예이다. 1998년 3월 고분 내부의 촬영이 이뤄지면서 발견된 이 천문도에는 남극 주변을 제외한 온 하늘의 별자리가 그려져 있다. 세계에서 가장 오래전에 온 하늘을 그린 천문도이기도 하다. 둥그런 천문도 안에 주극원, 적도원, 황도를 그린 양식이 중국 순우천문도(1247)나 조선의 천상열차분야지도(1395)와 똑같아 동북아시아의 천문도 양식의 전통을 보여 주는 원조라 하겠다.

그런데 지지 않는 별들의 한계인 주극원과 출몰성의 남방한계인 외곽원의 크기로부터 추정한 관측자의 위도가 북위 39°~40°인 점을 눈여겨볼 만하다. 이는 기토라 고분의 위도가 아닌 바로 고구려 강역의 위도이다. 또한 별들의 위치를 살펴본 결과에서도 그 관측 시점이 천상열차분야지도와 비슷한 약 2000년 전 하늘의 모습을 담은 것으로 확인되었다. 별자리 이름이 언급된 일본 최초의 고대 기록은 이때로부터 600년 이상이 지난 뒤에야 나타난다. 그러므로 이 천문도의

---

22. 橋本敬造, 《古代文化》, 97호, 13~31쪽(1998) ; 宮島一彦, 《古代文化》, 97호, 58~69쪽(1998).

백제의 능산리 고분벽화 중의 백호도(부여박물관).

별자리 지식은 주변국에서 들어온 것이어야 한다. 결국 이 천문도는 고구려의 천문도를 옮겨 그린 것이라고 판단할 수 있다.

백제나 신라의 무덤 양식은 대개 별자리 그림 벽화를 그리기에 부적합했다. 현재 별그림이 나타나는 백제의 유물이나 유적은 알려진 바가 없으나, 부여 능산리 고분(6~7세기)에는 천문 방위와 밀접한 관계가 있는 사신도가 그려져 있고,[23] 공주 송산리 6호분 벽화에도 해와 달과 사신상 그림이 있다. 또 무령왕릉(525)에서 출토된 청동신수문경에는 천문 방위를 나타내는 십이지 문자가 있다.[24]

고구려와 백제가 멸망한 뒤 하대 신라기인 효소왕 1년(692)에는 당나라에서 승려 도증이 천문도를 가져와 바

무령왕릉에서 출토된 청동신수문경의 십이지 문자 (국보 제161호, 공주박물관).

납석제 남녀합장상(왼쪽, 경주박물관)과 경주 황룡사지에서 출토된 신라 청동거울의 사신상(오른쪽, 경주박물관).

쳤다는 기록이 있다. 유물로는 하대 신라 때에 만들어진 많은 십이지상들과 경주 황룡사 터에서 출토된 7세기 무렵의 청동거울의 사신상이 있다. 또한 경주박물관에 소장된 8~9세기경에 제작된 남녀합장상에는 해와 달, 북두칠성, 남두육성 그림이 새겨져 있다. 이 유물은 삼국 시대의 문화를 이어받은 하대 신라 때 널리 보급되었을 천문 지식을 간신히 엿볼 수 있는 희귀 유물이다.[25]

고려 시대의 천문도

고려 시대의 천문도에 대한 기록으로는 뛰어난 천문점성가였던 오윤부

---

23. 부여국립박물관, 《부여국립박물관 도록》, 삼화출판사, 46쪽(1997).
24. 공주시, 《공주의 문화유적—무령왕릉 공산성을 찾아서》, 자연과문화사(2000).
25. 국립경주박물관, 《국립경주박물관 도록》, 갑우문화, 60쪽(2001).

(?~1305)가 천문도를 제작했다는 《고려사》의 기록과 봉선사(奉先寺)에 성상도(星象圖)가 있었다는 기록뿐이다. 유물로는 28수를 나타낸 청동거울(11세기경)이 있다.[26]

관측천문학이 활발했던 고려 시대엔 더욱 많은 천문도가 제작되었으리라고 추정되나 오늘날에는 석실형 고분에 그려진 벽화만을 볼 수 있다. 현재 별그림이 발견된 고려 고분은 고려 정종의 안릉(949), 문종의 경릉(1083), 서삼동 고분(12세기 초), 신종의 양릉(1204), 원종의 소릉(1274), 충목왕의 명릉(1348), 칠릉, 서곡리 벽화묘(1352), 공민왕의 현릉(1365) 등이다. 또 법당방 고분, 수락동 고분 등 여러 고분에 십이지상과 사신도가 그려져 있다.[27]

고려 고분벽화의 별그림은 고구려와 조선 시대 천문도 사이의 공백기를 메워주는 값진 것이다. 서삼동 고분은 안동시 서삼동 야산 능선에 있는 12세기 초의 무덤이다. 천장 가운데에 해와 달, 북두칠성과 비슷한 9개의 별을 그려 넣어 고구려의 고분 천문도의 형식을 그대로 따랐다. 그 바깥에는 연결선이 없는 별자리들이 둥그렇게 둘러져 있는데 확인되는 별이 165개이다. 또 벽에는 사신도와 인물도가 그려져 있다.[28]

경기도 파주시 서곡리 벽화묘는 고려 말 권준(1281~1352)의 무덤으로 천장 돌판 가운데에 큰 동그라미가 둘러져 있고 그 안에 북두칠성과 삼성 별그림이 있다. 화강석 벽에는 십이지신상이 함께 그려져 있다. 권준은 조선 태조 때 천상열차분야지도의 도설을 쓴 권근의 큰할아버지이다. 고려-조선의 천문도로 이어짐과 함께 별그림을 그리는 주체가 대물림되는 것을 볼 수 있다.

한편 전남 화순의 운주사에는 고려 시대에 축조되었다고 추정되는 칠성석이

---

26. 전상운, 《한국과학기술사》, 정음사, 43쪽(1984).
27. 문화재관리국 문화재연구소, 《파주 서곡리 고려벽화묘 발굴조사 보고서》, 서울인쇄공업협동조합, 118쪽(1993).
28. 유경로·박창범, 《한국의 천문도》, 천문우주기획(1995).

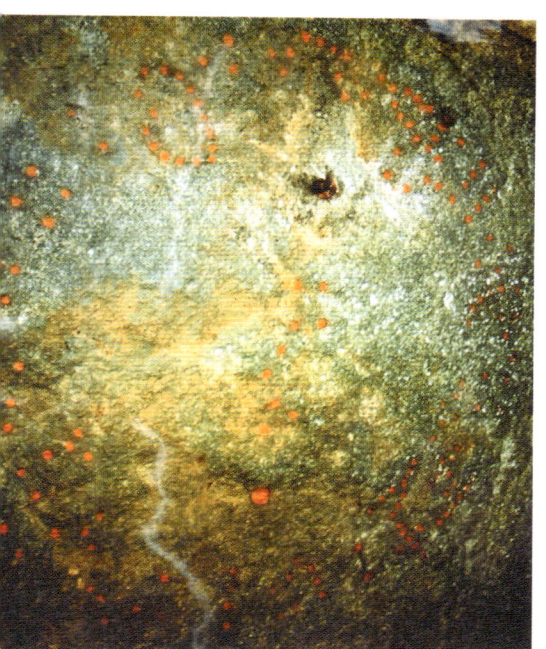 

안동시 서삼동 고분의 천장 벽화(왼쪽)와 경기도 파주시 서곡리 벽화묘의 천장 별그림(오른쪽).

있다.[29] 운주사 입구의 계곡 경사면에 놓인 이 칠성석은 7개의 바위를 각각 둥그런 원반 모양으로 잘 깎아서 북두칠성 꼴로 늘어놓은 것이다. 대체로 북두칠성을 이루는 별들의 밝기를 반영하여 돌의 크기를 달리했다. 별자리의 모양은 하늘을 올려다본 모습이 아닌, 물위나 거울에 비춰 보았을 때처럼 뒤집힌 모습을 하고 있다.

조선 시대의 천문도

조선 시대에는 개국과 더불어 천문도가 만들어졌다. 이것이 고구려 천문도를

우리역사 속에 스며 온 천문학 | 175

공민왕릉 천장에 그려진 북두칠성(왼쪽)과 삼성(오른쪽).

화순 운주사 칠성석.

바탕으로 제작된 석각 천문도 천상열차분야지도이다. 태조 4년(1395)에 제작되었으며 온 하늘의 별자리들을 새긴 석각 천문도로서는 그 제작 연대가 중국의 순

---

29. 김영성·박종철,〈전남 화순 운주사의 칠성석에 관한 천문학적 조사〉,《천문학논총》, 제10권, 109~125쪽(1995).

우 천문도(1247)에 이어 세계에서 두 번째로 오래된 것이다. 이 천문도에 새겨진 하늘의 모습은 서기 1세기경의 것으로, 사실상 세계에서 가장 오래된 하늘의 형상을 표현한 희귀 과학 유물이다.[30] 태조 석각본은 국보 제228호로 지정되어 현재 덕수궁 궁중유물전시관에 보관되어 있다(85쪽과 112쪽 참조).

천상열차분야지도에는 1467개의 별들과 은하수, 주극원, 적도, 황도, 28수의 구역 등이 돌에 새겨져 있다. 별들은 실제 밝기에 정비례하는 크기로, 또 천문도 중심에서 별까지의 직선거리가 북극에서부터 별까지의 실제 각(角)거리에 정비례하도록 새겨졌다. 또한 천문도 중심부인 주극원 안쪽에서는 별자리 위치가 조선 초에 맞춰져 있고, 바깥쪽에서는 약 2000년 전에 맞춰져 있다. 관측자의 위도 또한 천문도 중심인 북극 근처는 한양의 위도인 북위 38°를, 그 바깥의 저위도지역은 고구려의 위도인 북위 약 40°를 나타내고 있다. 이는 고구려 시대의 원천문도에서 조선 초 당시에 북극 근처만을 수정했기 때문이다.

천상열차분야지도는 조선 시대 전 기간에 걸쳐 지식인들이 갖추어야 할 전통 천문 지식을 대표한다. 태조본 천상열차분야지도는 숙종 때에 복각되었으며, 숙종본을 탑본한 탁본들과 필사본들이 사대부가에 다수 전해 온다. 한 가지 흥미로운 천상열차분야지도는 대관령 박물관에 소장된 필사본이다. 이 천문도에는 기존 천상열차분야지도에 기록된 천문학적 내용에 덧붙여 하늘과 천체의 운행 방향, 일 년의 날수(365.25일), 24절기마다의 일출 시각, 밤낮의 길이, 해의 위치, 다섯 행성의 이동 속도와 주기, 해와 달, 일식과 월식, 달의 위상 변화 등 전통 시대의 천문학적 지식이 거의 총망라되어 있다. 특히 각 별자리에 대응하는 지상의 지역을 다른 천문도에서처럼 중국의 지명을 쓰지 않고 우리 나라의 지명을 사용하여 자주적인 면도 엿보인다.

---

30. 박창범, 〈천상열차분야지도의 별그림 분석〉, 《한국과학사학회》, 제20권, 113~149쪽(1998).

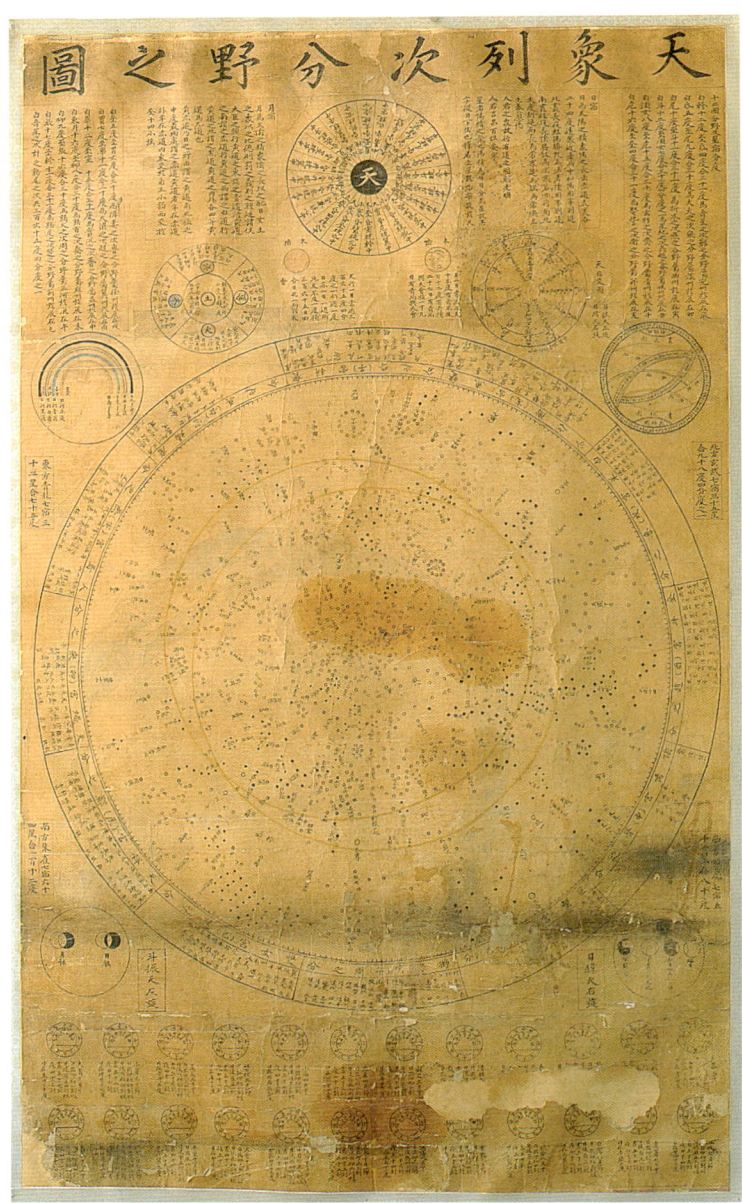

대관령 박물관에 소장된 천상열차분야지도 필사본.

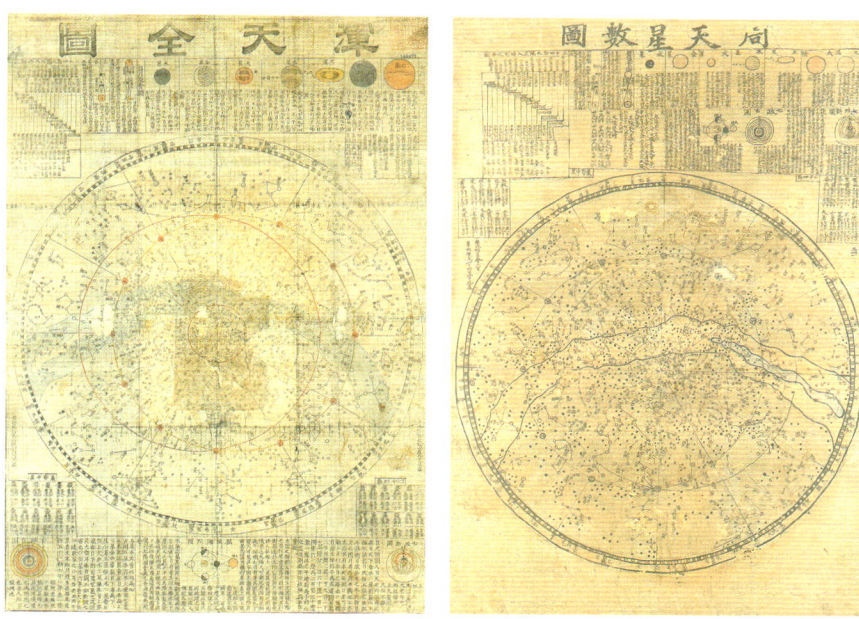

혼천전도(왼쪽, 규장각)와 하늘의 별을 천구 바깥에서 내려다본 모습으로 그린 주천성수도(오른쪽, 성신여대 박물관).

조선의 천문도는 천상열차분야지도 계열의 구법 천문도와 서양 천문학의 영향을 받아 제작된 신법 천문도로 나뉜다. 17세기부터는 서양 선교사들을 통해 중국에 유입된 천문 지식이 조선에도 흘러 들어왔다. 인조 9년(1631) 정두원이 육약한(Johannes Rodriguez)으로부터 서양 천문학의 추보법을 배우고 천문 및 역산 관련 서적과 천리경(망원경) 등을 가져온 일, 이영준이 프톨레마이오스의 우주구조론을 설명한 양마낙(Emmanuel Diaz)의 《천문략》을 들여온 일 등이 그 시작이었다.[31]

숙종 34년(1708)에는 명나라 서광계 등이 탕약망(Johann Adam Schall von Bell)에게서 배워 만든 '적도남북양총성도'를 허원이 들여왔다. 서양 천문학의 도입에 영향을 받은 조선의 관상감은 이 시기에 천문대, 혼천의 등 관측 의기를 새로 제작하고 전통 천문도를 확장했다. 그리하여 18세기 후반의 것으로 보이는 혼천

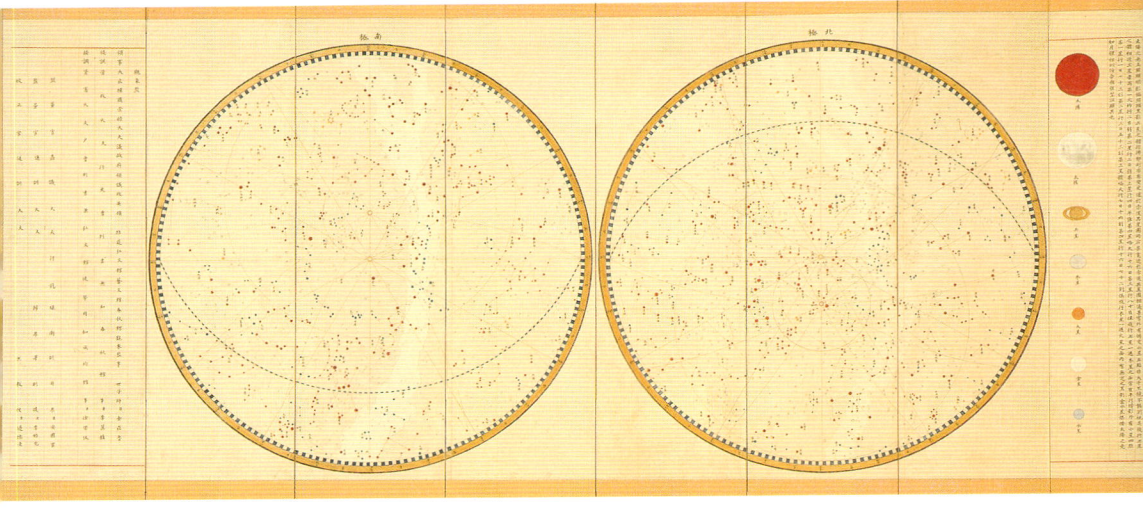

속리산 법주사에 있는 원본(보물 제848호)을 모사한 병풍식 황도남북총성도(세종기념관).

전도, 주천성수도, 황도남북총성도 등과 같은 천문도들이 많이 제작되었다. 여러 신법 천문도들에는 북반구와 남반구 두 개의 원이 그려지고, 남극 주변의 별들이 새로이 추가되었다.

황도남북총성도는 영조 18년(1742)에 제작되었다. 이는 천문관 김태서와 안국빈 등이 사신으로 청나라에 가서 쾨글러(Ignatius Kögler, 戴進賢)가 1723년에 만든 황도총성도를 직접 배워 만든 신법 천문도이다. 현재 보물 제848호로 지정되어 속리산 법주사에 보관되어 있다. 8폭 병풍으로 된 이 천문도의 첫째 폭에는 망원경을 이용해 알아 낸 당시의 천문학 지식이 설명되어 있다. 또 해, 달, 토성, 목성, 화성, 금성, 수성이 크기와 빛깔을 달리하여 그려져 있다. 토성과 목성의 위성들의 회전 속도도 함께 적혀져 있다. 둘째부터 넷째 폭까지엔 황도 북반구

---

31. 유경로, 《한국천문학사 연구》, 녹두, 218쪽(1999).

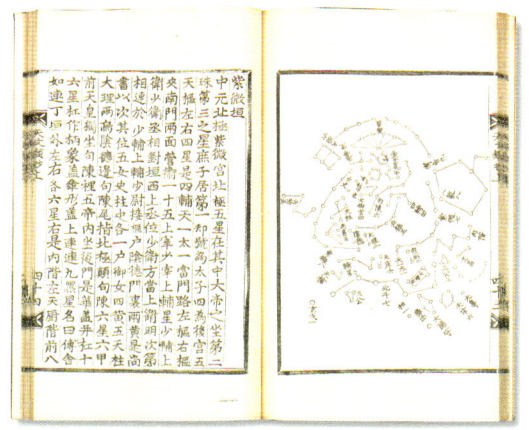

조선 세종대왕 때 이순지가 저술한 《천문유초(天文類抄)》에서 북극 근처의 별자리를 설명한 자미원 부분.

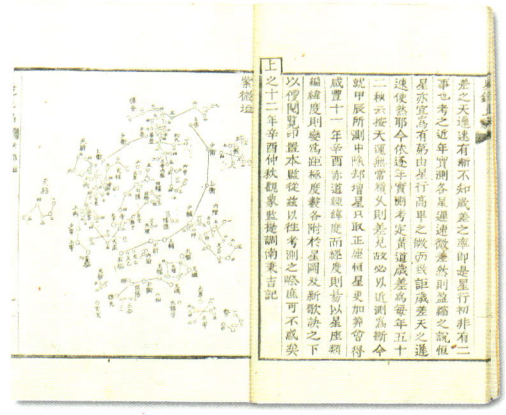

조선 철종 때(1861) 남병길이 저술한 《성경(星鏡)》에서 자미원 부분.

를 나타내는 원이 3중으로 그려져 있다. 이 원의 중심이 황도북극이고 둘레가 곧 황도인데, 이를 360등분하는 눈금띠가 매겨져 있다. 원 안쪽 위를 지나는 눈금줄은 황도와 23.5° 기울어진 적도를 나타낸다. 황도북극과 적도북극을 중심으로 12줄이 그어져 원 내부를 12등분하고 있다. 원둘레, 즉 황도에는 12방위와 24절기가 적혀 있다. 또 원 안에는 위아래로 흐르는 은하수가 엷게 그려져 있다. 다섯

째부터 일곱째 폭까지는 똑같은 방법으로 황도 남쪽 하늘의 별그림이 그려져 있다. 천문도에 그려진 별의 개수는 북쪽에 1066개, 남쪽에 789개로 총 1855개이다. 원본인 쾨글러의 황도총성도는 300좌 3083개 별을 담고 있다.

서양 천문학의 전래 이후 전통 별자리들이 실측되고 재정비되었다. 철종 12년(1861)에는 남병길이 중국의 별목록인 《흠정의상고성 속편》에 수록된 별의 위치를 토대로 세차운동을 보정하여 《성경》이라는 별목록 겸 별그림책을 제작했다. 《성경》에는 별들의 좌표와 등급, 성도가 수록되어 있는데 별의 좌표가 $2 \sim 3°$ 이내로 정확하여 거의 모든 별들이 실제의 별들과 동정(同定)이 된다. 이듬해인 철종 13년(1862)에는 이준양이 《신법 보천가》라는 천문서를 만들었다. 《신법 보천가》는 《성경》과 함께 조선 후기의 천문 지식을 대변한다.

12
고대 천문 관측 자료

중국과 한국은 2000년이 넘는 기간 동안 왕조의 공식 관청에서 천문 현상을 체계적으로 관측하여 방대한 기록을 남겼다. 이 자료는 현대 과학에서 지구와 천체의 장기적 변화를 연구하거나 고대 역사를 연구하는 데 매우 유용한 자료들이다. 우리 나라의 고대 왕조들이 남긴 천문 현상 기록들은 중국 대륙에 있었던 여러 나라들이 남긴 기록에 비해 전체적인 양은 적으나 특정 현상의 경우 기록이 더 풍부하기도 하다. 특히 그 관측 사실의 신빙성이 일반적으로 중국에 비해 높고 안정되어 있다. 우리 나라의 고대 천문 기록들을 현상 종류별로 모두 거론할 수는 없으므로 그 가운데에 특기할 만한 경우만을 소개하겠다.

《삼국사기》와 《삼국유사》에는 일식과 혜성과 행성의 움직임, 달과 행성의 엄폐 현상, 유성과 운석의 낙하, 오로라 등에 대하여 서기전부터 240개가 넘는 관측 기록이 나온다. 이중 서기 4~5세기 이전의 기록들은 삼국의 초기 역사를 검증하는 데에 유용한 자료들이다. 앞서 지적한 대로 천문 현상 기록은 천체 역학적 계산에 의해 그 사실성을 검증할 수 있다. 그러므로 사서에 실린 천체 관측 기록을 계산을 통해 확인하여 사서의 신빙성을 검증하거나, 기록의 시점을 절대적 근거에서 찾아내거나, 관측과 기록의 내용으로부터 과학과 기록 문화의 수준을 가늠해 낼 수 있다.

그중 《삼국유사》에 실린 천문 현상 기록은 7개이다. 신라 아달라이사금 4년(158)에 "해와 달이 광채를 잃었다"는 기록과 함께 일관이란 직명이 나온다. 그리고 진평왕 때 혜성이 심대성(心大星, 전갈자리 별)을 범한 기록, 효소왕 2년

천체의 위치와 운동을 측정하는 데 사용된 혼천의(渾天儀) 모형(경기도 박물관).

(693)에 혜성이 나타난 기록 2개, 경덕왕 19년(760)에 두 해가 나타난 기록, 혜공왕 2년(766)에 운석이 떨어진 기록 2개 등이 보인다. 이밖에도 오로라를 기술한 것으로 보이는 기록들, 선덕여왕 때 세운 첨성대, 김유신이 태어날 때 등에 있던 칠성무늬, 반고의 천지개벽신화, 원효대사가 태어날 때 유성이 안기는 태몽 등의 천문 관련 기사가 쓰여 있다. 그러나 《삼국유사》의 천문 기록은 현상의 사실 여부를 천체 역학적 계산으로 확인할 수 없는 기사들뿐이다.

수천 년 동안 지속적으로 관측된 천문 현상 기록은 단순히 역사적 또는 과학사적 가치를 지닐 뿐만 아니라 현대 과학에도 매우 중요한 자료가 된다. 특히 장기간의 관측 자료가 필요한 천문 현상의 경우 고대 관측 자료는 필수적이다. 대표적인 예가 태양 활동에 대한 기록들이다. 태양흑점은 흔히 과학사 서적에서

1611년 요하네스 파브리치우스나 갈릴레오 갈릴레이가 처음 발견했다고 쓰여 있다. 그러나 중국에서는 서기전부터 이에 대한 관측 기록이 나오고, 우리 나라에서도 하대 신라 때부터 흑점과 관련된 기록이 나온다. 흑점 기록이 본격적으로 나오는 고려 시대의 기록을 보면 흑점의 11년 주기가 완연히 나타난다. 왕조가 빈번히 바뀌었던 중국측의 흑점 자료에서는 이러한 주기성이 나타나지 않는 것과 대조적이다. 이 사실은 우리의 관측 기록이 지닌 정확성과 더불어 관측과 기록이 오랜 세월에 걸쳐 고르고 안정되게 지속되었음을 입증해 준다.

태양 활동의 지표로서 거론할 수 있는 또 하나의 기록은 오로라 관측 기록이다. 우리 나라에서 오로라가 관측되었다는 사실에 회의를 품는 의견들이 있었지만, 최근 들어 적기(赤氣)나 적침(赤祲)으로 주로 표현된 옛 기록들이 오로라 현상을 기술한 것임이 입증되었다. 우리 나라는 세계에서 고대 오로라 기록을 가장 많이 남긴 국가이다. 1747년까지 조사된 중국과 일본의 오로라 기록은 294개와 50개에 불과한 반면, 우리 나라의 고대 기록은 국제적으로 알려진 것만도 711개에 이른다.[32]

또한 우리 나라 오로라 기록들의 시간적 분포를 보면 약 11년 주기가 강하게 나타나 있어 실제 태양 활동의 주기가 잘 반영되어 있다. 반면, 중국측의 적기 기록은 이러한 주기성을 거의 보이지 않는다. 태양 활동이 수백 년간의 장주기 변화를 갖는지 알아 내거나, 그 변화의 성질과 원인을 분석하기 위해서는 흑점이나 오로라, 또는 지구의 날씨 변화를 수천 년 동안 관측한 기록이 필요하다. 이러한 맥락에서 우리 고대 왕조들이 남긴 정확하고 지속적인 자연 현상 관측 기록들은 지구와 태양계의 환경 변화를 규명하는 데에 기여할, 인류의 소중한 유산이라 할 수 있다.

천문 현상 관측 자료로서 또 주목할 만한 것들은 핼리혜성을 비롯하여 삼국 시

---

32. 劉君燦, 《中國天文學史新探》, 明文書局(1988) ; 양홍진・박창범・박명구, 〈고려시대 흑점과 오로라 기록에 보이는 태양활동주기〉, 《천문학논총》, 13, 181~208쪽(1998).

대부터 나타나는 여러 혜성 기록, 지구와 소행성 또는 혜성과의 충돌 가능성과 태양계 환경의 변화를 가늠해 볼 수 있도록 해 주는 유성과 운석의 낙하 기록, 고려 문종 27년(1073)과 28년에 나타난 신성(新星, nova) 기록, 새로운 종류의 장주기 변광성을 발견할 수 있는 고천문도 등이 있다.

조선 시대에는 관측뿐만 아니라 그 기록 방법도 철저하고 엄격했다. 관측된 현상들을 엄격한 정의에 따라 23종으로 분류하고 정의했다. 이 사실은 영·정조와 순조 때 관상감의 측후관이었던 성주덕(成周悳)이 쓴 《서운관지(書雲觀志)》에 잘 나타나 있다. 《서운관지》에 실린 천문 현상의 정의 몇 가지를 살펴보자.

"항성과 형체가 다른 것을 객성(客星)이라 한다." — 아마도 혜성이나 초신성일 것이다.

"혜(彗)는 한쪽으로 뻗어 있는 것이다. 빛을 태양으로부터 받으므로 저녁에 보이는 것은 동쪽을, 새벽에 보이는 것은 서쪽을 가리킨다. 꼬리가 굽은 것을 치우기(蚩尤旗)라고 한다." — 분명한 혜성이다.

"사방으로 빛이 나오는 것을 패(孛)라 한다." — 초신성이나 혜성을 일컫는다.

"아래로 떨어지는 것을 유성(流星), 위로 치솟는 것을 비성(飛星)이라 한다. 낮에 떨어진 운석을 영두성(營頭星)이라 한다.' — 유성과 운석을 세분화하여 부른 이름들이다.

---

33. Clark, D. H. and Stephenson, F. R., *The Historical Supernovae*, Pergamon Press(1977).

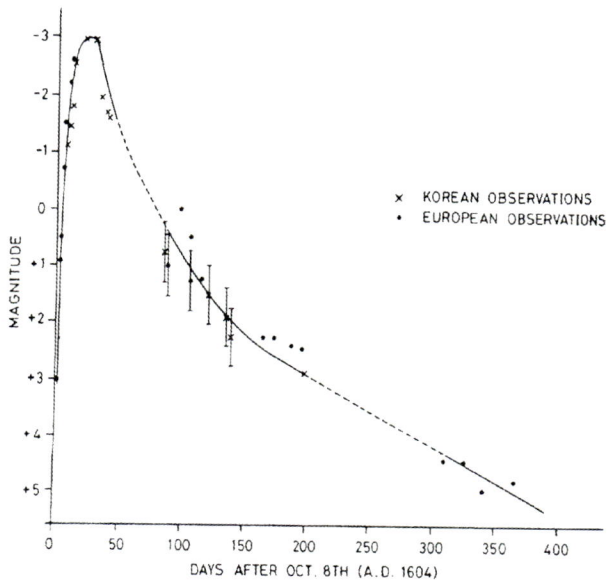

1604년에 터진 초신성에 대한 조선(x표)과 유럽(케플러, •표)의 광도 변화 관측 자료. 곡선은 현대에 밝혀진 초신성의 광도 곡선이다. 클라크와 스티븐슨의 책에 소개되어 있다.[33]

"해 안에 검은 기(氣)가 있는 것을 흑자(黑子)라 한다." ― 태양흑점이나 태양을 가리고 지나가는 내행성을 말한다.

"달과 별이 서로 빛을 미칠 정도로 다가가면 범(犯), 별이 달에 들어가면 입(入) 또는 식(食)이라 한다." ― 달이 행성이나 별을 가리거나 스쳐 지나가는 현상을 묘사하는 용어이다.

이러한 정의들에 곁들여 각 현상마다 관측과 기록 방법도 낱낱이 규정해 두었다. 조선 시대 천문 관측의 철저함을 일례를 들어 살펴보자. 선조 때 천강(天江, 뱀주인자리의 일부)에 나타난 객성을 관측한 기록이 있다.《조선왕조실록》에 7개월에 걸쳐(1604년 10월 13일~1605년 4월 23일) 총 130개(18회는 관측 못한 기록)의 관

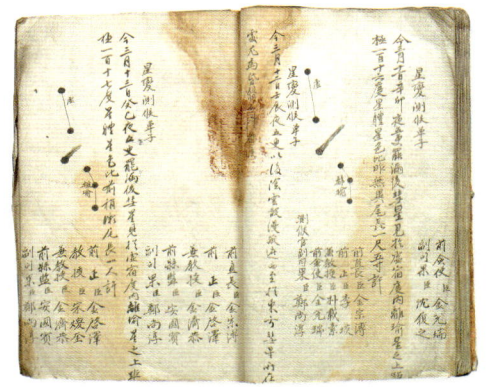

조선 시대에 관상감(觀象監)의 측후관들이 관측한 혜성과 객성 기록을 모은 《성변등록(星變謄錄)》의 일부. 영조 35년 3월(1759년 4월)에 나타난 핼리혜성에 대한 관측 기록.

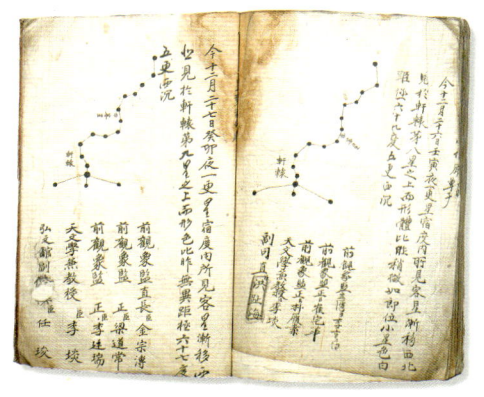

영조 35년 12월(1760년 2월) 사자자리에 나타난 객성 기록. 이 객성은 느리게 이동하는 모습으로 보아 어두운 혜성이라고 생각된다(연세대 도서관).

측 기록에 나타난 이 초신성은 서양에서는 케플러 초신성으로 알려져 있다. 실록에 나타난 기록을 보면 초신성의 밝기를 목성, 금성, 화성, 심대성 등과 비교하여 변화는 물론 그 위치와 색깔까지 함께 기록해 두었다. 또 초신성이 사라진 뒤인 1605년 7월 14일에는 이 객성의 출현에 대한 총체적 논의가 추가되어 있다.

한편 《서운관지》에는 관상감의 측후관들이 성변측후단자(星變測候單子)를 4부 만들어 각각 승정원(承政院), 당후(堂后), 시강원(侍講院), 내각(內閣)에 제출했다는 규정도 보인다. 천문 관측 자료에 대한 당시의 인식 수준과 더불어 철저한 관리 체계의 일면을 보여 주는 대목이다. 조선 시대 관상감과 서운관의 천문학자들이 남긴 방대한 천문 관측 일기는 구한 말까지 상당량이 있었으나 오늘날에는 경종과 영조 때의 극히 일부만이 남아 있다.

그 사이 사라진 자료들의 행방을 추적해 보면 아쉬움을 넘어선 만감이 교차한다. 당시 일본 기상학자인 화전웅치(和田雄治)의 보고서 일부를 인용해 본다.[34]

> 서울의 관측소는 경복궁 영추문 밖 매동에 있었다. (…) 이 관청이 폐쇄되자 혼천의와 그외의 것들을 내 관청으로 이관할 것을 교섭하기 시작했다. (…) 그 사람의 전화에 따르면 낡아서 좀이 심하게 먹은 종이가 산더미처럼 쌓여 있다고 해서, 어떤 것이라도 좋으니 아무리 좀이 먹은 작은 조각이라도 알뜰히 주워 모아서 인천으로 보내라고 일렀다.
>
> 주문한 대로 낡은 종이와 기기 등이 도착했다. 그런데 낡은 종이는 좀이 먹은 것뿐으로 빗물에 젖어 반만 남은 것, 반은 부패해서 악취가 코를 찌르는 것으로 손을 대기조차 싫은 정도였지만, 기왕에 운임을 들여서 얻었기 때문에 조금씩 살펴보기 시작했다. 그런데 놀랍게도 기쁨의 눈물이 났다. 이것은 대단히 귀중한 발견이었다. 전세계에서도 보기 드문 몇 가지 자료를 얻은 것인데, 나의 전문적인 입장에서 말한다면 건륭 8년(1743)에서 가경, 도광, 함풍까지의 100여 년에 이르는 성변초출(星變抄出)을 얻은 것이다.

이 귀중한 자료는 그 뒤로 행방조차 알려지지 않아 과학사가들의 오랜 한탄거리가 되었다. 그런데 이때 언급된 천문 기록 중 혜성에 대한 3개의 자료가 1978년에 다시 발견되어 현재 연세대 도서관에 소장되어 있다. 이 성변측후단자에는

---

34. 和田雄治, 《天文月報》, 제3권 제9호, 99~100쪽(1910). 인용문은 다음 논문에 소개되어 있다. 나일성, 〈연세대학교 소장 성변 및 객성등록〉, 《동방학지》, 제34집, 207~247쪽(1982).

경종 3년(1723) 10월 19일에서 11월 14일까지, 영조 35년(1759) 4월 1일에서 25일까지, 영조 35년(1760) 2월 9일에서 20일까지 64일 동안의 혜성 관측 기록이 들어 있다. 성변측후단자는 조선 서운관의 관측 천문학자들이 장기간 전통 시대의 천문 현상을 상세히 기록한 인류의 소중한 자산이다. 이 자료의 대부분이 구한 말에 망실된 사실은 참으로 애석한 일이다.

| 13 |
우주론

우주기원론

우리 나라의 고대 우주론은 우주기원론과 우주구조론으로 나뉜다. 이러한 천문 사상의 기원은 신화 시대에 뿌리를 두고 있다. 그래서 우주를 하늘과 땅으로 이분하거나 천상·지상·지하로 삼분하여 이해하려는 성향이 강하다. 우주가 이와 같은 구조로 창생되거나 사멸되는 과정에 대한 신화적 각본이 원시적 우주론으로 체계화되었다고 생각된다.

우리 나라의 고대 우주기원론은 문헌과 무속의 여러 신화를 통해 전해 온다. 그 내용은 완전한 무의 상태에서 시공간과 물질계가 창생되는 각본(창조형)이 아니라, 대개 어느 정도 원초적 우주가 존재하는 상태에서 공간과 물질계와 생명체가 창조되고 그 안에 새로운 질서가 갖춰지는 과정(개벽형 또는 진화형)을 담고 있다. 즉, 혼돈(chaos)에서 질서(cosmos)로 우주가 진화하는 각본이다. 여기에서 질서가 부여되는 과정은 초월자가 나타나 수행하는 경우와 저절로 우주의 질서가 잡히는 경우로 나뉜다. 이러한 종류의 우주기원론은 대개 민간에서 무속인의 무가를 통해 다수 전해 오고 있다. 함경도에서 채록된 무녀 김쌍돌이의 〈창세가〉를 보면 태초에 우주는 땅과 하늘이 붙은 혼돈 상태였다. 그러다 미륵이라는 초월자가 나타나 구리기둥을 세워 천지를 갈라놓는다. 이로써 혼돈을 정리하고 하나의 해와 달을 돌게 하고 별들을 만들어 우주의 질서를 창조한다. 〈창세가〉의 앞구절을 보자.

한을과 싸이 생길 젹에
미륵님이 탄생한즉,
한을과 싸이 서로 부터,
써러지지 안이하소아,
한을은 북개꼭지차럼 도도라지고,
싸는 사귀에 구리 기동을 세우고,
그 때는 해도 둘이요, 달도 둘이요,
달 한나 씌여서 북두칠성 남두칠성 마련하고,
해 한나 씌여서 큰별을 마련하고,
잔별은 백성의 직성별을 마련하고,
큰별은 님금과 대신별노 마련하고 (…하략) [35]

또한 민담 중에는 하늘과 땅이 다시 서로 붙어 버리면 세상이 멸망한다는 역구조를 보이는 것이 있다. 〈창세가〉처럼 초월자에 의해 우주의 생성과 진화가 이뤄지는 각본과는 대조적으로, 제주도의 〈천지왕 본풀이〉나 〈초감제〉는 천지가 어지러이 뒤섞여 있다가 특정 시간에 자연이 스스로 변화, 개벽하여 만물이 생겨나는 구조이다. 우주 창생과 진화에 대한 이러한 시나리오는 현대 우주론의 '무(無)로부터의 우주 기원' 가설과도 내용이 매우 비슷하다.[36]

한편, 전 우주의 창생을 설명하지는 않지만 해와 달과 같은 천체들의 기원을 설명하는 신화도 많다. 대표적인 예가 남매일월신화이다. 남매가 하늘에 올라 해와 달이 되었다가 달이 된 누이가 밤길을 무서워하여 오빠와 자리를 바꾼다는 내용이다. 천지·일월·남녀를 같은 음양관계의 등식으로 볼 때, 마지막 내

---

35. 김헌선, 《한국의 창세신화─무가로 보는 우리의 신화》, 길벗, 230쪽(1994) : 서대석, 《한국의 신화》, 집문당, 53쪽(1997).
36. Tryon, E. P., "Is the Universe a Vacuum Fluctuation?," *Nature*, vol. 246, pp. 396~397(1973).

하늘을 짊어지고 있는 아틀라스의 모습. 서기전 1세기. 제우스의 사촌형인 그는 신들에게 반기를 든 죄로 하늘을 짊어지는 벌을 받게 되었다. 중국의 반고나 우리 나라의 미륵이 하늘과 땅을 갈라놓고 버티고 있는 모습을 보는 듯하다. 동양과 서양의 신화 시대에 우주에 대한 개념에 공통점이 있었음을 볼 수 있다.

용에 나오는 남매의 자리바꿈은 하늘과 땅이 별개의 존재가 아니라 동일하며 서로 변화하는 것이라는 관점을 보여 준다.

 하늘에 오르기 전 남매가 어머니와 함께 살고 있던 때를 미분화된 원초적 우주 상태로 보고, 남매가 하늘에서 해와 달의 역할을 하게 된 상태를 현재와 같은 우주가 자리잡힌 것으로 본다면, 이 신화 역시 천지개벽형 신화의 형식이라고 할 수 있다. 또 이 신화의 이본(異本)에는 삼 남매의 막내가 하늘의 별이 되었다는 내용도 담겨 있어 천체 기원의 대상이 좀더 확대되어 있다. 이와 함께 인류 기원과 건국에 대한 신화들도 여러 문헌을 통해 많이 전해 오고 있다.

우주구조론

　현재 우리 나라에 전해지는 우주의 구조에 대한 공식적인 전통 이론은 중국에서 들어온 우주관들이다. 그중 우리 나라의 천문 사상에 가장 큰 영향을 미친 우주구조론은 개천설(蓋天說)과 혼천설(渾天設)이다. 개천설은 '하늘은 위에, 땅은 아래에' 있다는 이원론적 사고에서 출발한 우주구조론이다. 이것은 우주를 둥그런 하늘과 네모난 땅의 상하구조로 보는 천원지방(天圓地方)의 설이다. 즉 땅은 고요하고, 하늘은 북극을 중심으로 돌고, 태양은 계절에 따라 반경이 다른 궤도를 따라 원운동을 하고 있다는 생각이다. 서기전 3세기에 쓰인 《여씨춘추》는 천원지방의 이유를,

> "하늘을 구성하는 정기가 위아래로 순환하여 특정한 곳에 머물지 않는 성질 때문에 天道를 원, 땅에 속하는 만물은 제각각 형체와 직분이 달라 서로 간여할 수 없는 성질 때문에 地道를 방이라 한다."

라고 설명했다. 이는 훗날 하늘과 땅 모두 곡면이고 북극 부분이 높은 삿갓 모양이라는 생각으로 발전했다. 고구려 고분의 일월성신도나 석굴암의 천장 등을 통해 개천설이 우리의 고대 천문관에도 깊은 영향을 미쳤음을 알 수 있다. 앞에서 소개한 김쌍돌이의 〈창세가〉에서도 하늘은 위에, 땅은 아래에 있다는 상하 이원론과 천원지방의 원시 천체구조론이 보인다.

　혼천설은 우주의 모습이 새알처럼 하늘이 땅을 빙 둘러싸고 있는 내외구조로 되어 있다는 생각이다. 여기에서 땅은 평평하거나 새알의 노른자처럼 둥그렇다고 생각되었다. 하늘은 남북극을 지나는 축을 둘레로 수레바퀴와 같이 돌고, 그에 맞춰 일월성신이 함께 따라 돈다는 모형이다. 혼천설의 우주 구조 모형은 혼의와 같은 천체 관측 도구나 천문시계 등에 응용되어 왔다.

　중국에서 들어온 우주구조론 중에 선야설(宣夜說)은 특히 흥미롭다. 선야설은

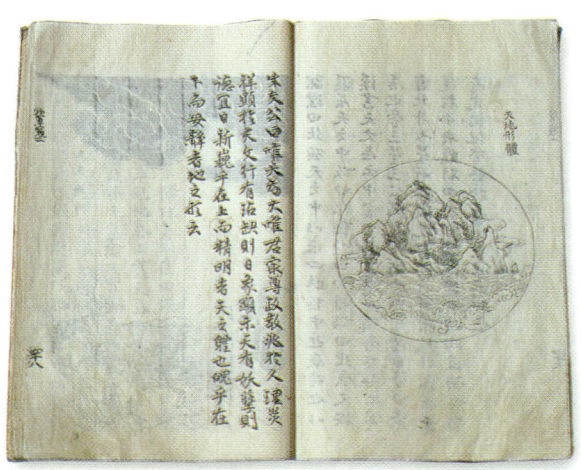

개천설을 소개한 《관규집요(管窺輯要)》.

하늘에는 특별한 형체가 없고, 해와 달과 별들은 하늘에 매어 있는 것이 아니라 허공에 떠 있다고 주장한다. 앞의 이론들이 하늘과 땅의 모양을 정하려고 한 것과 비교된다. 또 천체의 움직임은 기(氣)의 운행에 따르므로 일정한 규칙이 없다고 본다. 하늘의 물리적 실체를 부정하고 우주의 무한성을 암시한 설이라 생각된다. 중국의 전통 우주구조론은 인간의 입장에서 우주의 모양과 운행을 모형화한 이론들로서, 우주의 구조와 역학에 대한 실상을 깨우치려는 데에는 큰 관심이 없었다는 한계를 지니고 있다.

17세기 초 조선 인조대에 이르러 서양 천문서들이 중국을 통해 우리 나라에 들어오기 시작했다. 처음으로 들어온 서양 천문서로는 서양인 선교사 양마낙이 쓴 《천문략(天文略)》을 들 수 있다. 이 책은 인조 9년(1631) 정두원이 예수회 선교사 육약한에게서 받아 가져온 책인데, 천동설을 내용으로 하는 프톨레마이오스의 우주 모형이 소개되어 있다. 서구에 이미 코페르니쿠스의 지동설(1543)이 등장한 이후였지만, 서양인 선교사들은 여전히 프톨레마이오스의 천동설과 우주 체계를 전파했던 것이다. 《천문략》의 우주 구조는 12개의 하늘이

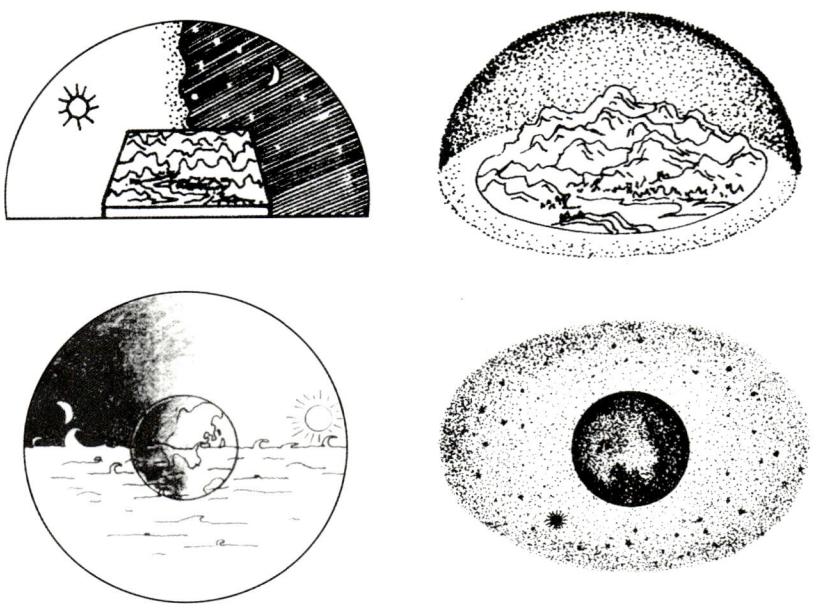

왼쪽 위부터 시계 방향으로 1차 개천설, 2차 개천설, 선야설, 혼천설의 개념을 그린 그림.[37]

둥근 지구를 겹겹이 싸고 있는 12중천설이다. 서양 역법에 의해 만들어진 수시력의 우수성을 인식한 조선의 학자들은, 서양의 12중천설이 중국 고전인 《초사(楚辭)》의 구천설(九天說, 여러 방향의 하늘)이나 이를 발전시킨 주희의 중천(重天, 여러 층의 하늘) 개념과 비슷하다고 생각하여 자연스럽게 받아들였다. 이로 인해 김석문, 이익(1682~1764)과 같은 조선 후기의 유학자들이 하늘을 평면적으로 바라보는 전통 개념에서 벗어나 천체들의 거리에 차이가 있음을 주장하게 되었다.

 땅이 모가 난 모양이라는 천원지방의 개념은 마테오 리치(利馬竇) 등의 영향

---

[37] 陳遵嬀·湛穗豐, 《中國天文學家的故事》, 銀禾文化事業有限公司(1995) ; 이문규, 《고대 중국인이 바라본 하늘의 세계》, 문학과지성사(2000).

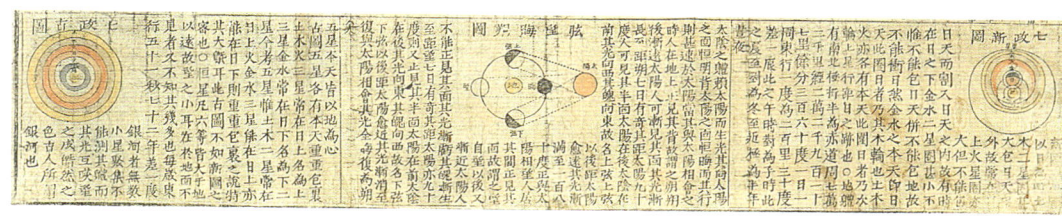

《혼천전도》에서 티코 브라헤의 우주구조론(七政新圖, 오른쪽), 달의 위상 변화 원리(가운데), 프톨레마이오스의 우주구조론(七政古圖, 왼쪽)을 소개한 부분.

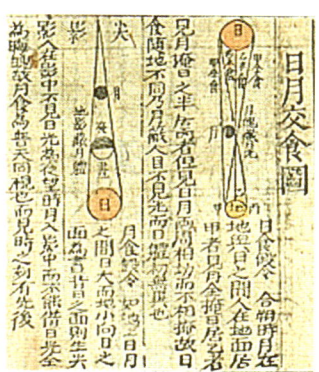

《혼천전도》에서 일식(오른쪽)과 월식(왼쪽)을 설명한 부분.

을 받아 땅이 구형이라는 생각(地球說)으로 변하게 되었다. 마테오 리치는 "땅과 바다는 본래 둥근 모양인데 이 둘이 합하여 하나의 구를 이룬다. 이 구는 천구의 한가운데에 있다"고 설명했다. 땅이 둥글어 반대쪽에 거꾸로 선 사람이 산다는 지구설이 조선의 유학자들에게 받아들여지는 데에는 어려움이 있었다. 그러나 이익, 황윤석(1729~1791), 홍대용 등과 같이 천문학에 조예가 깊었던 학자들의 지지를 받아 공인되기에 이르렀다.

조선 후기에 우주관의 변화에서 가장 주목할 만한 점은 지구가 자전하고 있다는 지전설(地轉說)의 등장이다. 당시 청나라와 조선에 들어온 서양 천문학은 코페르니쿠스의 지동설을 소개는 했지만 하나같이 천동설을 정설로 규정하고 있었다. 지동설을 정설로 서술한 책은 1767년에 출간된 브누아(蔣友仁)의 《지구도설(地球圖說)》이 처음이다.

이보다 앞서 지전설을 처음으로 주장한 조선 학자가 있었으니 그가 김석문(金錫文, 1658~1735)[38]이었다. 김석문은 동서양의 우주관을 참고하여 독자적인 우

---

38. 정성희, 〈조선후기의 우주관과 역법〉, 한국정신문화연구원(2001) ; 전용훈, 〈김석문의 우주론—易學二十四圖解를 중심으로〉, 《한국 천문력 및 고천문학》, 천문대, 132~141쪽(1997).

주관을 형성했는데, 가장 중요한 내용이 지구가 1년에 366번 회전한다는 지전설이다. 하늘이 아닌 지구가 자전한다는 것은 운동의 상대성 개념에서 나왔다. 그는 《역학이십사도해(易學二十四圖解)》를 저술했는데, 여기에서 우주생성론, 우주구조론, 운동론, 개벽론의 네 주제에 대한 논의를 전개했다.

이 책에 나오는 그의 우주 체계를 보자. 우주에는 무한하고 움직이지 않는 태극천(太極天)이 바깥에 있다. 그 안에는 물리적인 세계가 있는데, 먼저 움직임이 거의 없는 태허천(太虛天)이 있다. 태허천의 안쪽에는 별들이 있는 경성천(經星天)이, 보다 안쪽에는 태양계가 있다. 이 태양계는 티코 브라헤(Tycho Brahe, 1546~1601)의 우주 모형의 것과 비슷하다. 수성과 금성은 태양의 둘레를 공전하고, 태양과 달과 나머지 행성들이 지구를 중심으로 공전한다. 이러한 아홉 겹 구조를 지닌 우주의 중심에 김석문은 자전하고 있는 지구를 둔 것이다.

김석문이 주장한 지구자전설은 이익, 홍대용 등으로 이어졌다. 홍대용(洪大容, 1731~1783)의 우주구조관은 김석문의 것보다 더 발전했다고 할 수 있다. 우주 외곽에 있던 태극천과 태허천, 경성천이 사라지고 무한한 우주 공간과 별들의 세계가 설정되었다. 고대적 개념인 붙박이 항성구를 제거한 것이다. 그 우주 공간의 한곳에 자전하는 지구가 있고, 그 주위를 해와 달과 행성들이 돌고 있는 모형이다. 티코 브라헤의 우주 체계에서 행성계 부분을 받아들여 지구를 행성계의 중심으로 설정했지만, 그는 지구가 우주의 중심일 수는 없다고 생각했다. 또한 지구는 우주에 무한히 흩어져 있는 태양계와 같은 세계 중의 하나일 뿐이라고 주장했다. 그의 다세계론을 들어보자.[39]

"하늘에 가득한 별치고 세계로 되지 않은 것이 없으니 그곳에서 보면 지계(地界, 태양계) 또한 하나의 별이다. 한량없는 세계가 우주 공간에 흩어져 있는데 오직 지계만이 바로 중심에 있을 수는 없다. 여러 다른 세계에서 보는 것도 이 지구에서 보는 것과 마찬가지로 각기 스스로를 중심이라 하니 각각이 다 세계이다."

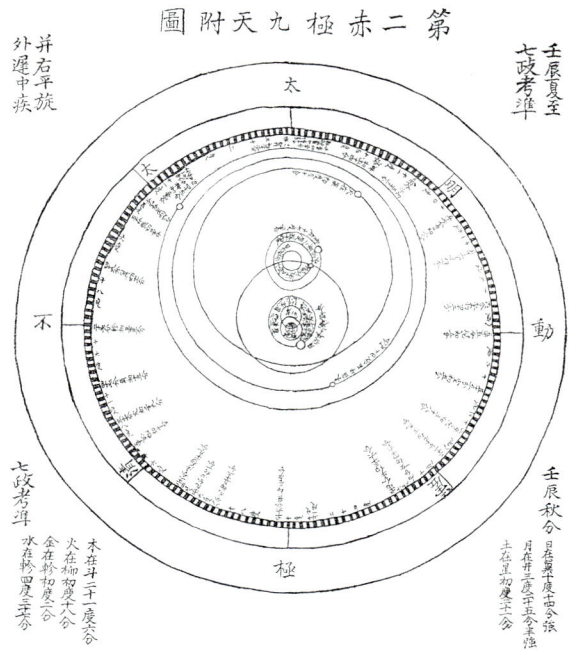

《역학이십사도해》에 소개된 김석문의 우주 체계.

    그는 이와 같이 별과 행성이 모여 이룬 태양계와 같은 것이 무수히 있다고 주장했을 뿐만 아니라, 더 나아가 별들이 큰 테두리 안에 모여 하나의 은하를 이루고 있으며, 우주에는 이러한 은하의 세계가 헤아릴 수 없이 많다고 설명했다. 이는 현대 천문학에서 밝혀진 은하와 우주에 대한 개념과 정확히 일치한다. 운동의 상대성에 주목하여 하늘의 회전을 지구의 자전으로 이해하고, 이를 관찰자의 상대성 개념으로 확장하여 별의 세계와 태양계가 동등한 세계이며, 나아가 은하

---

39. 유경로, 《한국천문학사 연구》, 녹두, 218쪽(1999).

와 전 우주에까지 그 논리를 적용시킨 것이다.

한편 홍대용은 우주의 기원과 진화의 역사에 대하여 순환적 우주진화론을 주장했다. 자연과 인간을 포함한 전세계가 개벽을 거듭하며 생성, 소멸되는 순환을 겪고 있다는 것이다. 그리고 그 이유를 주자학적 자연철학 사상에 근거하여 일기(一氣)의 조화에서 찾고 있다.

이와 같이 조선 후기에 들어온 서양 천문학의 우주구조론은 격물치지(格物致知)를 중시하여 과학적 지식에 관심이 깊었던 조선의 유학자들에게 적극적으로 수용되었다. 그 결과 아리스토텔레스와 프톨레마이오스로 대표되는 서양의 고대 우주관을 거쳐 티코 브라헤와 갈릴레오 갈릴레이의 근대적 우주구조와 운행 모형이 동양의 전통적 우주관인 개천설과 혼천설을 대체하기 시작했다.

14
민속과 천문

물질로 형상화된 천문 상징

고대 왕조들이 남긴 역사서나 왕의 무덤, 천문대와 같은 중요 건축물 등에 천문을 중시했던 고대 지식인들의 사상적 특징이 배어 있는 것은 당연하다. 그런데 우리 민족이 천문과 맺고 있던 깊은 관계는 일부 지배층에만 국한된 것이 아니었다. 좀 과장되게 말하자면 전통 시대에 살았던 선조의 모든 행동은 천문의 길을 걷는 것과 같았고, 천문의 기운을 숨쉬는 것과 같았다. 우리 선조와 천문과의 밀착은 여러 방식으로 나타났다. 물질에 천체의 형상이나 수를 부여하기도 하고, 말이나 행동, 지명에 천체들을 등장시키는가 하면, 각종 제도나 의례 관습에도 천문으로써 인간이 마땅히 지켜야 할 도리와 태어나고 죽는 섭리를 표현하기도 했다.

천체 중에서도 우리 선조에게 가장 중시되었던 것은 하늘과 달과 북두칠성이었다. 또 오행성의 수 5와 여기에 해와 달을 더한 수 7이 즐겨 사용되었다. 다음의 사진(202쪽)과 같은 옷자에는 5와 7이 번갈아 가며 눈금으로 사용되었으니 이런 옷자로 옷을 지어 입으면 몸에 별을 두르고 있는 셈이었다. 떡살에도 종종 달과 별이 있어 달떡과 별떡을 먹었는데, 우리 몸의 원소도 한때는 모두 별 속에 있던 물질이고 보면, 달과 별을 떡으로 먹는 일은 자연스러운 일이라 하겠다. 또 왕검에 그려진 북두칠성은 별의 정기를 칼에 드리워 신령한 힘을 발휘하고자 했던 것이다.

천문의 수와 모양이 상징화된 옷자, 떡살, 왕검.

정신 문화 속의 천문 상징

천문에 대한 지식과 그 상징적 의미는 국악에 있어서도 두드러지게 나타난다. 《악학궤범》은 〈서문〉에서 "악(樂)이란 하늘에서 나와서 사람에게 붙인 것이요, 허(虛)에서 발하여 자연에서 이루어지나니 …"라고 이르고 있다. 그리고 우리의 전통 음악의 열두 소리를 이르는 율려(律呂)의 기원을 다음과 같이 소개했다.

"대개 해와 달이 천상의 12차(次)⁴⁰⁾에서 만나는데, 그것이 오른편으로 도는 것을 본받아서 성인이 6려를 만들었고, 북두칠성의 자루가 지상의 12진(辰)으로 운행하는데, 왼쪽으로 선회하는 것을 본받아서 성인이 6률을 만들었다. 그런 까닭에 양의 율은 왼쪽으로 선회하여 음과 합하고, 음의 여는 오른쪽으로 회전하여 양과 합하여, 천지사방에 음양의 소리가 갖추어졌다."

12음이 생기는 원리를 천체의 운행에서 찾았다는 말이다.

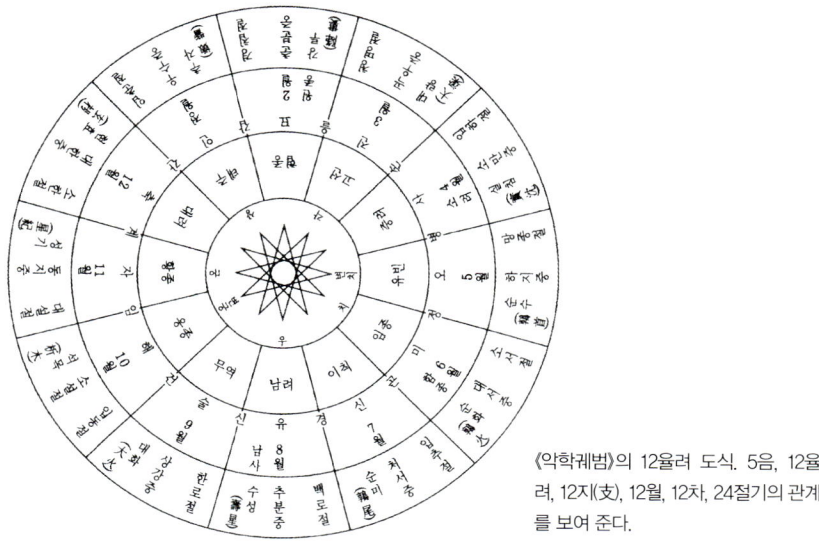

《악학궤범》의 12율려 도식. 5음, 12율려, 12지(支), 12월, 12차, 24절기의 관계를 보여 준다.

    국악에 스며 있는 이러한 천문적 요소는 악기와 악보에 보다 구체적으로 나타난다. 대금 맨 끝에 뚫려 있는 구멍들(흔히 5개를 뚫음. 사진에는 2개)은 칠성공이라고 하는데, 이는 대금의 지공을 별구멍으로 본다는 뜻이다. 따라서 악기에서 나오는 소리는 별들의 조화에서 나오는 신비한 소리인 것이다. 또 가야금 12줄은 일 년의 달수를 적용한 것이고, 응고와 삭고는 해와 달을 상징하는 북이다.

    세종대왕 때 발명된 우리의 악보인《정간보》에는 심오한 우주론적 사고가 투영되어 있다. 서양의 오선지 악보에서는 음의 높낮이가 시각화되어 있다. 즉 고음은 위에, 저음은 아래에 기호를 두어 표시한다. 그리고 음의 길이는 암호화되어 있기 때문에 외워야 한다. 속이 흰 콩은 온음표, 거기에 줄기가 서면 2분음표,

---

40. 12차(次)는 11.86년의 주기로 천구 위를 도는 목성의 위치를 나타내기 위해 천구를 12개의 구역으로 나눈 것으로서, 한나라 때부터 천구 위에 태양의 위치를 나타내기 위해 역법에서 사용해 왔다. 12차의 이름은 수성(壽星), 대화(大火), 석목(析木), 성기(星紀), 현효(玄枵), 취자(娵訾), 강루(降婁), 대량(大梁), 실침(實沈), 순수(鶉首), 순화(鶉火), 순미(鶉尾)이다.

대금의 오른쪽 끝에 있는 지공들이 칠성공(七星孔)이다.

월금(月琴).

속이 까만 콩은 4분음표, 줄기에 잎이 돋으면 8분음표, 옆에 씨가 떨어지면 반음을 더한다는 식이다. 반면에 《정간보》에서는 음의 길이가 아닌 높낮이가 암호화되어 있다. 즉, 황(黃)·태(太)·중(仲)·임(林)·남(南)의 순서대로 고음을 뜻하는데, 아래 옥타브의 음들은 글자에 ㅓ(배)를 붙이고, 위 옥타브의 음은 ㅓ(청)을 붙여서 표현하고 있다. 이는 국악을 배우자면 기본적으로 외워야 하는 것이다. 그런데 중요한 사실은 시각화된 것이 오히려 음의 길이라는 점이다. 《정간보》에서는 한 칸(정간)이 한 박자를 뜻한다. 음의 길이인 시간이 악보 위에 공간으로써 표현되는 것이다. 이 점은 천문학과 관련해 중요한 의미를 지닌다. 《회남자》에 따르면 우주(宇宙)란 공간과 시간을 뜻하기 때문이다.[41] 즉, 《정간보》에는 시간과 공간을 동일시하는 동양적 우주론이 구현되어 있다. 국악의 긴 음은 악보 위에 텅 빈 칸들을 남겨 두게 한다. 《정간보》에서 빈 칸들은 동양화의 여백과 같은 미적 분위기를 가꾸어 낸다.

그 밖에 율(栗), 촌(寸), 척(尺), 장(丈) 등과 같은 길이의 척도나 율(栗), 분(分),

---

41. 四方上下曰宇 往古來今曰宙.

수(銖), 양(兩) 등과 같은 무게의 척도들 사이의 관계도 모두 천문의 상징적인 수에서 비롯된 것이다.[42] 또 벼루나 연적, 주판 등의 생활용품에서부터 청동기 시대 고인돌이나 고구려 고분벽화에 이르기까지 거의 모든 삶 속에서 해와 달, 또는 별자리들의 문양이나 숫자가 즐겨 사용되고 있다. 더욱이 이러한 천체 문양들은 단순히 미적 장식의 목적으로만 사용된 것이 아니라, 물건의 용도를 상징하거나 물건과 관련된 인간과 자연계의 이치를 표상하려는 사려 깊은 배려가 스며들어 있다.

조선의 왕실에서 사용하던 별자리가 그려진 연적(덕수궁 궁중유물 전시관). 글을 쓰는 일은 하늘의 문양을 본받는 일이다.

한편 설날이 되면 집집마다 윷판을 꺼내 놓고 친지들과 윷놀이를 하게 된다. 윷판과 윷놀이는 중국에서는 하지 않는 우리 문화의 고유 유습이다. 요즈음 쓰이는 윷판은 대개 네모를 그리고 그 안에 대각선 둘을 그어 만든 것이다. 그러나 이는 원래의 모습이 아니라고 생각된다. 우리 나라에는 바위에 구멍을 뚫어 모양을 낸 바위그림이 많은데, 그중에는 구멍들을 열을 지어 둥그렇게 파고 그 안은 구멍들을 십자 모양으로 늘어놓은 윷판이 종종 발견된다.[43] 고대 선사 문화의 유적이라고 생각되는 이 윷판형 바위그림에서 여러 천문학적인 요소를 찾을 수 있다. 둘레가 ○, 안쪽이 + 모양인 것은 천원지방의 우주 구조를 윷판에 부여한 것으로 해석된다. 또 윷의 수가 네 개인 것은 땅의 수를, 윷을 던져 나오는 행마가 다섯 가지인 것은 하늘의 수를 나타낸다고 생각된다. 윷판은 모두 29개의 점으로 그려지는데, 이는 음력 한 달의 길이와 같다. 29점은 중앙의 1점과 주변의

---

42. 이석호 옮김, 〈천문훈〉, 《회남자》, 을유문화사(1972).
43. 이하우·한형철, 《칠포마을 바위그림》, 포철고문화연구회(1990) ; 권미현, 〈윷판형 암각화의 연구〉, 안동대 사학과 석사학위 논문(1995).

포항시 북구 흥해읍 칠포리 야산 바위 위에 새겨진 윷판 그림.

28점으로 나뉘어 28수 별자리를 나타낸다. 28개 점들은 다시 네 방향의 각각 7개 점들로 나뉘는데 이 수는 7정(政), 즉 해와 달과 다섯 행성을 상징한다고 생각된다. 또는 북극성을 중심으로 일주운동을 하여 동서남북 방향에 나타난 북두칠성을 그린 것일 가능성도 높다. 그렇다면 이 윷판은 북두칠성으로 사방위와 사시(四時)를 디자인한 그림이 된다.

천문을 보고 천문을 따른다

천문에 대한 선조들의 깊은 관심은 말과 행동 양식에도 영향을 미쳤다. 그래서 우리 나라의 많은 속담과 격언에 천체가 등장한다. 특징적인 것은, 이 속담과 격언 등에 등장하는 천체는 대부분 하늘과 달이라는 점이다. 그중 하늘을 소재로 하는 경우를 몇 가지 들어 보자.

바지랑대로 하늘 재기.
손으로 하늘 찌르기.
하늘 보고 주먹질한다.
비렁뱅이가 하늘을 불쌍히 여긴다.
바늘구멍으로 하늘 보기.
하늘이 돈짝만하다.

하늘은 극히 크거나 접하기에 너무 높고 멀고 귀한 것의 표상으로 쓰였다. 달을 소재로 한 경우는 다음과 같다.

달 밝은 밤이 흐린 낮만 못하다.
못난 색시 달밤에 삿갓 쓰고 나선다.
반달 같은 딸 있으면 온달 같은 사위 삼겠다.
새벽달 보려고 초저녁부터 나앉으랴.
초사흘 달은 잰 며느리가 본다.
달도 차면 기운다.
한 달이 크면 한 달이 작다.

달은 밤의 상징이자 시간의 척도, 또 예쁘고 사랑스러운 것의 표상으로 쓰였다. 하늘과 달 이외의 천체가 등장하는 경우는 아주 드물다. "하늘의 별 따기", "북두칠성이 앵돌아졌네", "마음 한번 잘 먹으면 북두칠성이 굽어본다" 정도를 들 수 있을 것이다. 또 소원이나 욕망이 이루어졌을 때 "직성이 풀린다"라고 말

---

44. 제웅(나후)·토·수·금·화·목·일·월·계도 직성이 있다. 남자는 10세부터, 여자는 11세부터 이 순서로 직성이 든다. 길한 직성은 수·금·목직성이고, 흉한 직성은 제웅·화·계도직성이며, 토직성은 반길반흉하다.

하는데, 여기에서 직성(直星)[44]이란 사람의 운명을 관장한다는 아홉 별을 이르는 말이다.

천문의 시간적 디자인

천문이 우리의 삶 곳곳에 박혀 있는 이면에는 앞에서 거론한 우주와 인류의 기원에 대한 깊은 자연주의적 믿음이 있다. 제주의 〈천지왕 본풀이〉라는 무가는 다음과 같은 내용으로 시작한다.

> 천기가 혼돈 상태에서 스스로 개벽하여 하늘과 땅이 갈라지고, 하늘에서 청이슬, 땅에서 흑이슬이 솟아 음양상통하여 만물이 생겨났다. 먼저 별이 생기고, 암흑 속에 천지왕이 해 둘, 달 둘을 보내 천지가 활짝 개벽되었다……

앞에서 소개한 함흥지방 김쌍돌이본 신화에서는 하늘과 땅이 생기며 미륵이 태어나 구리기둥으로 천지를 갈라놓고, 하늘의 벌레 두 마리로 사내와 계집을 삼음으로써 인간이 유래한다. 즉, 자연 만물과 인간이 한 가지 섭리에 의하여 태어나는 것이다. 이에 따르면 인간이 자연을 행동의 거울로 삼는 것은 당연하다. 이러한 생각은 신앙적 차원으로까지 발전해 천문점이나 점성술을 낳게 되었고, 꿈의 해석에도 적용되었다. 정월 대보름에 달빛이 붉으면 그 해에 가뭄이 들고, 희면 장마가 질 징조라든지, 초저녁에 햇불을 들

무당의 명두(明斗).

고 높은 곳에 올라가 가장 먼저 달을 보는 사람이 길하다든지, 한 자가 되는 나무를 뜰에 세워 놓고 자정에 달빛이 나무에 비치는 그림자의 길이로써 그 해의 풍흉을 점친다든지 하는 것들이다.[45]

또 음력 2월 6일에는 좀생이별(플레이아데스 성단)의 빛깔과 달과의 거리를 보고 풍년을 점치기도 했다. 이런 풍습은 삼국 시대 이전부터 종교적 행사와 함께 행해져 왔다. "별자리 배치를 관찰하여 그 해 농사의 풍흉을 판단했다(曉候星宿 豫知年歲豐約)"라는 《삼국지》〈위서〉 동이전에 나오는 예(濊)의 풍습에 대한 기록은 이 사실을 말해 준다. 또 몸에 난 북두칠성 꼴의 점을 대성할 귀인이 될 상으로 본다든지, 해나 달·금성·유성 등이 품에 안기거나 방에 들어와 합침하는 꿈을 귀한 아들을 낳을 태몽으로 보는 것도 천체를 자연의 신령한 정수로 보고 이를 인간과 동일시하는 시각을 반영한다.

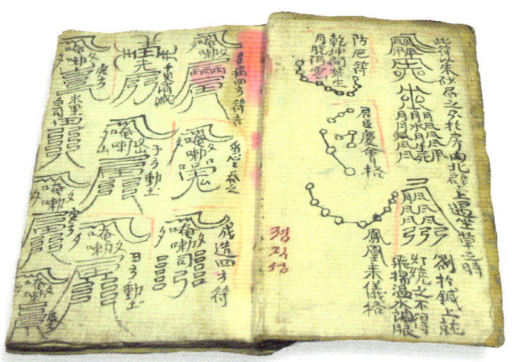

점서(온양 민속박물관).

천문은 우리 삶의 시간적 디자인에도 밀접히 관여하고 있다. 해가 뜨고 짐을 기준으로 날(일)을, 달이 차고 기움을 기준으로 달(월)을, 해의 고도 변화에 따른 계절의 반복을 기준으로 해(년)를 삼아 시간의 이름 자체에서부터 천체의 이름을 사용했다. 또 목성의 공전주기 12년을 따라서 십이지와 12개 띠를 정했다. 한 해를 24절기로 나누어 각 절기마다 수많은 세시풍습을 행했고, 절기에 얽힌 격언과 속담도 풍성하게 사용했다. 인간은 출생 때부터 별의 정기를 받아 세상에 태어나

---

45. 홍석모, 이석호 옮김, 〈東國歲時記〉, 《조선세시기》, 동문선(1991).

고, 평생 해와 달 그리고 별과 함께 호흡하며 살다가, 죽음에 이르러서도 북두칠성을 그린 칠성판에 누워 칠성칠포에 덮여 북망산으로 돌아가는 존재로 자리했다. 자연은 인간에게 영원한 출발점이면서 종착점으로 설정되었던 것이다.

　이는 현대인들이 살아가는 방식과는 사뭇 달라 보인다. 실제 용도와는 무관하게 디자인되고 이름지어지는 상품과 건축물들을 보면, 또 자연의 변화를 잊고 숫자로만 시간의 흐름을 전해 주는 시계와 달력을 보면, 현대는 상징 부재의 시대임을 절감하게 된다. 상징이란 삶의 방식에 대한 약속이다. 상징의 부재는 곧 동시대인들간에 공유된 삶의 방식과 지향점의 부재를 뜻한다. 옛 사람들은 상징을 통해 인간이 살고 있는 자연을 의미 가득한 세계로 바라보았다. 이러한 자연관은 인간과 자연 사이에 상생의 순환을 형성하게 했다. 옛 사람들의 이러한 마음가짐을 배운다면, 자연을 인간의 정복과 향락의 대상으로만 바라보는 자연관에 길들여진 한국인들에게서도 새로운 상징 체계와 삶의 방식을 기대할 수 있지 않을까? 이것이 서구의 물질 문명에 휩쓸려 가는 우리들이 정신 문화적 충격과 과거와의 단절을 극복하고 우리 본연의 자연주의를 새롭게 회복하는 길일 것이다.

맺음말

　지금까지 우리 나라의 전통 천문학과 관련된 물질적·정신적 유산을 간략하게 소개했다. 우리 나라의 천문학 유산을 여기에 모두 소개하거나 그 과학사적 상징성과 가치를 자세히 논하기란 불가능하므로 다소 주관적인 선택이 있었음을 양해하기 바란다. 특히 옛 천문학자들과 천문 관련 제도의 변천과 특징에 대해서는 생략할 수밖에 없었다. 마지막으로 강조하고 싶은 말은 우리 나라 천문과학의 역사는 상고하기 어려울 정도로 유구하며, 주목할 만한 천문 유물과 풍부한 천문 현상의 관측 기록이 전해 온다는 사실이다. 오늘날 우리 나라의 현대 천문학이 급속히 발전하고 있는 것은 이러한 선대에서의 과학적 활동이 수천 년에 걸쳐 활발하게 이루어져 온 전통에 따른 필연적 결과라고 생각한다. 또한 선조가 남긴 귀중한 고대 천문과학 유산의 가치를 인식하고 올바로 활용하는 것이 전통과학과 현대 과학 사이에 연속성을 부여하는 중요한 작업임을 환기시키고 싶다.

부록 1
삼국 시대의 천문 현상 기록

임금의 선악과 신하의 충사와 나라의 안위와 백성의 치란을 잘 드러내어 뒷사람에게 좋은 점을 권장하고 나쁜 점을 경계할 수 없으니, 마땅히 삼장(三長)의 인재를 구하여 힘써 한 나라의 역사를 이룩하여 이를 만대에 남겨 해와 별처럼 빛내고 싶다.
—《東文選》가운데 김부식의 '《삼국사기》를 올리는 글' 중에서

삼국 시대의 천문 현상 기록

제위년(양력)	음력 월일	기록	실현 여부(양력)	비고·공동 출전
[신라]				
혁거세거서간 4(전54)	4월 1일	日有食之	실현(전54.5.9)	漢書 宣帝紀·五行志
9(전49)	3월	有星孛于王良		漢書 宣帝紀·天文志
14(전44)	4월	有星孛于參		漢書 天文志
24(전34)	6월 그믐	日有食之	不食(전34.8.23)	漢書 元帝紀·五行志
30(전28)	4월 그믐	日有食之	실현(전28.6.19)	漢書 成帝紀(개)·五行志
32(전26)	8월 그믐	日有食之	실현(전26.10.23)	漢書 成帝紀·五行志
43(전15)	2월 그믐	日有食之	실현(전15.3.29)	漢書 成帝紀·五行志
54(전4)	2월	星孛于河鼓		漢書 哀帝紀(三月)
56(전2)	1월 1일	日有食之	실현(전2.2.5)	漢書 哀帝紀·五行志
59(2)	9월 그믐	日有食之	실현(2.11.22)	漢書 平帝紀·五行志(개)
남해차차웅 3(6)	10월 1일	日有食之	不食(6.11.10)	漢書 王莽傳
11(14)		夜有流星		독자 기록
13(16)	7월 그믐	日有食之	실현(16.8.21)	漢書 王莽傳
20(23)	가을	太白入太微		後漢書 光武帝紀
유리이사금 31(54)	2월	星孛于紫宮		後漢書 光武帝紀
탈해이사금 3(59)	6월	有星孛于天船		後漢書 明帝紀·天文志
23(79)	2월	彗星見東方		독자 기록
23(79)	2월	又見北方 二十日乃滅		독자 기록
파사이사금 6(85)	4월	客星入紫微		後漢書 章帝紀·天文志
25(104)	1월	衆星隕如雨 不至地		독자 기록
지마이사금 9(120)	2월	大星墜月城西		독자 기록
13(124)	9월 그믐	日有食之	실현(124.10.25)	後漢書 孝安帝紀·五行六
16(127)	7월 1일	日有食之	실현(127.8.25)	後漢書 五行六
17(128)	8월	長星竟天		독자 기록
일성이사금 8(141)	9월 그믐	日有食之	실현(141.11.16)	後漢書 五行六
10(143)	6월 乙丑	熒惑犯鎭星		後漢書 質帝紀
16(149)	8월	有星孛于天市		後漢書 桓帝紀
20(153)	10월	彗星見東方		독자 기록
20(153)	10월	又見東北方		독자 기록
아달라이사금 4(158)		日月無光		《삼국유사》(연오랑 세오녀)
13(166)	1월 1일	日有食之	실현(166.2.18)	後漢書 孝桓帝紀·五行六 (史官不見 郡國以聞)
벌휴이사금 3(186)	5월 그믐	日有食之	실현(186.7.4)	後漢書 五行六
8(191)	9월	蚩尤旗見于角亢		後漢書 天文志

제위년(양력)		음력 월일	기록	실현 여부(양력)	비고·공동 출전
	10(193)	1월 1일	日有食之	실현(193.2.19)	後漢書 五行六
	11(194)	6월 그믐	日有食之	실현(194.8.4)	後漢書 五行六
내해이사금	5(200)	7월	太白晝見		독자 기록(금성밝기 약 -4.0)
	5(200)	9월 1일	日有食之	실현(200.9.26)	後漢書 五行六
	6(201)	3월 1일	日有食之	실현(201.3.22)	後漢書 五行六
	10(205)	7월	太白犯月	실현(205.9.4)	독자 기록(금성~달의 거리 2.1°, 일몰시 2.5°, 금성 등급 -4.4°)·《백제본기》
조분이사금	17(246)	10월	東南有白氣如匹練		독자 기록
첨해이사금	10(256)	10월 그믐	日有食之	不食	독자 기록
	14(260)	7월	星孛于東方 二十五日而滅		독자 기록
내물이사금	3(358)	2월	紫雲盤旋廟上		독자 기록
	45(400)	8월	星孛于東方		독자 기록
자비마립간	10(467)	9월	天赤大星自北流東南		독자 기록
	21(478)	2월	夜赤光如匹練 自地至天		독자 기록
소지마립간	6(484)	3월	土星犯月	不審	독자 기록(약 6° 거리, 목성이 3월 19일 0.6° 까지 접근)
진평왕	8(586)	5월	星隕如雨		독자 기록
	53(631)	7월	土星犯月	不審	독자 기록(약 7° 거리)
진평왕			彗星犯心大星		독자 기록《삼국유사》 융천사 혜성가)
진덕왕	1(647)	8월	彗星出於南方		독자 기록
	1(647)	8월	又衆星北流		독자 기록
	1(647)		大星落於月城		독자 기록(《삼국사기》〈열전〉)
무열왕	8(661)	5월 9(11)일	忽有大星 落於賊營		독자 기록
문무왕	8(668)	4월	彗星守天船		舊唐書 高宗下
	10(670)	12월	土星入月	不審	독자 기록(약 6.2° 거리)
	12(672)	9월	彗星七出北方		독자 기록
	13(673)	1월	大星隕皇龍寺在城中間		독자 기록
	13(673)	봄	妖星見		독자 기록(《삼국사기》〈열전〉)
	16(676)	7월	彗星出北河積水之間 長六七許步		舊唐書 天文下高宗下·新唐書 高宗·天文二·《일본서기》
	19(679)	4월	熒惑守羽林		舊唐書 高宗紀

제위년(양력)		음력 월일	기록	실현 여부(양력)	비고·공동 출전
문무	19(679)	6월	太白入月	실현(679.8.10)	독자 기록(0.04° 거리)
	19(679)	6월	流星犯參大		독자 기록
	19(679)	8월	太白入月	不審	독자 기록(10월 3일 토성이 0.3°까지 접근)
	21(681)	5월	流星犯參大星		독자 기록
	21(681)	6월	天狗落坤方		독자 기록
신문	2(682)	5월	太白犯月	실현(682.6.7)	독자 기록(일출 후 1.37° 거리, 일출시 1.7°까지 접근. 금성 등급 -4.4)
	3(683)	10월	彗星出五車		舊唐書 高宗下·天文下 新唐書 高宗·天文二(三月)
	4(684)	10월	自昏及曙 流星縱橫		독자 기록
효소	2(693)	6월 12일	有彗星孛干東方		독자 기록(《삼국유사》)
	2(693)	6월 17일	又孛干西方		독자 기록(《삼국유사》)
	8(699)	2월	白氣竟天		독자 기록
	8(699)	2월	星孛干東		독자 기록
	9(700)	6월	歲星入月	不審	독자 기록(2.8° 거리, 수성이 6월 21일 0.69°까지 접근)
	10(701)	2월	彗星入月		독자 기록
성덕	5(706)	3월	衆星西流		독자 기록
	7(708)	4월	鎭星犯月	실현(708.4.28)	독자 기록(0.19° 거리)
	9(710)	1월	天狗隕三郞寺北		독자 기록
	14(715)	9월	太白掩庶子星	실현	독자 기록(τ Sco)
	14(715)	10월	流星犯紫微		
	14(715)	12월	流星自天倉入大微		독자 기록
	15(716)	1월	流星犯月 月無光		
	17(718)	10월	流星自昴入于奎 衆小星隨之		독자 기록
	17(718)	10월	天狗隕艮方		독자 기록
	34(735)	1월	熒惑犯月	실현(735.2.13)	독자 기록(0.17° 거리)
효성	1(737)	9월	流星入大微		
	2(738)	4월	白虹貫日		
	4(740)	5월	鎭星犯軒轅大星		
	6(742)	5월	流星犯參大星		독자 기록
경덕	3(744)	겨울	妖星出中天 大如五斗器 浹旬乃滅		독자 기록
	7(748)	1월	天狗落地		독자 기록

제위년(양력)		음력 월일	기록	실현 여부(양력)	비고·공동 출전
경덕	18(759)	3월	彗星見 至秋乃滅		독자 기록
	19(760)	4월 1일	二日竝見 浹旬不滅		독자 기록《삼국유사》월명사 도솔가)
	20(761)	1월 1일	虹貫日月有珥		
	20(761)	5월	彗星出		독자 기록
	23(764)	3월	星孛于東南		독자 기록
	23(764)	12월 11일	流星或大或小 觀者不能數		新唐書 代宗紀·天文志, 舊唐書 天文志(十二月 三日)
	24(765)	6월	流星犯心		독자 기록
혜공	2(766)	1월	二日竝出		
	2(766)		天狗落於東樓南		《삼국유사》(혜공왕)
	2(766)	7월	二星墜地又一星墜 三星皆沒入地		《삼국유사》(혜공왕)
	3(767)	7월	三星隕王庭相擊 其光如火迸散		독자 기록
	4(768)	봄	彗星出東北		독자 기록
	4(768)	6월	大星隕皇龍寺南		독자 기록
	6(770)	5월 11일	彗星出五車北 至六月-十二日滅		舊唐書 代宗·天文下, 新唐書 代宗·天文二
	15(779)	3월	太白入月	不審	독자 기록
원성	3(787)	5월	太白晝見	不審?	독자 기록(금성 등급 -4.1)
	3(787)	8월 1일	日有食之	실현(787.5.23)	舊唐書 德宗上·天文下, 新唐書 德宗·天文二
	5(789)	1월 1일	日有食之	실현(789.1.31)	新唐書 德宗·天文二
	6(790)	4월	太白鎭星聚于東井	실현	독자 기록(97 Tau)
	8(792)	11월 1일	日有食之	실현(792.11.19)	舊唐書 德宗下·天文下, 新唐書 德宗·天文二
애장	2(801)	5월 1일	日當食不食	실현(801.6.15)	舊唐書 德宗下·天文下, 新唐書 天文二
	2(801)	9월	熒惑入月	不審	독자 기록(2.2° 거리, 금성이 10월 14일 0.63°로 접근)
	2(801)	9월	星隕如雨		독자 기록
	9(808)	7월 1일	日有食之	실현(808.7.27)	舊唐書, 新唐書 天文二
	10(809)	1월	月犯畢		
헌덕	2(810)	7월	流星入紫微		독자 기록
	2(810)	10월	流星入王良		독자 기록
	7(815)	8월 1일	日有食之	실현(815.9.7)	舊唐書 天文下, 新唐書 天文二

제위년(양력)	음력 월일	기록	실현 여부(양력)	비고·공동 출전
헌덕 7(815)	8월	大星出翼軫間 指庚 芒長六許尺 廣二許寸		독자 기록
10(818)	6월 1일	日有食之	실현(818.7.7)	舊唐書 天文下, 新唐書 天文二
14(822)	4월 13일	月色如血		독자 기록
14(822)	7월 12일	日有黑暈指南北		독자 기록
15(823)	4월 12일	流星起天市 犯帝座 過天市 東北垣 織女 王良 至閣道 分爲三 聲如擊鼓而滅		독자 기록
흥덕 2(827)	8월	太白晝見	실현(827.9.4)	독자 기록(금성 등급 -4.57)
11(836)	1월 1일	日有食之	관측 불능(836.1.22)	新唐書 文宗·天文二
11(836)	6월	星孛于東		독자 기록
11(836)	7월	太白犯月	실현(836.7.17)	독자 기록(1.02° 거리, 금성 등급 -3.92)
희강 2(838)	겨울	彗孛見西方		《삼국사기》〈열전〉, 舊唐書 文宗下·天文下, 新唐書 文宗天文二
2(838)	겨울	芒角指東		독자 기록(《삼국사기》〈열전〉)
문성 6(844)	2월 1일	日有食之	실현(844.2.22)	舊唐書 天文下, 新唐書 武宗·天文二
6(844)	2월	太白犯鎭星		
7(845)	12월 1일	三日竝出		
12(850)	1월	土星入月	실현(850.3.19)	독자 기록(0.63° 거리)
17(855)	12월	土星入月	不審	독자 기록(12월 27일 1.33° 거리, 856년 2월 8일 화성이 0.41°까지 접근)
경문 7(867)	12월	客星犯太白		독자 기록
15(875)	2월	星孛于東 二十日乃滅		독자 기록
헌강 6(880)	2월	太白犯月	실현(880.2.17)	독자 기록(일출 후 0.96° 거리, 일출시 약 2°까지 접근, 금성 등급 -4.0)
11(885)	10월	太白晝見	不審	독자 기록(금성 등급 -4.0)
진성 2(888)	3월 1일	日有食之	실현(888.4.15)	新唐書 僖宗(개)·天文二
4(890)	1월	日暈五重		
효공 9(905)	2월	星隕如雨		
12(908)	2월	孛星于東		독자 기록
15(911)	1월	日有食之	실현(911.2.2)	舊五代史 梁書六, 司天考
신덕 6(917)	1월	太白犯月	실현(917.1.29)	독자 기록(일몰 전 0.87° 거리,

제위년(양력)	음력 월일	기록	실현 여부(양력)	비고 · 공동 출전
				일몰시 약 1.8°까지 멀어짐, 금성 등급 -4.3)
경순 8(934)	9월	老人星見	실현(934.11.9)	독자 기록(α Car)
〔고구려〕				
동명성 3(전35)	7월	慶雲見鶻嶺南 其色靑赤		독자 기록
유리 13(전7)	1월	熒惑守心星		漢書 天文志
민중 3(46)	11월	星孛干南 二十日而滅		독자 기록
태조 62(114)	3월	日有食之	不食(114.5.4)	後漢書 孝安帝紀
64(116)	3월	日有食之	실현(116.4.1)	後漢書 孝安帝紀 · 五行六 (史官不見 遼東以聞)
72(124)	9월 그믐	日有食之	실현(124.10.25)	後漢書 孝安帝紀 · 五行六
차대 4(149)	4월 그믐	日有食之	실현(149.6.23)	後漢書 孝桓帝紀 · 五行六
4(149)	5월	五星聚於東方	불현	
8(153)	12월	客星犯月		독자 기록
13(158)	2월	星孛干北斗		독자 기록
13(158)	5월 그믐	日有食之	실현(158.7.13)	後漢書 孝桓帝紀 · 五行六
20(165)	1월 그믐	日有食之	실현(165.2.28)	後漢書 孝桓帝紀 · 五行六
신대 14(178)	10월 그믐	日有食之	실현(178.11.27)	後漢書 五行六
고국천 4(182)	3월 甲寅	夜赤氣貫於大微		독자 기록
4(182)	7월	星孛干大微		後漢書 天文志
8(186)	4월 乙卯	熒惑守心		後漢書 天文志
8(186)	5월 그믐	日有食之	실현(186.7.4)	後漢書 五行六
산상 21(217)	10월	星孛干東北		後漢書
23(219)	2월 그믐	日有食之	실현(219.4.2)	後漢書 五行六
서천 4(273)	7월 1일	日有食之	不食(273.8.1)	晉書世祖武帝 · 天文中
봉상 8(299)	9월	客星犯月		독자 기록
미천 1(300)	12월	星孛干東方		晉書 惠帝紀
16(315)	8월	星孛干東方		독자 기록
고국원 6(336)	3월	大星流西北		독자 기록
소수림 13(383)	9월	星孛干西北		독자 기록
양원 10(554)	12월 그믐	日有食之	不食	독자 기록
11(555)	11월	太白晝見	실현(555.11.26)	독자 기록(금성 등급 -4.68)
평원 23(581)	2월 그믐	星隕如雨		독자 기록
영류 23(640)	9월	日無光 經三日復明		독자 기록
보장 2(643)	9월 15일	夜明不見月 衆星西流		독자 기록
27(668)	4월	彗星於畢昴之間		舊唐書 高宗下

제위년(양력)	음력 월일	기록	실현 여부(양력)	비고·공동 출전
[백제]				
온조 6(전13)	7월 그믐	日有食之	실현(전13.8.31)	漢書 成帝紀·五行志
다루 7(34)	4월	東方有赤氣		독자 기록
46(73)	5월 그믐	日有食之	실현(73.7.23)	後漢書 五行六
기루 9(85)	4월	客星入紫微		後漢書 章帝紀·天文志
11(87)	8월 그믐	日有食之	실현(87.10.15)	後漢書 五行六(史官不見 他官以聞)
16(92)	6월 1일	日有食之	실현(92.7.23)	後漢書 五行六
개루 10(137)	8월 庚子	熒惑犯南斗一		後漢書 天文中
38(165)	1월 그믐	日有食之	실현(165.2.28)	後漢書 五行六(梁相以聞)
초고 5(170)	3월 그믐	日有食之	관측 불능(170.5.3)	後漢書 五行六
21(186)	10월	星孛西北 二十日而滅		독자 기록
24(189)	4월 1일	日有食之	실현(189.5.3)	後漢書 五行六
26(191)	9월	蚩尤旗見于角亢		後漢書
39(204)	10월	星孛于東井		後漢書
40(205)	7월	太白犯月	실현(205.9.4)	독자 기록(2.1° 거리)·〈신라본기〉
47(212)	6월 그믐	日有食之	실현(212.8.14)	後漢書 五行六
구수 8(221)	6월 그믐	日有食之	실현(221.8.5)	三國志 魏書, 宋書 五行五, 晋書 天文中
9(222)	11월 그믐	日有食之	실현(223.1.19)	上同
11(224)	10월	太白晝見	실현(224.12.21)	독자 기록(금성 등급 -4.67)
고이 16(249)	1월 甲午	太白襲月		晋書 天文志
26(259)	9월	靑紫雲起宮東 如樓閣		
36(269)	9월	星孛于紫宮		宋書 天文志, 晋書 武帝紀·天文志
분서 5(302)	4월	彗星晝見		晋書 惠帝紀·天文志
비류 5(308)	1월 1일	日有食之	不食(308.2.8)	宋書 五行五, 晋書
13(316)	봄	大星西流		독자 기록
18(321)	7월	太白晝見	不審	독자 기록(금성 등급 -3.9)
비류 30(333)	5월	星隕王宮火 連燒民戶		晋書 五行志, 宋書 五行志
32(335)	10월 1일	日有食之	不食	宋書 五行五, 晋書 成帝·天文中
33(336)	1월 辛巳	彗星見于奎		晋書 成帝紀·天文志, 宋書 天文志
근초고 23(368)	3월 1일	日有食之	실현(368.4.4)	宋書 五行五, 晋書 海西公·天文中
근구수 10(384)	2월	日有暈三重		

제위년(양력)		음력 월일	기록	실현 여부(양력)	비고·공동 출전
진사	6(390)	7월	星孛于北河		晋書 天文志, 宋書 天文志
	8(392)	5월 1일	日有食之	실현(392.6.7)	宋書 五行五, 晋書 孝武帝
아신	(380?)	출생시	神光炤夜		독자 기록
	3(394)	7월	太白晝見	실현(394.8.12)	독자 기록(금성 등급 -4.53)
	4(395)	2월	星孛于西北 二十日而滅		독자 기록
	7(398)	8월	大星落營中有聲		독자 기록
	9(400)	2월	星孛于奎婁		宋書 天文志, 晋書 安帝紀· 天文志
	9(400)	6월 1일	日有食之	실현(400.7.8)	宋書 五行五, 晋書 安帝·天文中, 魏書 天象志, 北史 魏本紀
	14(405)	3월	白氣自王宮西起 如匹練		독자 기록
전지	11(415)	5월 甲申	彗星見		宋書 天文志, 晋書 安帝紀· 天文志, 魏書
	13(417)	1월 1일	日有食之	실현(417.2.3)	宋書 五行五, 晋書 安帝·天文中, 北史 魏本紀
	15(419)	1월 戊戌	星孛于大微		晋書 恭帝紀·天文志
	15(419)	11월 1일	日有食之	실현(419.12.3)	宋書 五行五, 晋書 恭帝·天文中, 北史 魏本紀
비유	14(440)	4월 1일	日有食之	실현(440.5.17)	宋書 文帝·五行五, 南史 宋本紀, 魏書 天象志, 北史 魏本紀
	28(454)		星隕如雨		독자 기록
	28(454)		星孛于西北 長二丈許		독자 기록
개로	14(468)	10월 1일	日有食之	실현(468.11.1)	宋書 明帝·五行五, 南史 宋本紀, 魏書 天象志, 北史 魏本紀
삼근	2(478)	3월 1일	日有食之	관측 불능(478.4.19)	南史 宋本紀
동성	17(494)	5월 1일	日有食之	실현(494.6.19)	魏書 天象志, 北史 魏本紀, 南齊書 天文上, 南史 齊本紀
무령	16(516)	3월 1일	日有食之	실현(516.4.18)	魏書 天象志, 北史 魏本紀, 梁書 武帝紀, 南史 梁帝紀(개)
성왕	10(532)	7월 甲辰	星隕如雨	(532.8.28)	梁書 武帝紀, 南史 梁武帝紀
	12(534)	4월 丁卯	熒惑犯南斗		梁書 武帝紀
	25(547)	1월 1일	日有食之	실현(547.2.6)	魏書 天象志, 北史 齊本紀, 南史 梁本紀
	27(549)	1월 庚申	白虹貫日		
위덕	6(559)	5월 1일	日有食之	관측 불능(559.6.21)	陳書 高祖下, 南史 陳本紀, 隋書 天文下

제위년(양력)	음력 월일	기록	실현 여부(양력)	비고 · 공동 출전
위덕 19(572)	9월 1일	日有食之	실현(572.9.23)	陳書 宣帝, 南史 陳本紀, 周書 武帝紀
26(579)	10월	長星竟天 二十日而滅		독자 기록
39(592)	7월 그믐	日有食之	관측 불능(592.9.10)	隋書 高祖下, 北史 隋本紀
41(595)	11월 癸未	星孛干角亢	(595.1.9)	北史 隋本紀, 隋書 高祖 · 天文下
무왕 41(640)	1월	星孛干西北		독자 기록

天象列次分野之圖

부록 2
천상열차분야지도의 내용

우리 태조가 천명을 받으신 초기에 평양의 옛 천문도를 바친 자가 있었다. 서운관에서는 이 천문도가 세월이 오래되어 별의 위치에 이미 차이가 생겼으니 마땅히 다시 계산하여 사계절의 해질녘과 해뜰녘의 중성(中星)을 정해야겠다고 하니, 왕은 이것을 옳다고 하였다. 해가 바뀌어 다음해 을해년 여름 6월에 신법중성기가 완성되었다. 그 24절기의 혼과 효에 남중하는 별이 옛 천문도에 비하여 차례로 차이가 났다. 여기에서 별자리의 모양은 옛 천문도를 그대로 따르고 중성은 신법을 쫓아서 돌에 새겼다.
—《증보문헌비고》〈상위고〉의 중성편에서

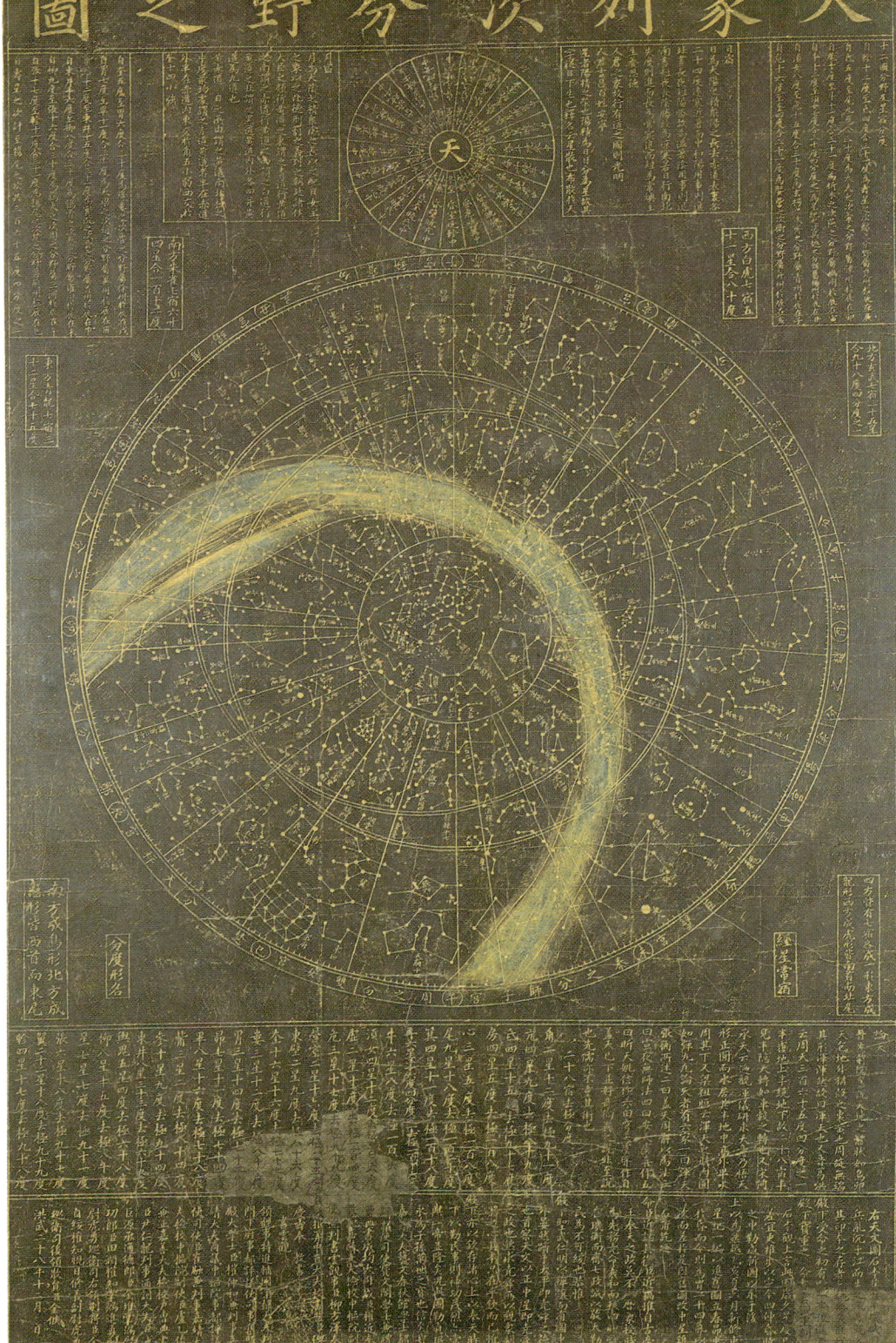

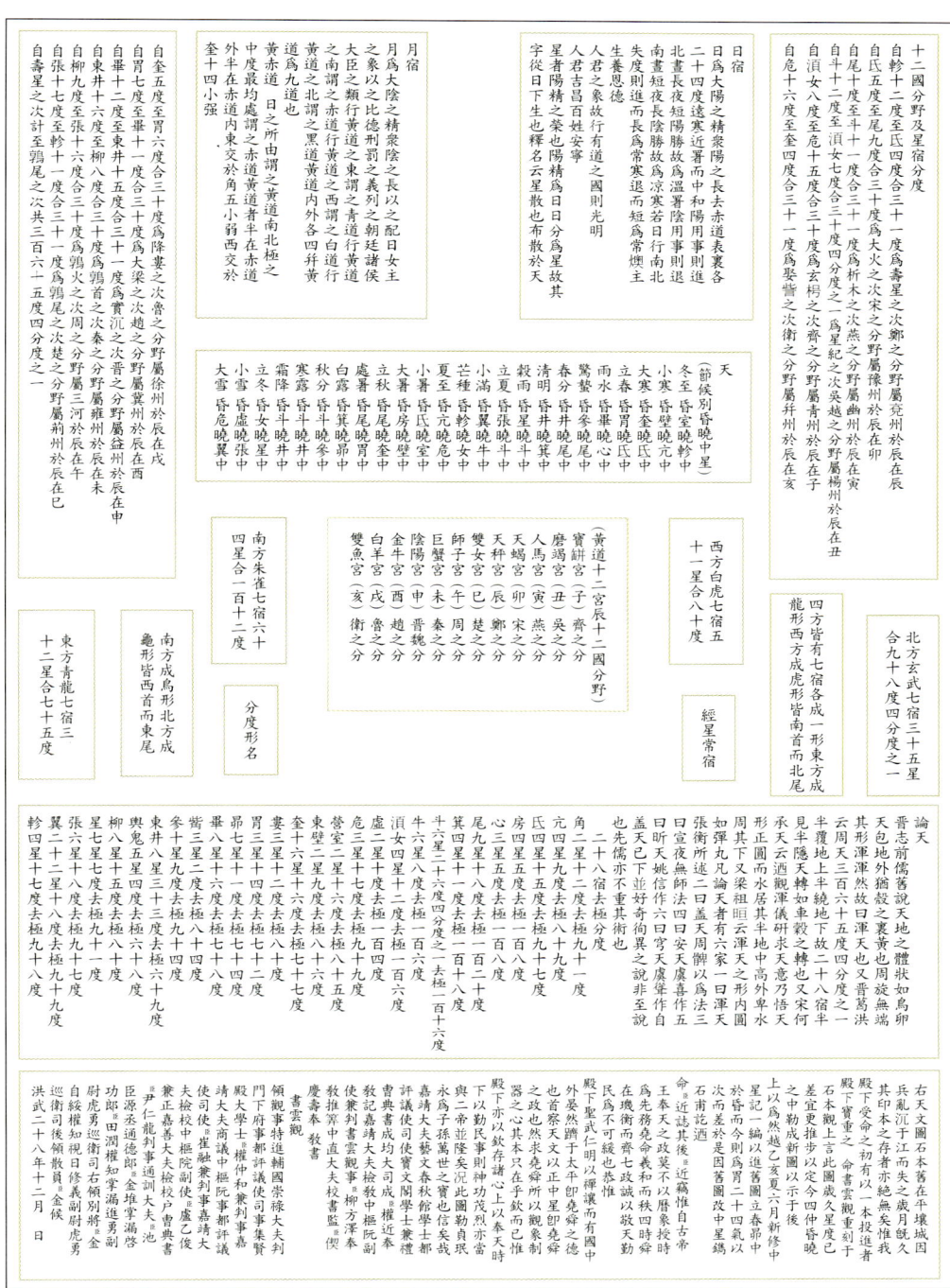

(위)천상열차분야지도의 내용.
(좌)천상열차분야지도 숙종 석각본의 고탁본(성신여대 박물관).

天象列次分野之圖의 별目錄과 同定表

※ 한자가 아래 표의 1열과 다를 경우 2열과 3열의 서체를 달리하여 적었다.

天象列次分野之圖 星(座)銘	星數	參考事項	天文類抄·步天歌 星(座)銘	色	番號	直徑	BSC	同定	西洋銘	等級	B-V
			東方蒼龍七宿								
11座	45星	天秤宮 辰地 鄭之分	角宿								
左角좌각	2		角(글)	紅	1	20	5056	67 α	VIR	0.98	-.23
					2	16	5107	79 ζ	VIR	3.37	0.11
平道평도	2	左角을 가로지름			1	10	4963	51 θ	VIR	4.38	-.01
					2		5150	82	VIR	5.01	1.63
天田천전	2			黑							
進賢진현	1			烏							
周鼎주정	3	周鼎	周鼎								
天門천문	2			紅							
平평	2										
庫樓고루	10	庫樓. 이름이 2개 쓰여 있음	庫樓	紅	1	19	5231	ζ	CEN	2.55	-.22
					2		5469	α	LUP	2.30	-.20
					3	19	5440	η	CEN	2.31	-.19
					4	21	5288	5 θ	CEN	2.06	1.01
					5	20	5028	ι	CEN	2.75	0.04
柱주	15	별3개로 된 柱 5개									
衡형	4		衡(歌-글)	赤	1		5190	ν	CEN	3.41	-.22
					2		5193	μ	CEN	3.04	-.17
					3		5248	φ	CEN	3.83	-.21
					4		5285	χ	CEN	4.36	-.19
南門二남문	2										
7座	22星	天秤宮 辰地 鄭之分	亢宿								
亢四항	4			紅	1	16	5315	98 κ	VIR	4.19	1.33
					2	20	5338	99 ι	VIR	4.08	0.52
					3	19	5409	105 φ	VIR	4.81	0.70
					4	16	5359	100 λ	VIR	4.52	0.13
大角一대각	1			紅	1	28	5340	16 α	BOO	-0.04	1.23
折威절위	7		折威七	黑							
攝提섭제	3	별3개로 된 攝提가 2개 있음	攝提三	赤	1		5235	8 η	BOO	2.68	0.58
攝提섭제	3		攝提三	赤	2		5185	4 τ	BOO	4.50	0.48
					3		5200	5 υ	BOO	4.07	1.52
頓頑二돈완	2			黃							
陽門양문	2		陽門二								
11座	54星	天蝎宮 卯地 宋之分	氐宿								
氐四저	4			紅	1		5531	9 α2	LIB	2.75	0.15
					2		5652	24 ι 1	LIB	4.54	-.08
					3		5787	38 γ	LIB	3.91	1.01
					4		5685	27 β	LIB	2.61	-.11
天乳천유	1		天乳一	黑							
招搖초요	1		招搖一	赤							
更河경하	3		梗河三		1		5506	36 ε	BOO	2.70	0.97
					2		5447	28 σ	BOO	4.46	0.36
					3		5429	25 ρ	BOO	3.58	1.30
帝席제석	3		帝席三	黑							
亢池六항지	6			黑							
騎官二十七기관	27			赤	1	12	5528	o	LUP	4.32	-.15
					2	14	5571	β	LUP	2.68	-.22
					3		5576	κ	CEN	3.13	-.20
					4	12	5695	δ	LUP	3.22	-.22
					5	12	5776	γ	LUP	2.78	-.20
陣車三진거	3			黑							
車騎차기	3		車騎三	烏							
天輻二천폭	2			黃							
陣將軍기진장군	1		騎陣將軍一								
7(+1)座	21星	天蝎宮 卯地 宋之分	房宿								
房四방사	4			紅	1	20	5944	6 π	SCO	2.89	-.19
					2		5928	5 ρ	SCO	3.88	-.20
					3		5953	7 δ	SCO	2.32	-.12
					4	21	5984	8 β 1	SCO	2.62	-.07
		이름 없이 房과 연결	鉤鈐(글)	赤	1		5993	9 ω 1	SCO	3.96	-.04
	2				2		5997	10 ω 2	SCO	4.32	0.84
鍵閉건폐	1			黃							
罰벌	3			黃							

星(座)銘	星數	參考事項	星(座)銘	色	番號	直徑	BSC	西洋銘	等級	B-V
西咸서함	4									
東咸동함	4		兩咸(글)							
日一일	1									
從官종관	2	從官	從官二	烏黃						
2座	15星	天蝎宮 卯地 宋之分	心宿							
心三심	3				1		6084	20 σ	SCO	2.89	0.13
			中央赤最深		2	19	6134	21 α	SCO	0.96	1.83
					3		6165	23 τ	SCO	2.82	-.25
積卒十二적졸	12			紅						
5(+1)座	21星	人馬宮 寅地 燕之分	尾宿							
尾九미	9			赤	1		6247	μ 1	SCO	3.08	-.20
					2		6241	26 ε	SCO	2.29	1.15
					3		6271	ζ 2	SCO	3.62	1.37
					4		6380	η	SCO	3.33	0.41
					5		6553	θ	SCO	1.87	0.40
					6	18	6615	ι 1	SCO	3.03	0.51
					7	19	6580	κ	SCO	2.41	-.22
					8	19	6527	35 λ	SCO	1.63	-.22
					9	12	6508	34 υ	SCO	2.69	-.22
龜五구	5		龜五	赤						
天江四천강	4			紅						
傳說부열	1		傳說一	赤						
魚一어	1			紅						
神宮신궁	1	尾에 부속되어 연결됨		赤						
3座	8星	人馬宮 寅地 燕之分	箕宿							
箕四기	4			紅	1	18	6746	10 γ 2	SGR	2.99	1.00
					2	17	6859	19 δ	SGR	2.70	1.38
					3	18	6879	20 ε	SGR	1.85	-.03
					4	17	6832	η	SGR	3.11	1.56
外杵외저	3		外杵三,木杵(글)	紅						
糠一강	1			黑						
		46(+2)座 186星								
			北方玄武七宿							
10座	62星	磨竭宮 丑地 吳之分	斗宿							
南斗六남두	6	南斗와 狗國 사이의 冬至點에 黃道 표시		紅	1		7039	27 φ	SGR	3.17	-.11
					2		6913	22 λ	SGR	2.81	1.04
					3	20	6812	13 μ	SGR	3.86	0.23
					4	20	7121	34 σ	SGR	2.02	-.22
					5	19	7234	40 τ	SGR	3.32	1.19
					6	20	7194	38 ζ	SGR	2.60	0.08
天弁九천변	9			紅						
建星六건성	6	3개씩 나뉨	立星六	紅	1	13	7151			6.12	1.35
					2	14	7217	39 o	SGR	3.77	1.01
					3	14	7264	41 π	SGR	2.89	0.35
					4		7304	43	SGR	4.96	1.02
					5	13	7340	44 ρ 1	SGR	3.93	0.22
					6	13	7342	46 υ	SGR	4.61	0.10
鱉十四별	14	鱉十四	鱉十四	紅						
天雞二천계	2		天鷄(글)	黑						
天論八천약	8			黃						
狗國四구국	4	狗國四	狗國四(抄)	烏黃						
天淵十천연	10			黑						
狗二구	2			黑						
農丈人농장인	1		農丈人一 農家丈(글)							
11座	65星	磨竭宮 丑地 吳之分	牛宿							
牽牛六견우	6			紅	1	9.5	7776	9 β	CAP	3.08	0.79
					2		7773	8 ν	CAP	4.76	-.05
					3		7747	5 α 1	CAP	4.24	1.07
天田九천전	9			黑						
九坎九구감	9									
河鼓三하고	3			紅	1	14	7602	60 β	AQL	3.71	0.86
					2		7557	53 α	AQL	0.77	0.22
					3		7525	50 γ	AQL	2.72	1.52

天象列次分野之圖			天文類抄·步天歌		番號	直徑	同定			等級	B-V
星(座)銘	星數	參考事項	星(座)銘	色			BSC	西洋銘			
織女직녀	3		織女三(歌)	紅	1		7001	3 α	LYR	0.03	-.00
					2		7051	4 ε1	LYR	5.06	0.16
					3		7056	6 ζ1	LYR	4.36	0.19
左旗九좌기	9										
右旗九우기	9		右旗九(歌)	紅							
天桴四천부	4			黃							
羅堰나언	3		羅堰三(歌)	烏							
漸臺점대	4	漸臺	漸臺	黑							
輦道六연도	6						규장각본 6, 原 5星				
8座	55星	寶缾宮 子地 齊之分	女宿								
須女四수녀	4		須女四(그림)	紅	1		7950	2 ε	AQR	3.77	0.00
			須女(抄·글)		2		7990	6 μ	AQR	4.73	0.32
					3		7985	5	AQR	5.55	-.08
					4		7951	3	AQR	4.42	1.65
	16		十二諸國	黃							
越一	(1)										
周二주	(2)										
秦二진	(2)	秦二	秦二								
代二대	(2)										
晉一진	(1)		晉(글)								
韓一한	(1)										
魏一위	(1)	魏一	魏一								
楚一초	(1)	楚一	楚一(그림)								
燕一연	(1)										
齊一제	(1)		齊(歌)								
趙二조	(2)										
鄭一정	(1)										
離珠五이주	5										
瓠고	5		瓟瓜(글)								
敗瓜패고	5		敗瓜(글)								
天津九천진	9			赤	1	16	7796	37 γ	CYG	2.20	0.68
					2		7528	18 δ	CYG	2.87	-.03
					3		7735	31	CYG	3.79	1.28
					4		7924	50 α	CYG	1.25	0.09
					5		8028	58 ν	CYG	3.94	0.02
					6	9	8130	65 τ	CYG	3.72	0.39
					7		8146	66 υ	CYG	4.43	-.11
					8	14	8115	64 ζ	CYG	3.20	0.99
					9	13	7949	53 ε	CYG	2.46	1.03
奚仲해중	4			黃							
扶筐七부광	7	주극원 안에 있으며 다른 女宿 별자리에 비해 우측으로 이동		烏							
10座	34星	寶缾宮 子地 齊之分	虛宿								
虛二허	2	虛二	虛二		1	21	8232	22 β	AQR	2.91	0.83
					2	18	8131	8 α	EQU	3.92	0.53
司命사명	2										
司祿사록	2										
司危사위	2										
司非사비	2										
哭二곡	2		哭(抄·글)								
泣二읍	2		泣(歌)								
天壘城천루성	13			黃							
敗臼패구	4										
離瑜三이유	3		離瑜三								
10(+1)座	56星	寶缾宮 子地 齊之分	危宿								
危三위	3				1	19	8414	34 α	AQR	2.96	0.98
					2	21	8450	26 θ	PEG	3.53	0.08
					3	18	8308	8 ε	PEG	2.39	1.53
人星인성	5			黑							
內杵내저	3										
臼구	4										
車府七차부	7			烏							
鈎九구	9		天鈎(글)	黃							
造父五조부	5			黑	1		8494	23 ε	CEP	4.19	0.28

天象列次分野之圖			天文類抄·步天歌		同定					
星(座)銘	星數	參考事項	星(座)銘	色	番號	直徑	BSC	西洋銘		等級	B-V
					2		8465	21 ζ	CEP	3.35	1.57
					3		8571	27 δ	CEP	3.75	0.60
					4		8316	μ	CEP	4.08	2.35
					5		8334	10 ν	CEP	4.29	0.52
墳墓분묘	4	危에 부속되어 연결됨		紅	1	11	8559	55 ζ 2	AQR	4.42	0.38
					2	11	8518	48 γ	AQR	3.84	-.05
					3	11	8597	62 η	AQR	4.02	-.09
					4		8539	52 π	AQR	4.60	-.03
虛梁허량	4	虛梁	虛梁	黃							
天錢천전	10			黃							
蓋屋개옥	2										
10(+1)座	109星	雙魚宮 亥地 衛之分	室宿								
室二실	2			紅	1	19	8781	54 α	PEG	2.49	-.04
					2	20	8775	53 β	PEG	2.42	1.67
離宮六이궁	6	室에 부속되어 연결됨			3	11	8684	48 μ	PEG	3.48	0.93
					4	10	8650	44 η	PEG	2.94	0.86
					5	11	8880	62 τ	PEG	4.60	0.17
					6	11	8905	68 υ	PEG	4.40	0.61
雷電뇌전	6			黑	1		8288	43 κ	CAP	4.73	0.88
					2	12	8260	39 ε	CAP	4.68	-.17
壘壁陣十二누벽진	12	오른쪽에 이름 壘壁이 또 있음			3	12	8278	40 γ	CAP	3.68	0.32
					4	12	8322	49 δ	CAP	2.87	0.29
羽林四十五우림	45		羽林軍(글)		1		8789	86	AQR	4.47	0.90
					2		8817	89	AQR	4.69	0.65
					3	19	8812	88	AQR	3.66	1.22
					4		8709	76 δ	AQR	3.27	0.05
					5		8679	71 τ 2	AQR	4.01	1.57
					7	15	8866	94	AQR	5.08	0.80
					8	12	8890	97	AQR	5.20	0.20
					9	20	8892	98	AQR	3.97	1.10
					16	13	8841	91 ψ 1	AQR	4.21	1.11
鈇鉞부월	3			黃							
北落師門一북락사문	1		北落師門(歌)		1		8728	24 α	PSA	1.16	0.09
八魁九팔괴	9		八魁九	黑							
天綱천강	1										
土公吏토공리	2		土公丈(歌)	黑							
騰蛇二十二등사	22										
6座	28星	雙魚宮 亥地 衛之分	壁宿								
東壁二동벽	2			紅	1	21	39	88 γ	PEG	2.83	-.23
					2	20	15	21 α	AND	2.06	-.11
霹靂벽력	5			烏	1	9	8773	4 β	PSC	4.53	-.12
					2		8852	6 γ	PSC	3.69	0.92
					3	10	8916	10 θ	PSC	4.28	1.07
					4	11	8969	17 ι	PSC	4.13	0.51
					5	11	9072	28 ω	PSC	4.01	0.42
雲雨운우	4		雲雨四		2	11	8911	8 κ	PSC	4.94	0.03
					3	10	8984	18 λ	PSC	4.50	0.20
天廐十천구	10	天廐十	天廐十	黃							
鈇鑕부질	5	霹靂에서 거리가 멈 東壁 아래에 있지 않고 奎 쪽 옆에 있음 65(+2)座 409星	鈇鑕五	烏							
土公二토공	2		규장각본 抄와 歌에 없음. 甘氏外官의 별								
			西方白虎七宿								
9座	45星	白羊宮 戌地 魯之分	奎宿								
奎十六규	16	奎 아래 黃道와 赤道 교점에 黃道交處 표시		紅							
外屛七외병	7	奎에 대해 우측으로 이동되어 있음	外屛(歌)	烏	2		224	63 δ	PSC	4.43	1.50
					3		294	71 ε	PSC	4.28	0.96
					4		361	86 ζ	PSC	5.24	0.32
					5		434	98 μ	PSC	4.84	1.37
					6		489	106 ν	PSC	4.44	1.36
					7		549	111 ξ	PSC	4.62	0.94
天溷七천혼	7			烏							
司空一사공	1		土司空(글)		1		188	16 β	CET	2.04	1.02

天象列次分野之圖			天文類抄・步天歌		同定				
星(座)銘	星數	參考事項	星(座)銘	色	番號 直徑 BSC		西洋銘	等級	B-V
軍南門군남문	1			黑	1	544	2 β	TRI	3.41	0.49
閣道六각도	6			赤						
附路부로	1			赤						
王良왕량	5			紅	1	21	11 β	CAS	2.27	0.34
					2	264	27 γ	CAS	2.47	-.15
					3	219	24 η	CAS	3.44	0.57
					4	168	18 α	CAS	2.23	1.17
					5	153	17 ζ	CAS	3.66	-.20
策책	1				1	130	15 κ	CAS	4.16	0.14
6座	33星	白羊宮 戌地 魯之分	婁宿							
婁三루	3		婁三	紅	1	553	6 β	ARI	2.64	0.13
					2	546	5 γ 2	ARI	4.75	-.04
					3	617	13 α	ARI	2.00	1.15
左梗좌경	5			烏						
右梗우경	5			烏						
天倉六천창	6	婁에 대해 우측으로 이동되어 있음		赤	1	74	8 ι	CET	3.56	1.22
					2	334	31 η	CET	3.45	1.16
					3	402	45 θ	CET	3.60	1.06
					4	539	55 ζ	CET	3.73	1.14
					5	509	52 τ	CET	3.50	0.72
					6	585	59 υ	CET	4.00	1.57
天庾三천유	3		天庾	烏						
天將軍천장군	11	天將軍	天將軍 將軍侯(글)		1	603	57 γ 1	AND	2.26	1.37
7座	39星	金牛宮 酉地 趙之分	胃宿							
胃三위	3			紅	1	801	35	ARI	4.66	-.13
					2	824	39	ARI	4.51	1.11
					3	838	41	ARI	3.63	-.10
天廩천름	4		天廩		1	1066	5	TAU	4.11	1.12
					2	1061	4	TAU	5.14	-.03
					3	1038	2 ξ	TAU	3.74	-.09
					4	1030	1 o	TAU	3.60	0.89
天囷十三천균	13				1	896	91 λ	CET	4.70	-.12
					2	813	87 μ	CET	4.27	0.31
					3	718	73 ξ 2	CET	4.28	-.06
					4	649	65 ξ 1	CET	4.37	0.89
					5	596	113 α	PSC	4.33	0.03
					9	779	82 δ	CET	4.07	-.22
					10	804	86 γ	CET	3.47	0.09
					11	911	92 α	CET	2.53	1.64
大陵八대릉	8			赤						
天船九천선	9		天船九	赤						
積尸적시	1			黑						
積水적수	1			黑						
9座	47星	金牛宮 酉地 趙之分	昴宿							
昴七묘	7			紅						
天阿천아	1									
月一월	1		月(歌)							
天陰五천음	5	天陰五	天陰五	黃						
芻藁六추고	6		芻藁六	烏						
天苑十六천원	16				12	919	11 τ 3	ERI	4.09	0.16
					13	1003	16 τ 4	ERI	3.69	1.62
					14	1088	19 τ 5	ERI	4.27	-.11
					15	1173	27 τ 6	ERI	4.23	0.42
卷舌권설	6			紅	2	1135	41 ν	PER	3.77	0.42
					3	1220	45 ε	PER	2.89	-.18
					4	1228	46 ξ	PER	4.04	0.01
					5	1203	44 ζ	PER	2.85	0.12
天讒천참	1		天讒	黑						
礪石여석	4									
14(+1)座	93星	金牛宮 酉地 趙之分	畢宿							
畢八필	8		畢八	紅	1	1409	74 ε	TAU	3.53	1.10
					2	1389	68 δ 3	TAU	4.29	0.05
					3	1373	61 δ 1	TAU	3.76	0.98
					4	1346	54 γ	TAU	3.65	0.99

天象列次分野之圖			天文類抄·步天歌		同定					
星(座)銘	星數	參考事項	星(座)銘	色	番號	直徑	BSC	西洋銘	等級	B-V
					5		1457	87 α TAU	0.85	1.54
					8		1239	35 λ TAU	3.47	-.12
		畢에 부속되어 연결됨	附耳							
天街二 천가	2									
天節八 천절	8			烏						
諸王 제왕	6			黑						
天高四 천고	4									
九州殊口 구주수구	9		九州城(글)	黑						
五車五 오거	5				1		1577	3 ι AUR	2.69	1.53
					2		1708	13 α AUR	0.08	0.80
					3		2088	34 β AUR	1.90	0.03
					4		2095	37 θ AUR	2.62	-.08
					5		1791	112 β TAU	1.65	-.13
柱 주	9	별3개로 된 柱 3개 五車를 가로지름			1		1605	7 ε AUR	2.99	0.54
					2		1612	8 ζ AUR	3.75	1.22
					3		1641	10 η AUR	3.17	-.18
天潢五 천황	5									
咸池三 함지	3									
天關 천관	1	天關	天關	黑赤						
參旗九 삼기	9			赤	3		1570	7 π 1 ORI	4.65	0.09
					4		1544	2 π 2 ORI	4.36	0.01
					5		1543	1 π 3 ORI	3.19	0.45
					6		1552	3 π 4 ORI	3.69	-.17
					7		1567	8 π 5 ORI	3.72	-.18
					8		1601	10 π 6 ORI	4.47	1.40
					9		1569	6 ORI	5.19	0.12
九斿 구유	9									
天園十四 천원	14		13(글) 14(규장각본 그림)	烏	11		1347	41 υ 4 ERI	3.56	-.12
					12		1393	43 ERI	3.96	1.49
					13		1464	52 υ 2 ERI	3.82	0.98
					14		1453	50 υ 1 ERI	4.51	0.98
3座	16星	陰陽宮 申地 晉魏之分	觜宿							
觜三 자	3			紅						
坐旗九 좌기	9			烏						
司怪 사괴	4		司怪	黑						
6(+1)座	25星	陰陽宮 申地 晉魏之分	參宿							
參十 삼	10		伐(별 3개) 부속됨		1		1948	50 ζ ORI	2.05	-.21
					2		1903	46 ε ORI	1.70	-.19
					3		1852	34 δ ORI	2.23	-.22
					4		2061	58 α ORI	0.50	1.85
					5		1790	24 γ ORI	1.64	-.22
					6		2004	53 κ ORI	2.06	-.17
					7		1713	19 β ORI	0.12	-.03
玉井四 옥정	4									
屛二 병	2	屛二	屛二	紅赤	1		1702	5 μ LEP	3.31	-.11
					2		1654	2 ε LEP	3.19	1.46
軍井四 군정	4			烏						
厠四 측	4		天厠(글)	赤	1		1865	11 α LEP	2.58	0.21
					2		1829	9 β LEP	2.84	0.82
天矢一 천시	1		天屎(글)	赤						
		54(+2)座 298星	南方朱鳥七宿							
19(+1)座	70星	巨蟹宮 未地 秦之分	井宿							
東井八 동정	8			紅	1		2286	13 μ GEM	2.88	1.64
					2		2343	18 ν GEM	4.15	-.13
					3		2421	24 γ GEM	1.93	0.00
					4		2484	31 ξ GEM	3.36	0.43
					5		2473	27 ε GEM	2.98	1.40
					6		2529	36 GEM	5.27	-.02
					7		2650	43 ζ GEM	3.79	0.79
					8		2763	54 λ GEM	3.58	0.11
	1	이름없이 東井에 부속되어 연결됨	鉞(월)이 부속 됨(글)	紅	1		2216	7 η GEM	3.28	1.60
南河三 남하	3									
北河三 북하	3				1		2852	62 ρ GEM	4.18	0.32

天象列次分野之圖			天文類抄·步天歌		同定					
星(座)銘	星數	參考事項	星(座)銘	色	番號	直徑	BSC	西洋銘	等級	B-V
				烏	2		2890	66 α GEM	1.58	0.04
					3		2990	78 β GEM	1.14	1.00
天樽천준	3									
五諸侯 오제후	5	五諸侯	五諸侯		1		2540	34 θ GEM	3.60	0.10
					2		2697	46 τ GEM	4.41	1.26
					3		2821	60 ι GEM	3.79	1.03
					4		2905	69 υ GEM	4.06	1.54
					5		2985	77 κ GEN	3.57	0.93
積水적수	1		胃宿에 積水가 있음							
積薪적신	1									
水府수부	4			烏						
水位四수위	4			紅						
四瀆四사독	4			黑						
軍市十三시	13			紅						
野雞一야계	1		野雞(글)	赤						
孫二손	2			烏						
子二자	2			烏						
丈人二장인	2		丈人二(抄-그림)	烏						
閼丘궐구	2	天文類抄에 비해 閼丘 아래와 南河 위의 별자리 위치가 어긋남	丘(글)	黑						
狼星一낭성	1				1		2491	9 α CMA	-1.46	0.00
弧九호	9		弧九	赤						
老人노인	1				1		2326	α CAR	-0.72	0.15
5(+1)座	28星	巨蟹宮 未地 秦之分	鬼宿							
鬼五귀	4		鬼五,輿鬼(글)	紅	1		3357	31 θ CNC	5.35	1.56
					2		3366	33 η CNC	5.33	1.25
					3		3449	43 γ CNC	4.66	0.02
		가운데에 연결이 안된 積尸氣가 있음	積尸氣(글-白)		4		3461	47 δ CNC	3.94	1.08
爟四관	4			烏						
天狗七천구	7			烏						
外廚六외주	6	外廚六	外廚六							
天社六천사	6	天文類抄에 비해 天社와 外廚의 거리가 멀고 어긋남	天社(烏)가 社의 東쪽에 있음(글, 天市垣에 天紀九도 있음)	黑						
2座	11星	獅子宮 午地 周之分	柳宿							
柳八류	8			紅	1		3410	4 δ HYA	4.16	0.00
					2		3418	5 σ HYA	4.44	1.21
					3		3454	7 η HYA	4.30	-.20
					4		3492	13 ρ HYA	4.36	-.04
					5		3482	11 ε HYA	3.38	0.68
					6		3547	16 ζ HYA	3.11	1.00
					7		3613	18 ω HYA	4.97	1.22
					8		3665	22 θ HYA	3.88	-.06
酒旗三주기	3			烏						
5座	36星	獅子宮 午地 周之分	星宿							
星七성	7			紅	1		3748	30 α HYA	1.98	1.44
					3		3845	35 ι HYA	3.91	1.32
					4		3787	32 τ 2 HYA	4.57	0.10
					7		3759	31 τ 1 HYA	4.60	0.46
軒轅十七헌원	17	軒轅十七	軒轅十七		9		3873	17 ε LEO	2.98	0.80
					10		3905	24 μ LEO	3.88	1.22
					11		4031	36 ζ LEO	3.44	0.31
					12		4057	41 γ 1 LEO	2.61	1.15
					13		3975	30 η LEO	3.52	-.03
					14		3982	32 α LEO	1.35	-.11
					15		3852	14 o LEO	3.52	0.49
					16		4133	47 ρ LEO	3.85	-.14
					17		3980	31 LEO	4.37	1.45
內平四내평	4									
天相三천상	3		天相三(抄)	黃						
稷五직	5									
2座	20星	獅子宮 午地 周之分	張宿							
張六장	6			紅	1		3903	39 υ 1 HYA	4.12	0.92

天象列次分野之圖			天文類抄·步天歌			同定				
星(座)銘	星數	參考事項	星(座)銘		色	番號	直徑	BSC	西洋銘	等級	B-V
						2		3994	41 λ	HYA	3.61	1.01
						3		4094	42 μ	HYA	3.81	1.48
						5		3849	38 κ	HYA	5.06	-.15
天廟十四천묘	14					6		4171	φ 3	HYA	4.91	0.92
2座	27星	雙女宮 巳地 楚之分	翼宿								
翼익	22				紅	1		4287	7 α	CRT	4.08	1.09
						2		4382	12 δ	CRT	3.56	1.12
						3		4405	15 γ	CRT	4.08	0.21
						4		4343	11 β	CRT	4.48	0.03
東區동구	5		東甌(그림)		黑			4232	ν	HYA	3.11	1.25
			東區(글)								
5(+3)座	49星	雙女宮 巳地 楚之分	軫宿								
軫진	4				紅	1		4662	4 γ	CRV	2.59	-.11
						2		4630	2 ε	CRV	3.00	1.33
						3		4757	7 δ	CRV	2.95	-.05
						4		4786	9 β	CRV	2.65	0.89
長沙장사	1	軫에 부속되어 연결됨			赤							
右轄우할	1	軫에 부속되어 연결됨	左轄			1		4775	8 η	CRV	4.31	0.38
左轄좌할	1	軫에 부속되어 연결됨	右轄			1		4623	1 α	CRV	4.02	0.32
軍門二군문	2				黃							
土司空四토사공	4				黃							
青丘七청구	7				烏							
器府기부	29				黑							
		40(+5)座 241星	29(그림), 32(글)								
			中官								
20座	78星		太微垣								
大微대미	5	左右執法 사이에 端門이 표시됨	左執法(글)		紅	1		4689	15 η	VIR	3.89	0.02
						2		4825	29 γ	VIR	3.65	0.36
						3		4910	43 δ	VIR	3.38	1.58
						4		4932	47 ε	VIR	2.83	0.94
大微대미	5		右執法(글)		紅	1		4540	5 β	VIR	3.61	0.55
			端門			2		4386	77 σ	LEO	4.05	-.06
						3		4399	78 κ	LEO	3.94	0.41
						4		4359	70 θ	LEO	3.34	-.01
						5		4357	68 δ	LEO	2.56	0.12
謁者알자	1		謁者一		烏	1		4695	16	VIR	4.96	1.16
三公內坐삼공내좌	3		三公內坐三		烏							
九卿구경	3	九卿	九卿		黑							
五諸侯오제후	5	五諸侯	五諸侯		黑	1		4983	43 β	COM	4.26	0.57
						2		4894	35	COM	4.90	0.90
						3		4792	24	COM	5.02	1.15
						4		4697	11	COM	4.74	1.10
						5		4663	6	COM	5.10	0.06
屛병	4				赤	1		4515	2 ξ	VIR	4.85	0.18
						2		4517	3 ν	VIR	4.03	1.51
						3		4589	8 π	VIR	4.66	0.13
						4		4608	9 ο	VIR	4.12	0.98
五帝오제	5					1		4534	94 β	LEO	2.14	0.09
幸臣행신	1		幸臣(抄-그림)									
太子태자	1											
從官종관	1											
郎將낭장	1	郎將	郎將一 (歌에 별이 없음)									
虎賁호분	1											
常陳상진	7				赤							
郎位낭위	15											
明堂명당	3		明堂三		黑							
靈臺영대	3	靈臺	靈臺三		赤							
少微四소미	4											
長垣四장원	4											
三台六삼태	6					1		3569	9 ι	UMA	3.14	0.19
						2		3594	12 κ	UMA	3.60	-.00
						3		4033	33 λ	UMA	3.45	0.03

부록2 233

天象列次分野之圖			天文類抄·步天歌		同定					
星(座)銘	星數	參考事項	星(座)銘	色	番號	直徑	BSC	西洋銘		等級	B-V
					4		4069	34 μ	UMA	3.05	1.59
					5		4377	54 ν	UMA	3.48	1.40
					6		4375	53 ξ	UMA	4.41	0.59
			20座 78星								
37(+2)座	164星		紫微垣								
紫微八자미	8				1	13	5291	11 α	DRA	3.65	-.05
					2	14	5744	12 ι	DRA	3.29	1.16
					3	14	5986	13 θ	DRA	4.01	0.52
					4	12	6132	14 η	DRA	2.74	0.91
					5	14	6396	22 ζ	DRA	3.17	-.12
					7	13	6920	43 φ	DRA	4.22	-.10
					8	14	7352	60 τ	DRA	4.45	1.25
紫微七자미	7				1	12	4787	5 κ	DRA	3.87	-.13
					2	13	4434	1 λ	DRA	3.84	1.62
北極五북극	5	첫째 별이 천문도의 중심에 있음			1	10	4893			5.28	-.03
					2	11	5321	4	UMI	4.82	1.36
					3	12	5430	5	UMI	4.25	1.44
					4	21	5563	7 β	UMI	2.08	1.47
					5	17	5735	13 γ	UMI	3.05	0.05
四輔四사보	4										
天一천일	1										
太一태일	1	天一과 연결됨									
陰德음덕	2	陰德	陰德	黃							
尚書五상서	5										
柱下史주하사	1		柱史(글)		1	9	6927	44 χ	DRA	3.57	0.49
女史여사	1				1	9	6636	31 ψ1	DRA	4.58	0.42
女御宮四여어궁	4		御女(글)	黃							
天柱천주	5			烏							
大理二대리	2										
句陳六구진	6				1	18	424	1 α	UMI	2.02	0.60
					2	13	6789	23 δ	UMI	4.36	0.02
					3	13	6322	22 ε	UMI	4.23	0.89
					4		5903	16 ζ	UMI	4.32	0.04
					5		285			4.25	1.21
六甲육갑	6										
天皇大帝천황대제	1										
五帝坐오제좌	5		五帝内坐(글)								
華蓋화개	7	杠과 함께 16성			2		8238	8 β	CEP	3.23	-.22
					3		8468	24	CEP	4.79	0.92
					4		8615	31	CEP	5.08	0.39
					5		8819	33 π	CEP	4.41	0.80
					6		8974	35 γ	CEP	3.21	1.03
傳舍九전사	9	여관이란 뜻의 傳舍		黑	2	13	7957	3 η	CEP	3.43	0.92
					3		8162	5 α	CEP	2.44	0.22
					4		8417	17 ξ	CEP	4.29	0.34
					5		8694	32 ι	CEP	3.52	1.05
内階六내계	6		内階								
天廚六천주	6	天廚六	天廚六								
八穀八팔곡	8		八穀八								
天棓五천부	5			赤	1		6688	32 ξ	DRA	3.75	1.18
					2		6555	25 ν2	DRA	4.87	0.28
					3		6536	23 β	DRA	2.79	0.98
					4		6705	33 γ	DRA	2.23	1.52
					5	12	6588	85 ι	HER	3.80	-.18
天床六천상	6			烏黑							
内廚二내주	2	内廚二	内廚二 7(그림), 6(글) 星								
文昌문창	7	肅宗本,古拓本에 太尊	太尊(抄)大尊(歌)	黃							
天尊천존	1										
天牢六천뢰	6										
大陽守대양수	1		太陽守(抄-글)		1		4335	52 ψ	UMA	3.01	1.14
勢四세	4		勢四								
相一상	1				1		4518	63 χ	UMA	3.71	1.18
三公삼공	3										
三公三삼공	3										
玄戈一현과	1			紅							
天理四천리	4			烏							

天象列次分野之圖			天文類抄・步天歌		同定					
星(座)銘	星數	參考事項	星(座)銘	色	番號	直徑	BSC	西洋銘	等級	B-V
天倉천창	3		天槍	赤	1	22	4301	50 α UMA	1.79	1.07
北斗七북두	7				2	21	4295	48 β UMA	2.37	-.02
					3	22	4554	64 γ UMA	2.44	0.00
					4	22	4660	69 δ UMA	3.31	0.08
					5	22	4905	77 ε UMA	1.77	-.02
					6	22	5054	79 ζ UMA	2.27	0.02
					7	22	5191	85 η UMA	1.86	-.19
輔星보성	1	北斗에 부속되 연결됨								
杠九강	9	華蓋에 부속됨	華蓋와 함께 16星							
20座	91星	37(+2)座 164星	天市垣							
天市東垣十一천시	11	河鼓와 天市東垣 사이 은하수 갈라지는 곳에 河間 표시	天市東(歌)		6		7235	17 ζ AQL	2.99	0.01
					7		7141	63 θ 1 SER	4.62	0.17
					8		6869	58 η SER	3.26	0.94
					9		6698	64 ν OPH	3.34	0.99
					10		6561	55 ξ SER	3.54	0.26
					11		6378	35 η OPH	2.43	0.06
天市十一천시	11				1		6148	27 β HER	2.77	0.94
					2		6095	20 γ HER	3.75	0.27
					3		6008	7 κ HER	5.00	0.95
					4		5933	41 γ SER	3.85	0.48
					5		5867	28 β SER	3.67	0.06
					6		5788	13 δ SER	3.80	0.26
					7		5854	24 α SER	2.65	1.17
					8		5892	37 ε SER	3.71	0.15
					9		6056	1 δ OPH	2.74	1.58
					10		6075	2 ε OPH	3.24	0.96
					11		6175	13 ζ OPH	2.56	0.02
市婁시루	6	市婁	市樓	黑						
車肆차사	2		車肆二	黃	1		6603	60 β OPH	2.77	1.16
宗正종정	2		宗正二		2		6629	62 γ OPH	3.75	0.04
宗人종인	4		宗四	赤						
宗大夫종대부	4	宗人과 天市東垣 사이에 있음 朝鮮의 固有 별자리	抄와 歌에 없음 淳祐天文圖에 없음							
宗星종성	2		宗二							
帛度백도	2		帛度二	黃						
屠肆도사	2		屠肆二							
侯一후	1	侯一	侯一		1		6556	55 α OPH	2.08	0.15
帝座제좌	1		帝座一	赤	1		6406	64 α 1 HER	3.48	1.44
宦者환자	4		宦者四 (抄-그림, 歌-글)							
列肆열사	2									
斗五두	5									
斛四곡	4									
貫索관색	9		貫索九	赤						
七公七칠공	7									
天紀九천기	9									
女牀여상	3		女牀(글)	紅						
총 282(+13)座 1467星		20座 91星								
箕와 尾에서 시작해 南河를 지나는 곡선띠		銀河水	天河(天漢)起沒에 은하수의 위치 설명							
북극을 중심으로 반지름 94mm인 圓		週極圈, 恒見圈의 경계								
북극을 중심으로 반지름 222.4mm인 圓		赤道								
角과 奎에서 赤道와 교차하는 圓		黃道								
반지름 361mm인 성좌도의 外廓圓		出沒星의 남방한계 恒隱圈의 경계								
恒見圈 경계에서 外廓圓에 연결된 28개 經線		28宿의 경계선								

참고문헌

1부. 천문과 역사의 만남

천문학사와 고천문학에 대한 참고문헌

홍이섭, 《조선과학사》(1944), 《홍이섭 전집 1》, 연세대학교 출판부(1993).
전상운, 《한국과학기술사》, 정음사(1976).
전상운, 《한국과학사》, 사이언스북스(2000).
유경로, 《한국천문학사 연구》, 녹두(1999).
나일성, 《한국천문학사》, 서울대학교출판부(2000).
齊藤國治, 《古天文學》, 恒星社(1989).
Clark, D. H., and Stephenson, F. R., *The Historical Supernovae*, Pergamon Press(1977).
Heggie, D. C., *Megalithic Science — Ancient Mathematics and Astronomy*, Thames and Hudson(1981).
Needham, J., and Ling, W., *Science and Civilisation in China*, vol. 3, Mathematics and the Sciences of the Heavens and the Earth, Cambridge Univ. Press(1959).

천체의 위치 계산에 대한 원리와 계산법이 실린 참고문헌

Meeus, J., *Astronomical Algorithms*, Willmann-Bell(1991).
Montenbruck, O., and Pfleger, T., *Astronomy on the Personal Computer*, Springer(1999).
Duffett-Smith, P., *Practical Astronomy with your Calculator*, Cambridge Univ. Press(1988).

2부. 천문과 우리역사

3. 천문기록으로 찾아간 단군조선

책 내용은 다음 연구논문의 결과임

박창범·라대일, 〈檀君朝鮮時代 天文現象記錄의 科學的 檢證〉, 《韓國上古史學報》, 제14호, 95쪽(1993).

단군조선에 대한 사서

大野勃, 고동영 옮김, 《단기고사》, 한뿌리(1986).
李嵒, 임승국 옮김, 《한단고기》〈단군세기〉편, 정신세계사(1991).
北崖, 고동영 옮김, 《규원사화》, 한뿌리(1986).

단군에 대한 종합적 연구서

윤이흠 외, 《단군 — 그 이해와 자료》, 서울대학교출판부(1994).

4. 삼국시대 천문기록이 밝혀 준 고대 역사
책 내용은 다음 연구논문의 결과임
박창범 · 라대일, 〈三國時代 天文現象記錄의 獨自觀測事實 檢證〉, 《韓國科學史學會誌》, 제16권, 제2호, 167쪽(1994).

삼국시대의 천문기록을 발췌한 사서
金富軾, 김종권 옮김, 《三國史記》, 명문당(1988).
一然, 박성봉 · 고경식 옮김, 《三國遺事》, 서문문화사(1985).

삼국시대 일식기록에 대한 국내외의 평가
飯島忠夫, 〈三國史記の日食記事について〉, 《東洋學報》, 15, 410(1926).
齊藤國治, 〈新羅, 高句麗, 百濟の天文記錄〉, 《星の手帖》, 27, 96(1985).
Stephenson, F.R., and Houlden M.A., *Atlas of Historical Eclipse Maps*, Cambridge Univ. Press(1985).
盧泰敦, 〈三國史記 上代記事의 信賴性 問題〉, 《아시아 문화》, 제2호, 89쪽.
김영식 · 박성래 · 송상용, 《과학사》, 전파과학사(1992).

중국과 일본의 천문기록집
北京天文台, 《中國古代天象記錄恩集》, 江蘇科學技術出版社(1988).
神田茂, 《日本天文史料》, 恒星社(1935).
渡邊敏夫, 《日食月蝕寶典》, 雄山閣(1979).

우리의 고대 천문기록을 고찰한 기존연구서
홍이섭, 《조선과학사》(1944), 《홍이섭 전집 1》, 연세대학교 출판부(1993).
박성래, 〈한국과학사상사 — 시험적 고찰〉, 《과학사상》, 범양사, 제3~13호(1992~1995).
나일성, 《나일성 교수 화갑 기념논문집》, 연세대학교출판부(1992).
조선총독부 관측소, 《조선 고대 관측기록 조사보고》(1917).

서기 이전에 한반도에서 사용된 문자의 유물
국립청주박물관, 《한국 고대의 문자와 기호 유물》, 통천문화사(2000).

5. 일본의 고대 일식기록은 사실인가?
책 내용은 다음 연구논문의 결과임
박창범, 〈일본 고대 일식기록의 분석〉, 《한국과학사학회지》, 제18권, 제2호, 155~166쪽(1996).

동아시아에서 지난 수천 년간 일어난 일식의 진행 상황을 보여 주는 일식도를 수록한 문헌
박창범, 《동아시아 일식도 — B.C. 800년부터 A.D. 2200년까지》, 서울대학교출판부(1999).
渡邊敏夫, 《日食月蝕寶典》, 雄山閣(1979).
Stephenson, F.R., and Houlden, M.A., *Atlas of Historical Eclipse Maps*, Cambridge Univ. Press(1985).

3부. 하늘을 사랑한 민족

우리 나라 전통 과학에 대한 외국의 인식 부족과 왜곡
Needham, J. and Ling, W., *Science and Civilisation in China*, vol. 3, Mathematics and the Sciences of the Heavens and the Earth, Cambridge Univ. Press, pp. 682~683(1959).
유경로, 《한국천문학사 연구》, 녹두, 285쪽(1999).
박성래, 〈한국사의 역과 연호〉, 송두종·안영숙 편집, 《한국천문력 및 고천문학》, 경문사, 1~2쪽(1997).
남문현·손욱, 《전통 속의 첨단 공학기술》, 김영사(2002).

6. 우리의 옛 별이름
유경로, 《한국천문학사 연구》, 녹두, 316쪽(1999).
국가과학기술자문회의·한국과학기술단체총연합회, 《남북과학기술 용어집》, 겸지사·과학문화사(2000).

조선시대의 별자리와 서양 별자리를 비교·동정한 논문
박창범, 〈天象列次分野之圖의 별그림 분석〉, 《한국과학사학회지》, 제20권, 제2호, 113~150쪽(1998).
안상현·박창범·유경로, 〈星鏡에 실린 별들의 同定〉, 《한국과학사학회지》, 제18권, 제1호, 3~57쪽(1996).

고구려 고분벽화의 천문도에 대한 논문
리준걸, 〈28수를 다 그린 진파리 4호 무덤〉, 《역사과학》, 제3호, 46쪽(1981).
리준걸, 〈덕화리 2호 무덤의 별그림에 대하여〉, 《역사과학》, 제1호, 33~37쪽(1981).
리준걸, 〈고구려 벽화무덤의 별그림에 대한 연구〉, 《고고민속논문집》, 9, 2호(1984).
김일권, 〈고구려 고분벽화의 별자리 그림 考定〉, 《백산학보》, 제47호, 51~106쪽(1996).

7. 고인돌 별자리를 찾아서
우리 나라 암각화의 위치와 내용이 정리된 문헌
정동찬, 《살아있는 신화 바우그림》, 혜안(1996).
국민대학교박물관, 《한국의 선사시대 암각화》, 국민대학교박물관(1993).

별자리가 새겨진 북한의 고인돌을 소개한 부분
조선기술발전사 편찬위원회, 《조선기술발전사(원시·고대편)》, 백산자료 영인(1997).
김동일, 〈증산군 룡덕리 10호 고인돌 무덤의 별자리에 대하여〉, 《조선고고연구》, 제3호(루계 제104호), 6~11쪽(1997).
유홍준, 《나의 북한문화유산 답사기》, 중앙M&B(1998).
KBS 역사스페셜, 〈고인돌 왕국―고조선〉(2001. 10. 27).
KBS 역사스페셜, 〈세계문화유산 '한반도의 고인돌'〉(2002. 11. 9).

하남시 칠성바위 그림이 담긴 자료
백제문화연구회, 《백제역사문화자료집》, 창간호, 42쪽(2000).

아득이 고인돌 돌판 천문도에 대한 내용은 다음 연구논문의 결과임

박창범·이용복·이용조,〈청원 아득이 고인돌 유적에서 발굴된 별자리판 연구〉,《한국과학사학회》, 제23권, 제1호, (2001).

8. 2000년 전에 바라본 하늘 — 천상열차분야지도

책 내용은 다음 연구논문의 결과임

박창범,〈天象列次分野之圖의 별그림 분석〉,《한국과학사학회지》, 제20권, 제2호, 113~150쪽(1998).

안상현·박창범·유경로,〈星鏡에 실린 별들의 同定〉,《한국과학사학회지》, 제18권, 제1호, 3~57쪽(1996).

천상열차분야지도의 유래에 대한 기존의 의견이 실린 문헌

박성환,〈태조의 석각천문도와 숙종의 석각천문도와의 비교〉,《동방학지》, 54·55·56 합본호, 연세대학교 국학연구원, 329~357쪽(1987. 6).

이용범,〈국내 최고의 석각천문도와 통치이념〉,《중세 서양과학의 조선 전래》,《동국총서》, 제5권, 동국대학교출판부, 87~112쪽(1988).

《삼국사기》중에서 신라 효소왕 1년(692) 조에 "고승 도증이 당나라로부터 돌아와서 천문도를 올렸다(高僧道證自唐廻 上天文圖)"는 기록.

Rufus, W. C., *The Celestial Planisphere of King Yi Tai Jo*, Transactions of Korea Branch of the Royal Asiatic Society, 4(3), p. 63(1913).

중국 천문학을 종합적으로 검토한 연구서

이문규,《고대 중국인이 바라본 하늘의 세계》, 문학과지성사(2000).

중국 별자리의 역사가 설명된 문헌

陣遵嬀,《中國天文學史》, 第二, 明文書局(1987).

潘鼐,《中國恒星觀測史》, 學林出版社(1989).

大崎 正次,《中國の星座の歷史》, 雄山閣(1987).

藪內淸, 兪景老 譯編,《中國의 天文學》, 전파과학사(1985).

우리 나라와 중국, 일본의 전통 천문도가 실린 사진집

유경로·박창범,《한국의 천문도》, 천문우주기획(1995).

千葉市立鄕土博物館,《聖座の文化史》(1995).

4부. 전통 과학과 현대 과학의 연결

9. 고대 문화를 빛내는 우리의 태양 관측

책 내용은 다음 연구논문의 결과임

양홍진·박창범·박명구,〈고려시대 흑점과 오로라 기록에 보이는 태양활동주기〉,《천문학논총》, 13,

181~208쪽(1998).

한·중·일의 오로라기록 목록집

劉君燦 編著,《中國天文學史新探》, 明文書局(1988).

Yau, K. K., Stephenson, F. R., and Willis, D. M., A Catalogue of Auroral Observations from China, Korea, & Japan (B.C. 193~A.D. 1770), Council for the Central Laboratory of the Research Councils, Technical Report RAL-TR-95~073(1995).

우리나라 천문 기록에 대한 연구논문들

朴同玄,〈陰曆을 陽曆으로 換算하는 簡便한 方法—高麗 朝鮮 天文 硏究 1 (A Simple Method for Conversion of the Lunar into Solar Calendar)〉,《한국천문학회지》, 1, 19쪽(1968) : 19년 중 7년에 윤달을 두는 윤년법(Meton period)을 쓴 환산법.

韓旭·兪景老,〈星鏡에 記載된 별의 同定(Identification of the Stars listed in "Seong Kyung")〉,《한국천문학회지》, 7, 1(1974) : 남병길이 1861년에 편찬한《성경》에 수록된 별 1449개를 위치와 밝기를 고려하여 현대 서양의 별목록과 비교함. 923개가 동정됨.

李殷晟,〈招差法과 古代曆法에서의 그 應用(On the Interpolation formula, Chao-Ch'a-shu, applied to the Chienese Calendar, Shou-Shih-li)〉,《한국천문학회지》, 7, 19(1974) : 중국 元代의 授時曆法에 쓰인 내삽법이 3차 멱함수임을 보임.

李殷晟,〈節氣와 曆日에 대한 日辰의 復歸週期(On the Reference Period of Il-Chin of Seasonal Parts and Each Date of the Year in Old Chinese Calendar)〉,《한국천문학회지》, 10, 13(1977) : 60간지를 매일 하나씩 붙인 일진이 24절기에 대해 103 태양년마다 반복됨을 보임(誤記가 많음).

李殷晟,〈十二支의 天文學的 意義와 曆日에의 長期的인 配當方法에 關하여(On the Astronomical Significance of 12 Chin and its Long Term Assignment to Calendar)〉,《한국천문학회지》, 11, 47(1978) : 12지(子·丑·寅…亥)와 큰곰별자리의 운동과의 관계를 연구.

나일성·이대성·이철주·임정대,〈황윤석의 항성황적경위표에 대한 검토〉,《동방학지》, 19, 233(1978)

유경로·현정준·이은성,〈칠정산 내편의 기본수치에 관하여〉,《한국과학사학회지》, 1, 100(1979).

羅逸星,〈承政院 日記와 朝鮮正祖 時代의 天文觀測 記錄 (On the Astronomical Records Made in the Days of King Jeongjo of Chosun Kingdom)〉,《한국천문학회지》, 12, 35(1979) : 정조 때의 천문 기록을《조선왕조실록》, 《증보문헌비고》,《승정원일기》등에서 뽑아 정확성과 충실성을 서로 비교함.

나일성,〈17·18세기 한국의 천문관〉,《동방학지》, 21, 1(1979).

나일성,〈17·18세기 이조학자들이 이해한 세차운동〉,《동방학지》, 22, 67(1979).

Nha, Il-Sung, "Calibration of the Stellar Magnitude Scale Prior to Pogson,"《한국과학사학회지》, 8, 113쪽(1986).

兪景老,〈朝鮮王朝實錄에 기재된 Kepler 超新星의 관측기록〉,《천문학논총》, 5, 85(1990) :《조선왕조실록》에 있는 케플러 초신성(1604) 관측 기록 131개를 정리. 1604년 10월 13일에서 1605년 7월 14일까지 밝기 변화를 설명한 기록.

박성래,〈한국과학사상사—시험적 고찰〉,《과학사상》, 범양사, 3, 193(1992) : 우리 나라 전통 시대의 천문 기록을 정리하고 해석한 기획 연재 논문.

박창범·라대일, 〈단군조선시대 천문현상기록의 과학적 검증〉, 《한국상고사학보》, 14, 95(1993).

La, Daile and Park, Changbom, "On Astronomical Records of Dangun Chosun Period," 《한국천문학회지》, 26, 135(1993) : 《단기고사》와 《한단고기》의 〈단군세기〉편에 수록된 단군조선 시대의 천문 현상 관측 기록(B.C. 2183∼B.C. 241) 12개를 천체역학적 계산과 비교함.

박창범·라대일, 〈삼국시대 천문현상기록의 독자관측사실 검증〉, 《한국과학사학회지》, 16, 167(1994).

안상현·박창범·유경로, 〈성경에 실린 별들의 동정〉, 《한국과학사학회지》, 18, 3(1996).

박창범, 〈일본 고대 일식기록의 분석〉, 《한국과학사학회지》, 18, 155(1996).

나일성, 〈천상열차분야지도와 각석 600주년 기념복원〉, 《동방학지》, 93, 59(1996).

남문현·한영호, 〈조선지명이 있는 천상열차분야지도 사본〉, 《東方學志》, 93, 133(1996).

Park, Changbom, "Analysis of the Korean Celestial Planisphere : Ch'on-Sang-Yul-Cha-Bun-Ya-Ji-Do," 《한국천문학회지》, 29, S433(1996).

김일권, 〈고구려 고분벽화의 별자리그림 考定〉, 《白山學報》, 47, 51(1996).

양홍진·박창범·박명구, 〈고려시대 흑점과 오로라기록에 보이는 태양활동주기〉, 《천문학논총》, 13, 181∼208쪽(1998).

박창범, 〈천상열차분야지도의 별그림 분석〉, 《한국과학사학회지》, 20, 113∼149쪽(1998).

박창범·이용복·이융조, 〈청원 아득이 고인돌 유적에서 발굴된 별자리판 연구〉, 《한국과학사학회지》, 23, 3∼18쪽(2001).

찾아보기

ㄱ

가마쿠라(鎌倉) 시대 70, 72
가야(伽倻) 66
가야금(伽倻琴) 203
간의대(簡儀臺) 151~152
갈릴레오 갈릴레이(Galileo Galilei) 125, 143, 185
강수량 자료(降水量 資料) 60~63
개밥바라기 81
개천설(蓋天說) 194~196
개천절(開天節) 24, 30
객성(客星) 134, 187~188
건흥(建興 威德王) 165
건흥력(乾興曆) 164
격물치지(格物致知) 200
견우성(牽牛星) 82, 84
경덕왕(新羅 景德王) 184
경루(更漏) 159
경릉(景陵) 174
경복궁(景福宮) 189
경성천(經星天) 198
경종(朝鮮 景宗) 188
경행력(景行曆) 164
계명성(啓明星) 81
계연수(桂延壽) 26
고구려(高句麗) 127
   고분 천문도 82~84, 142
   덕화리(德花里) 2호분 169
   덕흥리(德興里) 고분 168
   안악(安岳) 3호분 168
   진파리(眞坡里) 4호분 169
   천문도(天文圖) 113
고구려본기(高句麗本紀) 57, 127
고금군국지(古今君國志) 58
고기(古記) 31, 58
고덕왕손(固德王孫) 164
고려사(高麗史) 18, 130, 174
   역지(曆志) 155, 164

오행지(五行志) 129
지리지(地理志) 145
천문지(天文志) 124, 127, 128
고인돌(支石墓) 19, 89~108, 141, 167, 168
   거창 박물관 95
   고창 96~97
   대구광역시 동구 95
   북한 94
   성혈의 방향성 108
   아득이 167
   인천광역시 서구 대곡동 95
   장축의 방향성 108
   청원군 아득이 101~104
   평안남도 용곡리 99
   평안남도 용덕리 99
   평안남도 원화리 94
   포항 칠포리 95
   함경남도 지석리 94
   함안 동촌리(東村里) 25호 107
   함안 동촌리(東村里) 26호 95
   함안 예곡리(禮谷里) 야촌(野村) 마을 107
고조선(古朝鮮) 13~14
고천문학(古天文學) 18, 66
고흐, 빈센트 반(Gogh, Vincent Van) 91, 93
공민왕(高麗 恭愍王) 164, 174
과학사(科學史) 80
과학적 검증 17
곽수경(郭守敬) 164
관규집요(管窺輯要) 195
관륵(觀勒) 68, 164
관상감(觀象監) 158, 180, 186, 188
관천대(觀天臺) 152~153
관천의상(觀天儀象) 143
광개토대왕(高句麗 廣開土大王) 164
구법천문도(舊法天文圖) 117, 179
구수왕(百濟 仇首王) 48
구천설(九天說) 196
구텐베르크(Gutenberg, Johannes) 79

국보
　　제31호(경주 첨성대) 147~151
　　제126-6호(무구정광대다라니경) 79
　　제147호(울산 천전리 암각화) 91
　　제161호(공주 청동신수문경) 172
　　제163호(무령왕릉 지석) 163
　　제228호(천상열차분야지도) 85, 112, 177
　　제229호(보루각 자격루) 158
　　제230호(송이영의 혼천 천문시계) 159
　　제249호(동궐도) 152~153
　　제285호(울산 반구대 암각화) 90
국악(國樂) 203~204
궁중유물전시관(宮中遺物展示館) 112, 115
권근(陽村 權近) 113, 171, 174
권준(權準) 174
규원사화(揆園史話) 26, 30
규표(圭表) 151~152
그레고리력(Gregorian calendar) 163
금(金) 131
금성(金星) 188, 198, 209
금속활자(金屬活字) 79
기토라 고분(キトラ古墳) 170
기토라 고분 천문도 115
김담(金淡) 166
김두화(金斗和) 26
김부식(金富軾) 57
김석문(金錫文) 196, 197~198
김성택(金成澤) 164
김쌍돌이 191, 208
김유신(金庾信) 184
김일권(金一權) 101, 106
김정(金正) 164
김태서(金兌瑞) 181
꼬리별 82

ㄴ

나라(奈良) 시대 70~71
나일성(羅逸星) 122, 144
낙랑(樂浪) 51
남두육성(南斗六星) 84, 173
남매일월신화(男妹日月神話) 192~193
남문현(南文鉉) 122, 144
남병길(南秉吉) 109, 182
남송(南宋) 163
남회인(南懷仁, F. Verbiest) 111
낭렵(狼鬣) 151
내각(內閣) 188
내행성(內行星) 187
노태돈(盧泰敦) 66, 93
누각(漏刻) 158
누국(漏局) 153
능산리(百濟 陵山里) 고분 172
니덤, 조셉(Needham, Joseph) 78

ㄷ

단군(檀君) 145~146
단군세기(檀君世紀) 26~33
단군왕검(檀君王儉) 16
단군조선(檀君朝鮮) 14
단기(檀紀) 165, 166
단기고사(檀紀古史) 25~27, 30
당(唐) 55, 164
당서(唐書) 58
당후(堂后) 188
대간의대(大簡儀臺) 144
대금(大笒) 203~204
대야발(大野勃) 26
대진현(戴進賢, I. Kögler) 111
대통력(大統曆) 164, 166
덕복(德福) 164

덕화리(德花里) 2호분 84
덕흥리(德興里) 고분 82
도요토미 히데요시(豊臣秀吉) 72
도진경 14
도쿠가와 이에야스(德川家康) 72
동경잡기(東京雜記) 150
동국역대총목(東國歷代總目) 31
동국통감(東國通鑑) 31
동궐도(東闕圖) 152
동명성왕(東明聖王) 127
둔갑력(遁甲曆) 164
둥근별떼 82
따름별 82

ㄹ

라대일(羅大一) 12~15
루퍼스(Rufus, W. C.) 114
리준걸 114

ㅁ

마테오 리치 196
만월대(滿月臺) 151
말굽칠성 82
명(明) 164, 180
명릉(明陵) 174
명왕성(冥王星) 30
목성(木星) 188, 209
무가(巫歌) 191~192
무구정광대다라니경(無垢淨光大陀羅尼經) 79
무령왕(百濟 武寧王) 163~164, 172
무왕(百濟 武王) 164
문무왕(新羅 文武王) 164
문종(高麗 文宗) 164, 174, 186
물시계 19, 155, 158~159

미륵(彌勒) 191~192, 208
미리내 82
민속과 천문 201~210

ㅂ

바위구멍
　성혈(性穴) 99
　양구군 오유2리 95, 102
박명순(朴明順) 114
박성래(朴星來) 120~122, 165
박성환 114
박안기(螺山 朴安期) 121
박영재 76
반고(盤古) 193
반고(盤古) 신화 184
반도충부(飯島忠夫) 37~38
반월성(半月城) 149
발해(渤海) 164
발해만 55
밝은별목록(The Bright Star Catalogue) 110
백도(白道) 160
백제(百濟) 13
백제본기(百濟本紀) 55, 57
백호(白虎) 172
뱀주인자리(Ophiuchus) 187
벌휴이사금(伐休尼師今) 19
범(犯) 187
범세동(范世東) 26
법당방(法堂房) 고분 174
변광성(變光星) 134, 186
별구름 82
별구름 무리 82
별구름떼 82
별떼 82
별똥돌 82
별이름 81~88

별자리 체계
    동양 86~88
    서양 86
별찌 82
별찌돌 82
보물
    제605호(고령 양전동 암각화) 89
    제837호(천상열차분야지도 숙종본) 85, 117
    제839호(숭정 9년 신법지평일구) 158
    제840호(신법지평일구) 157~158
    제848호(법주사 황도남북총성도) 180, 182
    제851호(창경궁 관천대) 153
보천가(步天歌) 116~118
보현산 천문대 135
봉선사(奉先寺) 174
북극고도(北極高度) 158
북두칠성(北斗七星) 83~84, 99~100, 107, 116, 167~168, 173~176, 192, 201~202, 206~207, 209
북부여기(北夫餘紀) 26
북사(北史) 58
북애(北崖) 26
북위(北魏) 164
브누아(蔣友仁) 197
비성(飛星) 187

ㅅ

사기(史記) 58
사마왕(百濟 斯麻王) 163~164
사시(四時) 206
사신도(四神圖) 19, 172, 174
사이술(四夷述) 58
사자자리(Leo) 188
삭고(朔鼓) 203
삭망월(朔望月) 162
살별 82

삼국사기(三國史記) 16, 18~19, 114, 134, 154, 163~164, 168, 183
    신빙성 문제 39~41
    큰물 기록 60~63
삼국사기 천문 기록
    국내학계의 평가 37
    일본학계의 평가 37, 41
삼국유사(三國遺事) 19, 149, 183~184
삼국지(三國志) 위서(魏書) 동이전(東夷傳) 208
삼성(三星) 107, 174
삼성기(三聖紀) 26
3원(垣) 86
삼일병출(三日竝出) 43
삼진의(三辰儀) 160
삽천춘해(澁川春海) 121
상대 신라(上代 新羅) 56
새별 82
샛별 81
서곡리(瑞谷里) 벽화묘 174~175
서광계(徐光啓) 180
서궐도안(西闕圖案) 153
서삼동(西三洞) 고분 174~175
서양 천문학 143
서양력(西洋曆) 165~166
서운관(書雲觀) 188, 190
서운관지(書雲觀志) 146, 186
선기옥형(璇璣玉衡) 160
선덕여왕(新羅 善德女王) 149~150, 184
선돌(立石) 19
    양구군 용하리 95, 102
선명력(宣明曆) 164, 166
선야설(宣夜說) 194~196
선조(朝鮮 宣祖) 143, 187
성경(星鏡) 109~111, 181~182
성덕왕(新羅 聖德王) 158
성변등록(星變謄錄) 188
성변측후단자(星變測候單子) 188~189
성식(星蝕) 134

성왕(百濟 聖王) 164
성주덕(成周悳) 186
성혈(性穴) 99
세계시(世界時) 162
세시풍속(歲時風俗) 208~209
세종대왕(朝鮮 世宗大王) 142~144, 151, 159, 166, 181, 203
세종실록(世宗實錄) 155, 159
　　지리지(地理志) 31, 145, 147, 150
세차운동(歲差運動) 111, 115
소간의대(小簡儀臺) 152
소릉(韶陵) 174
소현세자(昭顯世子) 158
속일본기(續日本記) 69, 74
속일본후기 70
송(宋) 131, 142, 164
송기호(宋基豪) 66
송산리(百濟 宋山里) 6호분 172
송상용(宋相庸) 144
송이영(宋以穎) 159~160
수락동(水洛洞) 고분 174
수서(隋書) 58
수성(水星) 198
수시력(授時曆) 164, 166
숙종(朝鮮 肅宗) 127, 145, 152, 180
순우(淳祐) 천문도 121, 171, 177
순조(朝鮮 純祖) 186
스티븐슨, 리처드(Stephenson, F. Richard) 79, 127, 145, 152
승정원 일기(承政院 日記) 19
승정원(承政院) 188
시간 측정 의기(儀器) 154~161
　　해시계(日晷) 154~158
　　물시계 155, 158~159
　　천문시계 159~161
시간 측정법
　　원자시(原子時) 162
　　세계시(世界時) 162

역표시(曆表時) 162
시강원(侍講院) 188
시반(時盤) 157
시헌력(時憲曆) 158, 166
식(食) 187
신당서(新唐書) 58
신라방(新羅坊) 66
신라본기(新羅本紀) 19, 57
신법보천가(新法步天歌) 182
신법천문도(新法天文圖) 180
신성(新星, nova) 134, 186
신종(高麗 神宗) 174
신채호(申采浩) 26
신화(神話) 191~193
심대성(心大星) 183, 188
십이중천설(十二重天說) 196
십이지(十二支) 172~174, 203, 209
십이지신상(十二支神像) 19
십이차(十二次) 202~203
십정력(十精曆) 164
썰물 27, 32

ㅇ

아달라이사금(新羅 阿達羅尼師今) 183
아담 샬(Johann Adam Schall von Bell, 湯若望) 158
아득이 고인돌 101~104, 167
아라가야(阿羅伽倻) 향토사 연구회 108
아신왕(百濟 阿莘王) 48
아틀라스(Atlas) 193
악학궤범(樂學軌範) 202~203
안국빈(安國賓) 181
안릉(安陵) 174
안상현(安相鉉) 111
안순(安純) 152
안축(安軸) 150

안함로(安含老) 26
알구명 99
암각화(岩刻畵) 19, 89~92
    울산 반구대(盤龜臺) 암각화 90
    울산 천전리(川前里) 암각화 91
    함안 도항리 도동(道項里道洞) 암각화 89~92
앙부일구(仰俯日晷) 156~157
애장왕(新羅 哀莊王) 164
야마토(大和) 시대 70, 74~76
양(梁) 55
양릉(陽陵) 174
양마낙(陽瑪諾, Emmanuel Diaz) 180, 195
양서(梁書) 58
양원왕(高句麗 陽原王) 48
양원호(梁元虎) 164
양자강 유역(揚子江 流域) 62, 66
양홍진(梁洪鎭) 87, 94, 107
어둠별 81
여씨춘추(呂氏春秋) 194
여천 거문도 유적 50
역법(曆法) 133, 161~166
역사(歷史) 16, 114
역표시(曆表時) 162
역학이십사도해(易學二十四圖解) 198~199
연수(延壽 智證王) 165
연호(年號) 165
영두성(營頭星) 187
영락(永樂 廣開土大王) 165
영조(朝鮮 英祖) 181, 186, 189
영침(影針) 157~158
예(濊) 208
예수회(Jesuit, Society of Jesus) 78, 195
오다 노부나가(織田信長) 72
오로라(aurora) 124, 126~134, 184~185
    중국 기록 127, 131
    주기 131
오선지(五線紙) 203
오성(五星) 166

오성취루(五星聚婁) 27~30
오수전(五銖錢) 50
오윤부(伍允孚) 173
오음(五音, 黃·太·仲·林·南) 203~204
오재성(吳在城) 65
오행성(五行星) 201
옥루(玉漏) 159
온조왕(百濟 溫祚王) 50
옹근가림 82
와류설 30
왜(倭) 68
용자리(Draco) 167
우종윤(禹鍾允) 102
우주구조론(宇宙構造論) 146, 194~200
    개천설 194~196
    선야설 194~196
    혼천설 194, 196
우주기원론(宇宙起源論) 191~193
우주론(宇宙論) 191~200
운석(隕石) 184, 187
운주사 칠성석(雲住寺 七星石) 100, 174, 176
원(元) 131, 142, 164
원가력(元嘉曆) 163
원동중(元董仲) 26
원삼국 시대 50, 93
원시별 30
원자시(原子時) 162
원종(高麗 元宗) 174
원효대사(元曉大師) 184
월금(月琴) 204
월식(月蝕) 197
위덕왕(百濟 威德王) 165
위례성(慰禮城) 100
위서(魏書) 31, 209
유경로(兪景老) 92, 109, 122, 144
유성(流星) 187, 209
유응두(柳應斗) 26
유홍준(兪弘濬) 93

찾아보기 247

육려(六呂) 202
육률(六律) 202
육약한(陸若漢, Johannes Rodriguez) 180, 195
육합의(六合儀) 160
윤내현 65
윤두서(尹斗緖) 195
윤병남 76
윤일(閏日) 163
윤초(閏秒) 163
율려(律呂) 202~203
윷판 205~206
윷판형 바위그림 206
음력(陰曆) 165
응고(應鼓) 203
이경직(李庚稙) 26
이관구(李觀求) 26
이규경(李圭景) 125
이맥(李陌) 26
이순지(李純之) 86, 166, 181
이슬람 과학 142
이승휴(李承休) 24
이십사절기(二十四節氣) 147, 166, 179, 209
이십팔수(二十八宿) 86~87, 174~175, 177
이암(李嵒) 26
이영준(李榮俊) 180
이용복 103
이용삼(李勇三) 122
이윤규(李允珪) 26
이융조(李隆助) 101
이은성(李殷晟) 114
이익(李瀷) 196~198
이인성(李仁盛) 106
이인현(李仁顯) 164
이준양(李俊養) 182
인덕력(麟德曆) 164
인조(朝鮮 仁祖) 180, 195
일관(日官) 131, 183
일관부 50, 155

일본
  오로라 127
  천문 기록 연구 68
  천문 사료 40
  학계 13
일본문덕천황실록(日本文德天皇實錄) 70
일본삼대실록(日本三代實錄) 70
일본서기(日本書紀) 68~69, 74~76, 164
일본의 시대 구분 70
일본후기(日本後記) 69
일성록(日省錄) 19
일식(日蝕) 197
  개기일식, 부분일식 53
  기록 27~33, 51~54
  사진 43
  상황도 53~54
  식분 53
  실현율 52~53, 70
  일본 기록 70~76
  집중율 54, 71~72
  최적 관측지 55~56, 63~67
  평균식분도 56, 73
일식 연구
  일본, 서구 52
  집합적 성질 52
일영대(日影臺) 153
일자(日者) 50, 154~155
임승국 28
임효재(任孝宰) 106
입(入) 187

ㅈ

자격루(自擊漏) 159
자기폭풍(磁氣暴風) 132
  반복성 132
  비반복성 132

자미원(紫微垣) 85~87, 181
자연 현상 기록 18~21
작은곰자리(Ursa Minor) 167
장영실(蔣英實) 159
장천(長川) 1호분 83~84
적경(赤經) 110
적기(赤氣) 128~129, 185
적도(赤道) 177, 181
적도남북양총성도(赤道南北兩總星圖) 180
적위(赤緯) 110
적침(赤祲) 185
전상운(全相運) 144
전통 과학(傳統科學)과 현대 과학(現代科學) 127
 ~128, 133~136
전통 과학(傳統科學)의 의의 138~143
전통시대(傳統時代)의 천문학 138
점성대(占星臺) 146
　백제 149
　일본 149
정간보(井間譜) 203~204
정두원(鄭斗源) 180, 195
정몽주(圃隱 鄭夢周) 150
정조(朝鮮 正祖) 143, 166, 186
정종(高麗 定宗) 174
정향력(貞享曆) 121
제등국치(齊藤國治) 37~38
제왕운기(帝王韻紀) 31
제천대(祭天臺) 31
조석력(潮汐力) 32
조선과학사(朝鮮科學史) 12
조선왕조실록(朝鮮王朝實錄) 19, 187
조위(梅溪 曺偉) 150
조희영(曺喜英) 108
좀생이 82, 107
좀생이별 208
종대부(宗大夫) 121
주공측경대(周公測景臺)
주극원(週極圓) 177

주서(周書) 164
주여경(周餘慶) 111
주역(周易) 124
주천성수도(周天星數圖) 179, 181
주희(朱熹) 196
중경지(中京誌) 151
중국 천문학 141~142
중국고대천상기록총집(中國古代天象記錄恩集)
 40
중종(朝鮮 中宗) 159
증보문헌비고(增補文獻備考) 109, 128, 150
　상위고(象緯考) 128, 150
지구 자기권(磁氣圈) 127, 132~133
지구 자전속도 변화 134
지구도설(地球圖說) 197
지구설(地球說) 196
지구의(地球儀) 160
지동설(地動說) 195
지자기 북극(地磁氣北極) 133~134
지전설(地轉說) 197
지평일구(地平日晷) 157~158
직녀성(織女星) 82, 84
직성(直星) 207
직지심체요절(直指心體要節) 79
진국(辰國) 51
진파리(眞坡里) 4호분 104~105
진평왕(新羅 眞平王) 183
집안(集安, 輯安) 84
짚신할미 82
짚신할아비 82
짝별 82

ㅊ

참성단(摩尼山 塹星壇, 塹城壇) 19, 145~146
창경궁(昌慶宮) 152~153
창세가(創世歌) 191~192

창원 다호리(昌原 茶戶里) 유물 50
책부원구(冊府元龜) 58
천강(天江) 187
천구(天球) 160
천동설(天動說) 195
천리경(千里鏡) 180
천문고고학(天文考古學) 18
천문 관측 자료 183~190
천문대(天文臺) 19, 144~154
　고구려 147
　고려 151~152
　단군조선 145~146
　신라 147~151
　조선 152~154
천문도(天文圖) 19, 167~182
　고구려 고분 19, 83~84, 168~171
　고려 고분 19, 174~176
　청동기 시대 103, 167
천문략(天文略) 180, 195
천문류초(天文類抄) 86, 181
천문분야지도(天文分野之圖) 120~121
천문시계 19, 159~161
천문역사학(天文歷史學) 20
천문연대학(天文年代學) 18
천문 자산 19
천문점(天文占) 208
천문학사(天文學史) 21
천문학의 기원 140~141
천상열차분야지도(天象列次分野之圖) 79, 85~
　86, 109~122, 171, 174, 177
　고탁본, 필사본 117, 119~120
　관측 시점 115
　관측자 위치 115
　대관령 필사본 178~179
　별의 크기 117~118
　숙종본 85, 116~117
　천문도의 유래 113
　태조본 85, 112, 115~117

태조본 뒷면 천문도 116~117
천상열차지도(天象列次之圖) 120
천세력(千歲歷) 166
천시원(天市垣) 86~87
천원지방(天圓地方) 146~147, 194
천지왕 본풀이 192, 208
천체역학적(天體力學的) 계산 21
철종(朝鮮 哲宗) 181~182
첨성당(開城 瞻星堂) 19, 151
첨성대(慶州 瞻星臺) 79, 147~151
　시 150~151
　천문 요소 147~149
청(淸) 180
청동기 시대(靑銅器時代) 33, 89~108, 167, 205
청동신수문경(靑銅神獸文鏡) 172
초감제 192
초사(楚辭) 196
초신성(超新星) 134, 186~188
최몽룡(崔夢龍) 65
최성지(崔誠之) 164
최유지(崔攸之) 160
추보법(推步法) 180
춘분(春分) 165
충렬왕(高麗 忠烈王) 164
충목왕(高麗 忠穆王) 174
충선왕(高麗 忠宣王) 164
측우기(測雨器) 79, 165
치병(齒餠) 151
치우기(蚩尤旗) 186
칠릉(七陵) 74
칠성공(七星孔) 203~204
칠성마을 100
칠성바우 100
칠성석(七星石) 176
칠성칠포(七星漆布) 209
칠성판(七星板) 209
칠요력(七曜曆) 164
칠정(七政) 206

칠정산(七政算) 166

ㅋ

케플러 초신성(Kepler's supernova) 188
코로나 구멍(coronal hole) 132
코페르니쿠스(Copernicus, Nicolaus) 195
쾨글러(Ignatius Kögler, 戴進賢) 181~182
큰물(大水) 기록 60~63

ㅌ

탕약망(湯若望, Johann Adam Shall von Bell) 180
태계(泰階) 151
태극천(太極天) 198
태몽(胎夢) 209
태미원(太微垣) 86~87
태백범월(太白犯月) 45~48
태백일사(太白逸史) 26
태백주현(太白晝見) 48~50
태양계 환경 134
태양 관측 방법 125
태양년(太陽年) 162
태양력(太陽曆) 163, 166
태양일(太陽日) 162
태양풍(太陽風) 132
태양 활동(太陽活動) 124, 128~129, 132~133
태양 활동 주기 185
태양흑점(太陽黑點) 124~129, 132
태음월(太陰月) 162
태음태양력(太陰太陽曆) 162
태일력(太一曆) 164
태조(朝鮮 太祖) 159, 174, 177
태허천(太虛天) 198
통도사 동판(梁山郡 通度寺 銅版) 천문도 120
통전(通典) 58

티코 브라헤(Tycho Brahe) 143, 197~198

ㅍ

파브리치우스, 요한(Fabricius, Johann) 125, 185
패(孛) 186
평면 해시계 157~158
표(表, gnomon) 154
풍속통(風俗通) 58
프톨레마이오스(Ptolemaios, Claudius) 143, 180, 195, 197

ㅎ

하대 신라(下代 新羅) 56, 149
한(漢) 55, 141
한국과학사학회지(韓國科學史學會誌) 66
한국상고사학보(韓國上古史學報) 65
한국 천문학의 기원 105
한(漢) 105, 125
한단고기(桓檀古記) 25~26, 28
한사군(漢四郡) 51, 141
한서(漢書) 58
한위행(韓爲行) 164
한자(漢字) 50, 52, 82~84, 168~171
항성구(恒星求) 198
해길 82
해길빛 82
해동이적(海東異蹟) 31
해시계(日晷) 19, 154~158
핼리(Halley) 혜성 134, 185, 188
핼리(Halley, E.) 134
행성결집 29~30
허원(許遠) 180
혁거세 거서간(赫居世 居西干) 19
현릉(玄陵) 174, 176

찾아보기 | 251

현종(高麗 顯宗) 160, 164
혜공왕(新羅 惠恭王) 184
혜성(彗星) 42, 59, 82, 134~135, 146, 187
혼상(渾象) 19, 152
혼천설(渾天說) 194, 196
혼천의(渾天儀) 19, 152, 159~160, 180, 184, 189
혼천전도(渾天全圖) 179, 181, 197
홍대용(洪大容) 197~200
    다세계론 198
    우주진화론 200
    지구자전설 198
홍이섭(洪以燮) 12
화랑세기(花郎世紀) 58
화성(火星) 188
화정웅치(和田雄治) 189
황도(黃道) 160, 177, 182
황도남북총성도(黃道南北總星圖) 180~181
황도총성도(黃道總星圖) 182
황윤석(黃胤錫) 197
황조복(皇祚福) 26
회귀년(回歸年) 162
회남자(淮南子) 204
회회력(回回曆) 166
효소왕(新羅 孝昭王) 172, 183
효종(朝鮮 孝宗) 160, 166
후한서(後漢書) 58
흑자(黑子) 127, 187
흑점(黑點) 185, 187
흑점주기(黑點週期) 129, 131~132
흠정의상고성(欽定儀象考成) 182
희화(羲和) 151